재정정책의
부활

재정정책의
부활

초판 1쇄 발행 2025. 2. 24.

지은이 노진호
펴낸이 김병호
펴낸곳 주식회사 바른북스

편집진행 황금주
디자인 양헌경

등록 2019년 4월 3일 제2019-000040호
주소 서울시 성동구 연무장5길 9-16, 301호 (성수동2가, 블루스톤타워)
대표전화 070-7857-9719 | **경영지원** 02-3409-9719 | **팩스** 070-7610-9820

•바른북스는 여러분의 다양한 아이디어와 원고 투고를 설레는 마음으로 기다리고 있습니다.

이메일 barunbooks21@naver.com | **원고투고** barunbooks21@naver.com
홈페이지 www.barunbooks.com | **공식 블로그** blog.naver.com/barunbooks7
공식 포스트 post.naver.com/barunbooks7 | **페이스북** facebook.com/barunbooks7

ⓒ 노진호, 2025
ISBN 979-11-7263-971-6 03320

•파본이나 잘못된 책은 구입하신 곳에서 교환해드립니다.
•이 책은 저작권법에 따라 보호를 받는 저작물이므로 무단전재 및 복제를 금지하며,
이 책 내용의 전부 및 일부를 이용하려면 반드시 저작권자와 도서출판 바른북스의 서면동의를 받아야 합니다.

재정정책의 부활

현대통화이론의 재구성

노진호 지음

바른북스

들어가며

트럼프는 '미국을 다시 위대하게(Make America Great Again)'라는 슬로건을 내세워 대통령에 두 번째로 당선되었고, 시진핑은 '대국굴기(大國崛起)'라는 중국 부활의 슬로건을 통해 장기 집권의 길을 걷고 있다. 기원전 아테네의 장군이자 역사가인 투키디데스는 『펠로폰네소스 전쟁사』에서 "기존 패권국가와 신흥 강대국은 부딪힐 수밖에 없다."는 소위 '투키디데스의 함정'을 주장했다. 투키디데스의 주장에 의하면 미-중 무역전쟁은 피하기 어려운 사건이고, 장기전이 될 수밖에 없다.

글로벌 무역수지 흑자와 적자의 합계는 0이다. 세계에서 가장 큰 규모의 무역수지 적자국인 미국이 보호무역을 강화하면, 수출과 무역수지 흑자를 통해 경제성장을 유지해 오던 나라들은 힘든 시기를 겪게 될 것이다. 한국도 마찬가지다. 한국의 무역 의존도는 세계에서 가장 높은 수준이다. 게다가 한국은 과도한 부채 문제 때문에 가계와 기업이 소비와 투자를 늘리기도 힘든 상황에 처해 있다.

수출과 내수가 모두 어렵다면 답은 재정정책에서 찾을 필요가 있다. 그런데 재정정책은 오랫동안 경제학자들의 관심 밖으로 밀려나 있었다. 예컨대, 재정정책을 수행하기 위해 국채 발행을 늘리면 민간 투자가 위축되고, 자칫하면 재정기율이 무너져 통화에 대한 신뢰가 추락할 수 있다는 우려 때문이었다.

이 책은 국채 발행을 포함한 재정정책에 대한 오해를 줄이면서 동시에 새로운 시각으로 재정정책의 의미와 필요성을 이해하는 데 중점을 두고 작성되었다. 한국의 재정정책이 어떤 방식으로 이뤄져 왔는지, 그리고 인색한 재정지출과 국채 부족 때문에 한국 경제에 어떤 문제가 발생했는지에 관한 내용도 다루었다. 재정정책의 한계와 부작용을 극복할 수 있는 방안에 대해서도 언급하였다.

재정정책은 단순히 정부가 민간 부문으로부터 돈을 끌어와 필요한 부문에 공급하는 행위가 아니다. 징세권을 가진 국가가 신뢰할 수 있는 차용증을 발행해서 민간에 유통시키고, 동시에 소비와 투자를 촉진하는 행위다. 재정정책에 대한 오해는 금융자산으로서의 돈에 대한 오해와도 관계가 있다. 돈은 그 자체로 가치 있는 물질도 아니고, 중앙은행만 찍어낼 수 있는 것도 아니다. 영향력 있는 누군가가 발행한 차용증은 모두 돈이 될 수 있다. 단지 국가나 은행처럼 믿을 수 있는 기관이 발행하는 차용증이 널리 받아들여지는 것일 뿐이다.

국가가 발행하는 차용증에는 국채와 중앙은행의 지폐가 있다. 지폐는 단지 경제적 거래를 촉진하기 위해 발행되는 것이지만, 국채는 소비와 투자를 뒷받침하기 위해 발행되는 것이면서 동시에 은행의 부채인 은행예금을 보증하는 수단으로 활용될 수 있다. 민간 부문에서 발생하는 복잡한 채권-채무 관계의 정점에는 은행예금이 있고, 그 뒤에 국채가 있다.

세상의 모든 이치가 그러하듯 국채 역시 남용되면 부작용이 발생할 수 있다. 하지만, 국채 규모가 증가할수록 미래세대의 부담이 증가한다는 생각은 단견이다. 국채 발행과 재정지출은 민간 부문의 자산 축적을 유도하고 생산성을 높임으로써 미래세대의 소득을 창출할 수 있는 기반이 된다. 미래의 소득 증가가 국채의 이자비용에 미치지 못하는 최악의 경우에는 국가가 자신의 부채를 인수해서 더 많은 국채를 발행하면 된다. 중요한 것은 국채와 재정지출을 국가 경제 운영의 인센티브로서 잘 활용하느냐의 여부이지 국채 발행 규모 자체가 아니다.

이러한 주장의 많은 부분은 사실 현대통화이론(Modern Monetary Theory)의 아이디어에서 나온 것들이다. 현대통화이론은 한국에서 잘못 알려졌거나 오해를 받는 부분이 많다. 필자 역시 처음 번역서 등으로 현대통화이론을 접했을 때 상당한 거부감을 느꼈다. 하지만 우연히 버냉키가 저술한 책을 읽다가 그가 현대통화이론에 비교적 우호적인 견해를 피력하는 것을 보고, 도대체 엉터리 같은 이론에서 어떤 배울 점이 있는지 알고 싶었다. 원서를 포함해 관련 자료들을 틈틈이 찾아 읽다가 현대통화이론에 점점 빠져들었고 어느 순간 책으로 써야겠다는 결심을 하기에 이르렀다.

이 책에서 필자는 현대통화이론의 대전제―누군가의 금융자산은 다른 누군가의 금융부채―를 설명하기 위해 많은 노력을 기울였지만, 단지 현대통화이론을 소개하기 위해 책을 쓴 것은 아니다. 이 세상에는 불변의 법칙이 있고 그 법칙을 (나만) 알면 마치 큰돈을 벌 수 있을 것처럼 착각하게 만드는 '확실성의 경제학'이나 '족집게 경제학'을 극복하고 경제학을 무당의 방울이 아닌, 생각의 도구로 활용해야 한다는 거창한 의무감을 가지고 책을 썼다. 우리가 당연한 것으로 받아들이고 있던 경제 현상과 정책들을 경제학 명제들의 테두리 내에서 재검토하였으며, 좀 더 적극적인 재정정책과 국채 발행이 필요하다는 주장을 뒷받침할 수 있는 탄탄한 경제학적 근거를 제시하려 노력하였다.

현대통화이론을 어떻게 생각하느냐는 말을 슬쩍 꺼냈을 때 비판적으로, 혹은 냉소적으로 반응하는 분들을 대할 때마다 자신감이 흔들려서 책 쓰기를 포기하고 싶은 마음이 들기도 했다. 하지만 항상 대전제를 의심하고 중립적인 주장의 편파성에 대해서도 주목해 보라는 허경 박사님의 철학 수업 덕분에 필자가 인내심을 유지하면서 계속 자료를 찾고 책 쓰기를 이어갈 수 있었다. 하나금융경영연구소 장보형 수석연구위원과의 금융위기 역사에 관한 스터디는 책 쓰기를 시작하게 된 좀 더 원초적인 계기였다. 독서 애호가인 현대캐피탈 이상열 부장님의 책에 대한 조언도 생각을 정리하는 데 큰 도움이 되었다. 도움 주신 모든 분들께 진심으로 감사드린다.

목차

들어가며

I. 돈의 본질 : 자산인가 부채인가, 둘 다인가?

돈의 다양성 ······ 14
돈의 기원과 본질에 대한 논쟁 ······ 20
    물물교환설 ······ 20
    부채이론(신용통화설) ······ 25
    증표주의(명목주의) ······ 29
    부채이론과 증표주의 비교 ······ 33
금본위제 전후 돈의 변화 ······ 37
    금본위제의 성립과 해체, 금속통화의 등장과 소멸 ······ 37
    금본위제 전후 신용통화의 등장과 성장 ······ 49
        금본위제 시대의 신용통화, 은행 부채(요구불예금) | 금본위제 해체 이후의 신용통화, 은행 부채(요구불예금) | 지역통화(지역화폐)

II. 돈에 관한 중앙은행의 능력과 한계

통화공급 이론 · 64
- 외생적 통화공급론 : 중앙은행 능동주의 · 64
- 내생적 통화공급론 : 중앙은행 수동주의 · 68

통화정책의 실제 · 74
- 통화공급은 외생적인가, 내생적인가? · 74
- 자연이자율과 대부자금이론 : 외생적 통화공급론 · 77
- 자연이자율과 대부자금이론 비판 · 80

버냉키의 21세기 통화정책 · 82
- 비전통적 통화정책의 등장 이유와 주요 내용 · 82
- 양적완화에 대한 오해와 비전통적 통화정책의 한계 · 89

III. 돈에 관한 국가의 능력, 새로운 시각으로 보다

재정정책과 통화정책의 경계가 모호한 이유 · 98
국가 부채의 위상과 역할 · 101
- 돈에 대한 대차대조표 분석 · 101
- 돈의 서열(Hierarchy)과 국가 부채 · 108

돈(금융자산과 금융부채)의 발생과 이동, 소멸 과정 · 117
- 재정지출에 의한 금융순자산의 증가 · 117
  - 참고 : 헬리콥터 머니
- 세금으로 인한 금융순자산의 환수 · 123
- 은행 대출에 의한 돈의 발생(금융자산-금융부채 매칭)과 변화 · 124
- 비은행 대출에 의한 돈의 이동과 소멸 · 127
- 순수출에 의한 금융순자산의 증감 · 131

기존 경제이론과 통화(금융자산-금융부채)에 관한
대차대조표 분석의 비교 · 134

재정정책에 관한 새로운 시각과 주장들 · 140

누군가의 흑자는 다른 누군가의 적자이고,
금융순자산의 합은 0이다 (1) · 142
지출이 먼저, 세금은 나중에 (2) · 152
'지출 우선'이 불러오는 오해와 진실 (3) · 154
기축통화보다 유용한 주권통화의 능력 (4) · 157
조세에 대한 새로운 생각 (5) · 163
완전고용과 물가안정을 동시에 달성할 수 있다 (6) · 168
기능적 재정과 재정의 자동안정화 기능 | 고용보장프로그램(JG)/최종고용주
(ELR) 기능
수출과 수입에 대한 생각을 바꾸자 (7) · 175

Ⅳ. 국가와 돈에 대한 편견 바꾸기

재정수지 적자에 대한 역사적 오해들 · 180
독일 바이마르 공화국의 하이퍼인플레이션 · 180
아르헨티나, 짐바브웨, 베네수엘라의 하이퍼인플레이션 사례들 · 194
러시아의 국채 디폴트 · 199
남유럽의 국채 디폴트 위기 · 204

재정수지 흑자의 그림자 · 209
한국의 외환위기와 재정수지 흑자 · 209
늘 흑자이고 돈도 많은데, 왜 굳이 국채 발행? · 220
수출 지상주의와 경상수지 흑자의 이면 · 224
국채 없는 통화정책 · 230
통화정책에서 국채의 중요성 | 한국은행 통화정책에서 국채가 사용되지 않는 이유 | 국채 없는 통화정책이 낳은 모순들

재정정책과 통화정책의 궁극적 목표 : 부가가치와 생산성 ⋯⋯⋯ 255
돈(금융자산-금융부채 매칭)의 관점에서 생각해 볼 이슈들 ⋯⋯⋯ 264
    비트코인 ⋯⋯⋯⋯⋯⋯⋯⋯⋯⋯⋯⋯⋯⋯⋯⋯⋯⋯⋯⋯⋯⋯⋯⋯⋯⋯ 264
    CBDC(Central Bank Digital Currency) ⋯⋯⋯⋯⋯⋯⋯⋯⋯⋯⋯ 270
    엔-캐리 트레이드 ⋯⋯⋯⋯⋯⋯⋯⋯⋯⋯⋯⋯⋯⋯⋯⋯⋯⋯⋯⋯⋯ 273
    한국의 통화지표 ⋯⋯⋯⋯⋯⋯⋯⋯⋯⋯⋯⋯⋯⋯⋯⋯⋯⋯⋯⋯⋯ 276

V. 돈의 권력이 넘어야 할 과제

밀어내기 구축효과 ⋯⋯⋯⋯⋯⋯⋯⋯⋯⋯⋯⋯⋯⋯⋯⋯⋯⋯⋯⋯⋯ 284
국채의 미래 부담과 하이퍼인플레이션에 대한 의구심 ⋯⋯⋯⋯⋯ 287
대한민국 돈의 권력 ⋯⋯⋯⋯⋯⋯⋯⋯⋯⋯⋯⋯⋯⋯⋯⋯⋯⋯⋯⋯⋯ 292

I.

돈의 본질 :
자산인가 부채인가,
둘 다인가?

돈의 다양성

'돈'과 '화폐'와 '통화'라는 용어는 자주 혼용된다. 기능을 강조할 때는 화폐, 정책을 강조할 때는 통화, 자산을 의미할 때는 돈이라는 용어가 사용되는 경향이 있으나 경계가 명확하지는 않다. 이 책의 목적은 돈의 성격을 이해하고, 정부가 정책을 통해 돈의 배분과 부가가치 창출에 어떠한 영향을 미치는지 살펴보는 것이다. 그러려면 정부 정책을 설명하기 이전에 돈의 본질과 기능, 돈과 관련된 정책의 작동 원리, 그리고 금융자산과 금융부채의 의미를 먼저 이해해야 한다. 다만, 궁극적인 목적은 재정정책의 역할에 대해 살펴보는 것이고, 돈과 화폐와 통화의 용어 차이에 대해 탐구하는 것은 아니므로 일반적인 의미로 사용될 경우에는 돈, 정책적인 수단을 강조할 경우에는 통화라는 용어를 사용하도록 한다.

　돈은 역사적으로나 지역적으로 매우 다양한 형태로 존재한다. 태평양의 얍(Yap) 섬에서는 수 세기 전부터 최근까지 중앙에 구멍이 뚫린 둥근 모양의 돌을 결제 수단으로 사용해 왔다. 대부분의 돌들은 인근 섬에서 수입한 후 둥글게 가공해서 사용하는데 가장 큰 돌의 지름은 4미터, 무게는 6톤에 달한다. 거래가 이루어지면 무거운 돌들은 위치가 바뀌지 않고 주인만 바뀐다. 애덤 스미스(Adam Smith)의 『국부론(The Wealth of Nations)』에 의하면, 오늘날 에티오피아로 불리는 아비니시아에서는 소금이 상거래의 주요 매개 수단이었으며 인도에서는 일부 지역에서만 나는 조개, 캐나다 뉴펀들랜드에서는 말린 대구, 버지니아에서는 담배, 서인도 식민지에서는 설탕, 스코틀랜드 어느 지방에서는 못 등이 돈으로 사용되었다고 한다. 금이나 은, 또는 흔한 비(非)금속 주화 형태의 유물도 많이 남아 있다. 애덤 스미스는 그의 『국부론』에서 금속은 썩지 않으므로 오래 보관해도 상하지 않고 여러 조각으로 나누어도 손실이 없으며, 녹이면 다시 합칠 수도 있는 데다 금속만큼 견고한 것이 없으므로 금속은 상업과 유통에 잘 맞는 수단이라고 보았다. 다만 금속은 정확하게 무게를 측정하는 것이 어렵고 번거로웠기 때문에 금속의 양면 전체에 각인을 찍어 순도와 무게를 보증하는 주화 제도가 생겨났다고 한다.

역사 속에는 차용증 형태의 돈도 다수 등장한다. 단단한 나무 막대기에 특정인 사이의 거래 관계를 기록한 뒤 채권자가 액수를 새긴 막대기의 반쪽을 갖고, 채무자가 다른 반쪽을 가지는 방식으로 쪼개어 갖는 부절(符節, Split Tally) 방식의 장부(Ledgers)가 오늘날 많이 남아 있는데, 이 역시 돈의 일종이다. 부절은 차용증뿐 아니라 신분증으로 사용되기도 했다. 부절의 한쪽은 장군이나 관료 등이 자신의 신분을 나타내는 표시로 채용하고, 나머지 한쪽은 궁궐, 혹은 관청에서 그의 신분을 증명하기 위해 보유하였다. 고구려 유리왕이 마루 밑에서 찾은 부러진 칼 조각으로 자신이 주몽의 아들임을 증명할 수 있었던 것도 부절의 원리를 이용한 것이다.

거래 관계가 복잡해지고 은행이 등장하면서 차용증 거래는 부절보다 좀 더 고도화된 방식으로 발전하였다. 13세기 이탈리아에서는 채권자(수출업자)와 채무자(수입업자) 사이에 은행이 개입하여 차용증을 좀 더 쉽게 융통할 수 있도록 해주는 환어음(Bill of exchange) 방식의 금융이 등장하였다. 환어음은 발행인(Drawer)이 지급인(Drawee)에게 정해진 날짜에 정해진 금액을 제3자인 수취인(Payee)에게 지급할 것을 지시하는 금융청구권(Finanancial Claims)의 일종으로서 차용증을 조기에 현금화하는 수단이라고 볼 수 있다. 금융청구권이란 채권자와 채무자 사이에서 발생하는 금융적 권리와 의무를 의미한다. 환어음에는 채무자(주로 수입업자)인 지급인 측의 서명이 필요했다. 환어음을 발행하는 수출업자는 수취인 은행에 환어음을 할인(Discount) 판매함으로써 자신의 채권(차용증)을 조기에 현금화할 수 있었으며, 수취인 은행은 할인된 금액만큼의 이익을 얻을 수 있었다. 환어음 인수 및 할인을 통해 성장한 대표적인 은행으로서 로스차일드 투자은행을 들 수 있다.

금본위제와 은본위제가 등장한 이후에는 은행들이 금은 보관증(Goldsmith's Note)을 발행하기 시작했다. 금은 보관증은 본래 금 세공업자들이 금을 보관한 후 발행하는 영수증이었는데, 이것이 종종 일종의 돈으로서 거래되고 있었다. 무역업자들이 맡긴 금과 은을 보유하고 있던 유럽의 은행들은 채권자들이 무거운 귀금속 대신 언제든지 금, 은 등으로 교환해 줄 수 있는 약속 증서를 원하는 경우 이를 금은 보관증의 형태로 발행해 주었다. 이 보관증이 오늘날 지폐라고 불리는 은행권(Bank Note)의 형태로 발전하게 된 것이다. 은행권은 자유롭게 유통될 수 있었다.

그러다 1666년 국가가 인정한 최초의 은행권이 스웨덴에서 발행되었다. 은행권을 발행한 스톡홀름 은행이 3년 후 파산하는 바람에 스웨덴에서는 더 이상의 국정 은행권이 발행되지 않았다. 하지만 1694년 영국에서는 상인 40명으로 구성된 컨소시엄이 윌리엄 3세 국왕에게 프랑스와의 전쟁에 필요한 자금 120만 파운드를 빌려주는 대가로 독점적으로 은행권을 발행할 수 있는 법인 설립을 허가받았다. 이 법인이 영란은행(Bank of England)으로서 최초의 중앙은행이자, 사실상 최초로 인정받는 국정 지폐 발행기관이다.

참고로 중국에서는 서양보다 훨씬 이른 시기인 1026년 송나라에서 최초의 지폐인 교자(交子)가 발행되어 약 100년간 유통되었고, 1236년에는 몽골 제국에서 교초(交鈔)가 발행된 후 1260년부터는 제국 전역에서 법화로서 유통되었다. 교초의 지불을 거부하거나 위조하는 자는 사형에 처해졌다. 교자는 철화(鐵貨) 보관증으로 발행된 일종의 담보부 지폐였지만, 교초는 처음부터 아무런 담보물 없이 발행된 최초의 완전한 신용 지폐였다.

지금까지 언급한 돈은 크게 물질(상품, 금속) 통화와 종이(신용) 통화로 구분해 볼 수 있다. 전자에는 금속, 상품, 자연물(돌, 조개껍데기 등)이 있는데 희소성이 높은 귀금속은 광범위한 지역에 걸쳐 사용된 반면, 비교적 흔한 금속이나 보관이 쉽지 않은 쌀, 가죽 등의 상품은 국지적으로 사용되었다. 물질 통화에는 채권자와 채무자를 표시하기 어렵기 때문에 역설적으로 불특정 다수가 사용할 수 있었다. 반면, 나무 막대기를 포함한 종이 통화는 일종의 차용증으로서 특정인 간의 거래에 사용될 수밖에 없었다. 부절과 환어음은 둘 다 제한적인 조건하에서 제3자에게 양도할 수 있었다. 다만, 환어음이 광범위한 네트워크를 가진 은행을 통해 유통되었기 때문에 훨씬 더 넓은 지역에서 사용될 수 있었다. 환어음을 중개하던 은행들이 자유롭게 유통이 가능한 금은 보관증(Goldsmith's Note)을 발행하고, 이것이 지폐인 은행권으로 발전하면서 종이 통화도 점차 불특정 다수가 사용할 수 있게 되었다. 역사상 등장했던 통화들을 거래 주체와 사용 지역을 중심으로 구분하면 대략 아래와 같이 나타낼 수 있다.

〈표 Ⅰ-1〉
용도와 사용 지역에 따른 통화의 구분

		거래 주체	
		특정인	불특정
사용 지역	넓은 지역	환어음(Bill of Exchange)	귀금속(금, 은), 지폐(은행권)
	좁은 지역	부절(Split Tally)	흔한 금속(구리, 주석, 아연), 상품(쌀, 가죽, 철, 못, 건어물), 기타(돌, 조개껍데기)

돈의 기원과
본질에 대한 논쟁

물물교환설

돈은 복잡한 물물교환을 간편화하기 위해 생겨났으며 상품통화를 거쳐 금속통화 형태로 발전했다는 게 경제학 교과서에 나와 있는 설명이다. 제번스(1835~1882)의 설명을 통해 이를 좀 더 자세히 살펴보자. 제번스는 물물교환에 따른 어려움으로 ① 욕구의 이중 일치의 부족(Want of Double Coincidence of Wants), ② 가치척도의 부족(Want of A Measure of Value), ③ 분할 방법의 부족(Want of Means of Subdivision)의 세 가지를 들고 있다.

물물교환이 이루어지려면 우선 첫째로 거래 상대방 간의 욕구의 일치(Double Coincidence of Wants)가 필요하다. 욕구가 일치하지 않으면 교환의 인센티브가 생기지 않거나 교환 관계가 복잡해진다. 예를 들어 어느 특정 시점 기준으로 어부 A는 소고기가 먹고 싶은데, 소고기를 공급하는 도축업자 B를 찾아갔더니 그는 A가 제시하는 물고기는 별로 먹고 싶은 생각이 없으며 대신 톱과 망치가 필요하다고 말하고, 정작 물고기를 먹고 싶어 하는 대장장이 C는 지금 당장 톱과 망치밖에 가진 게 없다고 가정하자. A는 C에게 물고기를 제공하고 C로부터 톱과 망치를 얻은 다음 그것을 B에게 제공하고 B로부터 소고기를 얻는 방법이 있기는 하나, 이런 교환은 매우 번거롭다. 하지만 A, B, C 모두가 받아들일 수 있는 공통의 교환수단—예컨대 말린 대구—이 존재한다면 당장 욕구의 일치가 이루어지지 않더라도 물물교환은 훨씬 쉬워진다. 도축업자 B가 일단 어부 A에게 소고기를 제공하고 공통의 교환수단을 받아들인 뒤 그것을 대장장이 C에게 들고 가면 톱과 망치를 얻을 수 있기 때문이다.

둘째, 가치척도가 필요하다. 모두의 욕구가 어느 정도 일치한다고 하더라도 물건을 교환할 때마다 가치의 기준이 다르면 거래 관계가 복잡해진다. 예컨대, 어부는 물고기 1kg은 소고기 1.5kg의 가치와 철물 500g의 가치가 있다고 말하지만, 도축업자는 소고기 1kg은 물고기 1kg과 철물 1kg의 가치가 있다고 말할 수 있다. 만일 거래되는 서로 다른 재화의 수가 100개라고 하고 통일된 가치척도가 존재하지 않는다면 각 재화 1개당 99가지의 교환 비율이 발생하므로 중복을 제외하면 전체 교환비율은 4,950개 (=99×100÷2)에 달한다. 그러나 100개 재화의 가격이 특정 재화의 수량으로 측정된다고 가정하면 교환비율은 99개로 줄어든다. 예컨대, 파운드화라는 금화가 있고 나머지 99개 물건의 가치가 파운드화 단위로 환산된다면 물고기와 소고기, 철물 등 99개 물건의 1kg은 각각 금화 몇 파운드인지 쉽게 평가할 수 있을 것이다. 이 경우 물물교환은 훨씬 쉬워진다. 이는 마치 국제 공용어인 영어를 사용하면 다른 나라 언어는 배우지 않아도 의사소통이 가능한 것과 비슷하다. 마찬가지로 금본위제가 붕괴되었음에도 달러화 결제 방식으로 국제무역을 지속할 수 있는 것도 달러화가 가치척도로 사용되기 때문으로 해석할 수 있다.

셋째, 분할 단위가 정교해져야 한다. 애덤 스미스는 그의 『국부론』에서 모든 물건에 담겨 있는 진정한 가치는 노동이며, 각각의 물건들은 교환 시점에서 그와 동등한 노동량에 해당하는 가치를 담고 있는 물건과 교환된다고 보았다. 이런 가치를 담고 있는 소금, 말린 대구, 가죽 등은 시간이 지나면서 사용가치가 훼손되거나 교환 단위가 정교하지 못하다는 문제를 안고 있었는데, 애덤 스미스에 의하면 교환을 원활히 하려는 목적 아래 숱한 시도를 거치면서 점차 모든 나라에서 금속이 사용되었다고 한다. 금속은 썩지 않으므로 오래 보관해도 상하지 않고, 여러 조각으로 나누어도 손실이 없으며, 녹이면 다시 합칠 수도 있기 때문이다. 다만 금속도 가공하지 않으면 무게와 순도 측면에서 문제가 발생한다. 특히 귀금속은 무게 차이가 미세해도 순도가 다르면 가치상 차이가 크다. 따라서 사기꾼들이 귀금속을 열에 녹인 후 불순물과 섞는 현상이 빈번했다. 이에 따라 국가는 주화의 양면에 각인을 찍어 무게와 순도를 보증하는 방식으로 금속의 교환가치를 보증하였다. 교환 단위가 정교해지면, 물건은 더 작은 단위로 매매될 수 있으므로 물물교환은 더욱 활발해진다.

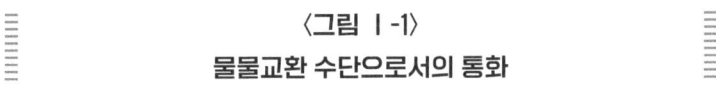

〈그림 Ⅰ-1〉
물물교환 수단으로서의 통화

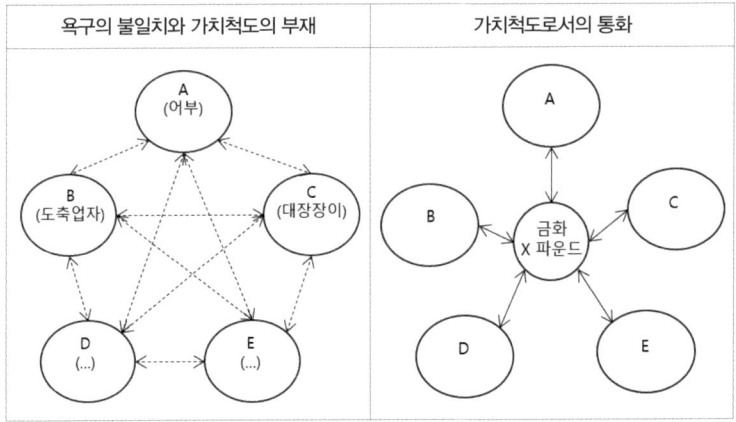

Ⅰ. 돈의 본질 : 자산인가 부채인가, 둘 다인가?

사용가치가 없는 금속, 특히 금이나 은 등의 귀금속이 교환가치를 갖는 이유에 대해 애덤 스미스는 물과 다이아몬드의 예를 들면서 귀금속의 희소성 때문이라고 보았다. 후에 제번스, 멩거 등 한계효용학파는 한계효용체감의 법칙이라는 좀 더 정교한 분석 도구를 통해 희소한 자원이 교환가치를 갖게 되는 이유를 설명하였다.

돈(통화)이 가치가 있는 물질로서 물물교환을 위해 만들어졌다는 견해는 고전학파인 애덤 스미스, 신고전학파 내지 한계효용학파라고 불리는 제번스, 멩거뿐 아니라 마르크스도 동의하고 있다. 고전학파와 마르크스는 모든 물건의 가치는 투입된 노동량에 의해 결정된다고 보았고, 한계효용학파는 모든 물건은 인간이 그 물건으로부터 얻는 주관적 효용에 의해 가치가 결정된다고 보았다. 이들 주장의 내용은 조금 다르지만, 소위 가치론(Theory of Value)에 입각해 있다는 점에서는 공통된다. 가치론에 의하면 돈은 그 자체로서 일정한 가치를 가지고 있는 자산이다.

가치론의 연장선인 가격의 관점에서 균형의 문제를 다루는 경제학 교과서 또한 물물교환설을 돈의 기원으로서 받아들이고 있다. 특히, 현대경제학의 아버지라고 불리는 새뮤얼슨(1915~2009)이 그의 경제학 교과서에서 "폭넓게 거래를 하는 사회에서는 물물교환이 갖는 핸디캡을 극복할 수 없었기 때문에, 널리 일반적으로 받아들여지는 교환수단인 돈(통화)이 등장하게 되었다."면서

"교환수단으로서의 통화가 인류의 역사에서 최초로 등장한 것은 상품의 형태로 나타났다. 예를 들어, 소, 올리브유, 맥주 또는 포도주, 구리, 철, 금, 은, 반지, 다이아몬드, 담배 등이 그것이다. 위의 각각은 장점도 있고 단점도 있다. 소는 통화로서 세분화할 수 없다. 포도주는 보존을 통해 통화로 사용할 수 있다. 포도주는 보존에 의해 품질이 좋아진다. 하지만 맥주는 그렇지 않다. 올리브유는 얼마든지 잘게 쪼갤 수 있는 멋진 액상 통화를 만들 수 있지만, 그 취급이 다소 번거롭다. 이에 따라 19세기에 이르러서는 상품통화는 거의 전적으로 금속에 한정되었다."라고 서술함에 따라 경제학에서도 물물교환설을 자연스럽게 받아들이게 되었다. 물물교환설을 상품통화설, 또는 금속통화설이라 부르게 된 것도 새뮤얼슨의 영향력 때문이었다.

부채이론(신용통화설)

미첼 이네스(A. Mitchell Innes)는 1913년에「통화란 무엇인가?(What Is Money?)」와 1914년에「통화의 신용이론(The Credit Theory of Money)」이라는 2개의 논문밖에 남기지 않았다. 하지만, 케인스(J. M. Keyens)와 『부채 : 그 첫 5,000년(Debt : The First 5,000 Years)』의 저자이면서 인류학자인 데이비드 그레이버(David Graeber) 등이 긍정적으

로 평가하면서 널리 알려졌다.

　이네스는 물물교환설(상품통화설)을 부정한다. 그는 돈의 본질은 자산(상품)이 아니라 부채(신용)라고 주장한다. 이네스는 물물교환에서 통화가 생겨났다는 물물교환설은 역사적 근거가 없다고 지적한다. 그는 애덤 스미스의 『국부론』에서 '말린 대구'가 통화로 사용된 것을 예로 들면서 "만약 어부가 대구를 판매한다면, 대구(상품)를 구매하는 상인은 그것을 동일한 교환가치를 가진 말린 대구(통화)로 사야 하는 모순을 범하게 된다."고 지적했다. 이네스에 의하면 말린 대구는 상품이 아니라 채권자와 채무자 사이에 거래되는 차용증에 불과하다.

　이네스의 주장을 좀 더 쉽게 이해하기 위해 다음과 같은 예를 들어보자. 어느 동네에 서로를 잘 알고 신뢰하는 관계에 있는 A, B, C, D가 있다고 하자. 그리고 어느 해 봄에 목축업자 A가 농부 B에게 양모를 제공한다. 그리고 그 대가로 가을에 B가 A에게 약속된 양의 밀을 제공한다고 해보자. 이때 두 사람 간에는 차용증이 교환된다. 양모를 제공한 A는 채권자가 되고, 가을에 밀을 제공하기로 약속한 B는 채무자가 된다. 가을에 B가 A에게 밀을 제공하면 양자 간의 채권-채무 관계는 해소된다. 그런데, 차용증을 가지고 있는 A가 가을이 오기 전 어느 날 집안 잔치를 열기 위해 소고기가 필요해졌다고 가정하자. 그는 B로부터 받은 차용증을 도축업자 C에게 제공하고 일정량의 소고기를 얻을 수 있다. 도축업자 C 역시 아직 가을이 오지 않은 어느 시점에서 어떤 이유로 물고기가 필요해졌다고 가정하자. 그는 어부 D에게 차용증을 전달하고 D로부터 물고기를 얻을 수 있다. 어부 D는 가을에 B에게 차용증을 제시하고 밀을 얻을 수 있다. 채권자의 차용증으로부터 나오는 구매력은 채무자가 갚아야 할 의무(부채)에 대한 신뢰, 신용으로부터 나온다.

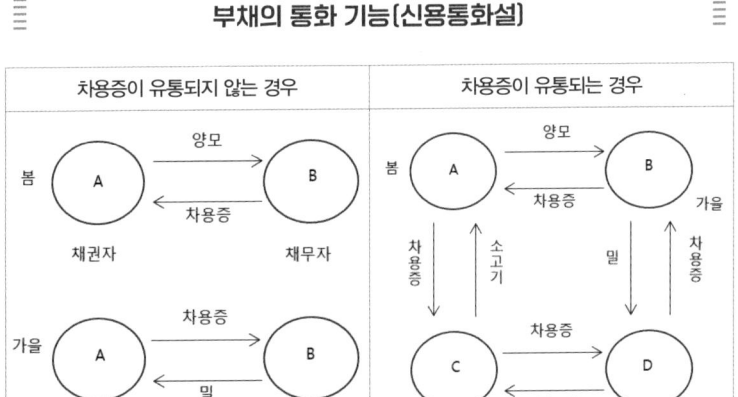

〈그림 I-2〉
부채의 통화 기능(신용통화설)

이네스에 의하면 이 차용증은 금이나 은이 될 수도 있고, 말린 대구가 될 수도 있고, 종이가 될 수도 있다. 중요한 것은 채권-채무 관계("가을이 오면 B는 차용증 소지자에게 일정한 밀을 지급하겠다.")를 표시하는 신용의 존재이지, 귀금속이나 종이 자체의 가치가 아니다. 돈(통화) 역시 채권-채무 관계를 증명하거나 이를 해소하는 수단이므로, 금속통화라 하더라도 그 가치는 금속의 가치에 의존하는 것이 아니라 채권자의 권리 또는 채무자의 의무에 의존한다는 것이 이네스의 생각이다.

『부채 : 그 첫 5,000년(Debt : The First 5,000 Years)』[1]의 저자이자 인류학자인 데이비드 그레이버(David Graeber)는 물물교환설이 역사적 근거가 없다는 이네스의 주장을 뒷받침한다. 그레이버에 의하면 역사적으로 물물교환의 증거가 발견된 적은 단 한 번도 없으며, 경제학 이외의 학문 영역에서는 아무도 물물교환의 역사가 있었음을 믿지 않는다고 주장한다. 반면, 부채가 돈으로 이용된 기록은 다수 존재한다. 예컨대, 중세 시대에는 단단한 나무 막대기에 특정인 사이의 채권-채무 관계를 기록한 뒤 이를 위조할 수 없는 방식으로 쪼갠 뒤 채권자와 채무자가 나누어 갖는 부절(Split Tally)과 같은 차용증이 다수 존재했고 오늘날까지 많이 남아 있다.

---

1   2011년 한글 번역본 기준(정명진 옮김, 부글북스 출판).

증표주의(명목주의)

아리스토텔레스는 『니코마코스 윤리학』과 『정치학』에서 돈의 기능에 대해 언급했는데, 각각 돈의 교환매개로서의 기능과 가치 척도 기능을 강조하다 보니 두 저서 간에 돈에 대한 설명의 일관성은 다소 떨어진다고 한다. 하지만, 아리스토텔레스는 두 저서 모두에서 돈은 사회를 구성하는 '사회적 합의'에 따라 인위적으로 만들어졌다고 주장함으로써 20세기 초 독일의 크나프(Knapp)가 '통화 법제설'을 수립하는 근거를 제공했다. 최근 등장한 현대통화이론(MMT : Modern Monetary Theory)은 크나프(Knapp)의 통화 법제설을 발전시킨 증표주의에 기반하고 있다.

크나프(Knapp)에 의하면, 부채는 가치의 단위—예컨대 쌀 한 말, 보리 한 되, 10시간 노동 등—로 표현되며, 지불수단에 의해 해소된다. 지불수단은 상품일 수도 있고 노동일 수도 있으며, 주화일 수도 있고 지폐일 수도 있다. 그런데 각각의 지불수단은 가치 단위가 다르다. 특히 개인 간의 1:1 거래에는 무수히 많은 가치의 단위가 존재하므로 일반화시키기 어렵다. 하지만, 법으로는 가치 단위를 확정할 수 있다.

크나프의 '통화 법제설'을 발전시킨 증표주의 이론에 의하면, 돈이란 '지불 공동체(Public Pay Community)' 내에서 모든 성원들이 서로 간의 채권과 채무를 계산하고 청산하기 위해 만들어 낸 하나의 증표(Chartal)다. 증표의 어원인 라틴어 Charta의 의미는 표(Ticket), 토큰(Token)이다. 따라서 돈은 지불토큰이라는 뜻이 된다. 증표주의에 의하면, 돈은 어떤 가치를 가진 물질이 아니라 지불토큰과 같은 표상을 의미한다. 지불토큰은 공동체 내부의 채권자와 채무자 사이에 존재하며, 채권-채무를 정확히 계산할 수 있는 단위가 중요하다. 돈이 단지 표상이나 상징을 의미한다는 측면에서 증표주의를 명목주의(Nominalism)라 부르기도 한다. 즉, 상품(금속)통화처럼 그 자체로 가치가 있는 유형자산이 아니라 양도 가능한 무형자산이다. 증표, 즉 상징에 대한 사람들의 신뢰를 지탱하는 것은 국가, 공동체, 은행 조직 등 사회 시스템이라는 것이 증표주의의 주장이다.

앞에서 언급한 인류학자인 데이비드 그레이버(David Graeber)에 의하면, 대략 기원전 3,500년경으로 추정되는 메소포타미아의 신전이나 궁전 유적에서 다량의 점토판이 발견되었는데, 이 점포판은 대부분 회계장부였다. 여기에는 성직자와 관리, 공방에서 일하는 장인이나 근로자들에게 국가가 지급해야 할 일종의 부채가 기록되어 있었고, 동시에 상당한 크기의 사유지를 경작하는 농부들로부터 거두어야 할 세금(농민 입장에서는 부채)도 기록되어 있었다. 부채의 크기를 계산하는 기본 단위(Measure of Value)인 '셰켈'과 '미나'라는 통화 단위도 존재했는데, 은(銀) 1세켈은 보리 1부셸의 가치와 같았다. 하지만 은화 1세켈은 실제 주조되지도 유통되지도 않은 상상 속의 통화였다. 중요한 것은 은화의 존재가 아니라 '세켈'과 '미나'라는 가치척도, 즉 상징(통화)을 기반으로 하는 계산 단위였다. 또한 은의 무게를 기초로 한 계산 단위(세켈, 미나)와 보리의 양(1부셸, 또는 1되)과의 교환비율을 정하는 것도 회계장부를 잘 관리하기 위한 중요한 장치였다.

증표주의(Chartalism)에 의하면 국가가 '지불공동체'를 만들고 계산 단위를 정할 수 있는 힘은 과세 능력에서 나온다. 현대통화이론(Modern Monetary Theory)의 선구자인 모슬러(Warren Mosler)는 다음과 같은 사례를 통해 과세의 능력에 대해 설명한다. 모슬러는 집에서 아이들에게 집안일을 도와달라고 했지만, 아무도 일을 도와주지 않았다. 그래서 모슬러는 집안일을 도와주면 자신의 명함을 주겠다고 했지만, 여전히 아무도 집안일을 돕지 않았다. 오히려 "아무 쓸모도 없는 명함을 왜" 주느냐고 반문했다. 그래서 모슬러는 아이들에게 집안일을 안 해도 좋으니 대신 매달 명함 30장을 내라고, 명함을 내지 않으면 TV를 보거나 수영장을 쓰거나 쇼핑몰에 가는 권리를 누릴 수 없다고 선언했다. 모슬러가 자신의 명함으로만 낼 수 있는 '세금'을 부과해 명함의 쓸모를 생성하자, 아이들은 침실, 주방, 정원을 정리하느라 분주해졌다. 이처럼 모슬러는 명함처럼 원래 아이들에게 아무런 의미도 없던 것이 단지 납세의 수단이 됨으로써 수요를 창출할 수 있다는 사실을 설명하였다. 이 에피소드는 명함을 국가 통화로 바꾸면 조세가 통화를 움직인다는 것을 설명하는 논리로서 자주 활용된다.

일단 계산 단위가 설정되면, 국가 공동체 내의 모든 채권-채무 관계는 이 계산 단위로 표시된다. 그리고 국가가 추적할 수 있다면, 사람들은 상품이나 금속과 같은 실물통화를 주고받지 않고도 단지 거대한 회계장부의 기록 변화만으로도 거래를 할 수 있다. 그런 점에서 5,500년 전 메소포타미아 신전의 회계장부와 오늘날 정부와 금융회사, 기업 등에 기록된 회계장부는 본질적으로 같다. 고대 메소포타미아 지역의 회계장부를 당시 사람들이 신뢰할 수 있었던 것은 강력한 권위를 가진 신의 대리인이 이를 관리했기 때문이다. 오늘날에도 많은 사람들의 자산과 부채의 기록은 국가가 추적할 수 있도록 되어 있다.

물물교환설에 의하면, 인류가 물물교환을 먼저 시작하고 그다음에 상품통화를 발명하고, 그러다 금속통화를 거쳐 국가가 금속통화를 정교화했다고 주장한다. 그리고 정교화된 금속통화의 토대 위에 금본위제가 성립되고, 이것이 신용 시스템으로 이어졌다고 주장한다. 하지만 그레이버는 그 반대로 설명한다. 부채(차용증)와 신용이 가장 먼저 존재했고, 그다음 국가의 세금 기능에 의해 계산 단위인 상상통화(상징)가 생겨났으며 상품통화 내지 금속통화는 한참 뒤에 등장했다고 한다. 증표주의에 의하면, 부채의 존재만으로는 완전한 의미의 돈과 통화가 등장했다고 볼 수 없다. 1:1의 채권-채무 관계에서는 부채의 지불수단이 제각각일 수 있기 때문이다. 하지만 세금을 부과하는 국가가 등장하고, 국가를 기반으로 통화가 발행되면 계산 단위와 지불수단이 정해진다. 그리고 그 계산 단위를 통해 경제주체 간의 거래가 은행 및 국가가 작성한 회계 시스템에 기록됨으로써 비로소 완전한 의미의 통화 시스템이 탄생하는 것이다.

부채이론과 증표주의 비교

부채이론과 증표주의는 물물교환이 돈의 기원이라는 주장을 비판하고, 부채가 돈의 기원이라고 본다는 점에서 공통된다. 하지만 돈(통화)을 바라보는 관점에서는 차이가 있다. 부채이론은 통화의 지불수단 기능을 강조한다. 1:1 거래에 의해 발생하는 부채는 그 지불 방법이 여러 가지일 것이지만 은행이라는 제3자가 거래에 개입함으로써 부채의 지불수단이 은행권이나 요구불예금으로 통일된다.

예컨대 중간재 납품 기업, 최종재 판매기업, 소비자가 있다고 가정하자. 최종재 판매기업은 납품 기업으로부터 중간재를 공급받아 최종적으로 소비자한테 물건을 판매한다. 이때 돈이 부족한 최종재 판매기업은 은행으로부터 대출을 받아 중간재 기업에게 먼저 납품 대금을 지불하고, 최종적으로 소비자로부터 돈을 받아

이를 은행에 상환할 수 있다.

　은행은 대출(은행 자산)과 동시에 예금(은행 부채)을 창조하는 기관으로서 물품 판매기업이 대출(기업 부채)을 받으면 은행은 기업의 요구불예금(기업 자산) 계좌에 대출받은 금액을 입금한다. 이때 요구불예금은 어떤 가치를 가지는 교환매개 수단이 아니라 부채―예컨대, 중간재 납품 대금인 외상매입금―를 청산하는 지불수단으로서의 통화가 된다. 그리고 이 지불수단으로서의 통화(요구불예금)는 은행 대출로 인해 발생한 것이며, 대출자가 은행에 대출을 상환하면 통화(요구불예금)는 소멸된다.

　부채이론에 의하면, 해당 은행권이나 요구불예금을 지불수단으로 사용하는 경제주체 간에만 계산 단위가 통일되고 은행권이나 요구불예금은 실물 거래를 촉진하는 용도로 활용된다. 반면, 증표주의 이론은 부채이론의 주장을 수용하면서도 계산 단위로서의 기능과 국가적 통일성을 강조한다. 국가가 계산 단위를 통일하고 그 계산 단위에 입각해 과세를 하면 국가 내 은행을 포함한 모든 거래 단위가 하나로 통일된다는 것이다.

<표 Ⅰ-2>
통화 기원설의 비교

	물물교환설	부채이론	증표주의
통화의 기원	물물교환	부채(신용)	
통화의 핵심 기능	교환매개	지급수단	계산단위
국가 파산	가능	가능	금본위제 (또는 고정환율제) 하에서만 가능

    부채이론과 증표주의는 국가를 보는 관점에서 결정적인 차이가 있다. 부채이론을 주장한 이네스(Innes)의 경우 1800년대 유럽의 역사적 경험을 토대로 국가가 과도한 부채를 발행하면 똑같은 계산 단위의 국가 통화라 하더라도 은행 통화(은행권)보다 더 낮은 가격으로 국가 통화가 거래된다고 보았다. 또 국가 부채가 과도하면 정부의 도장이 찍힌 국가 채무증서의 가치가 하락함으로써 인플레이션이 발생한다고 보았다. 그러나 증표주의에 의하면, 국가 통화가 낮게 평가되는 것은 금본위제도를 채택하고 있는 국가의 무역적자가 증가해 금이 유출되거나, 자국 통화를 금으로 환전해 달라는 요구에 응할 수 없는 경우에 국한된다. 금본위제를 채택하지 않은 국가에서는 은행권의 가치가 국가 채권의 가치를 결코 능가할 수 없다. 은행은 파산할 수 있지만, 국가는 파산을

충분히 피할 수 있기 때문이다. 국가는 세금을 걷을 수 있는 유일한 주체다. 설령 국가의 부채가 과도한 수준이고 증세가 어려운 경우라 하더라도 국가는 계속 신규 부채를 늘려가면서 기존 부채를 상환할 수 있다는 게 증표주의의 주장이다.

금본위제 전후 돈의 변화

금본위제의 성립과 해체, 금속통화의 등장과 소멸

　물물교환설(상품통화설, 금속통화설)에 의하면 돈, 즉 통화는 희소성에 의해 일정한 교환가치를 가진다. 교환가치를 가지는 대표적인 물질로는 금, 은과 같은 귀금속이 있다. 이들에 의하면 통화란 곧 교환가치를 가지는 물질이고, 금화나 은화와 같은 물질과 그 물질 통화를 기반으로 발행되는 은행권이나 수표 같은 신용(Credit)은 철저히 구분되어야 하며, 신용이 남용되어서도 안 된다. 반면, 부채이론이나 증표주의에 의하면 금화나 은화 역시 부채를 갚을 때 사용할 수 있는 국가가 보증한 지불수단 중의 하나에 불과하다.

부채이론이나 증표주의에 의하면, 중요한 것은 부채이고 동시에 부채를 상환하는 방법이지 통화 자체가 아니다. 따라서 물질 통화와 신용은 구태여 구분할 필요가 없다고 주장한다.

이러한 논쟁은 국가가 공인 통화를 발행하는 과정에서 지속적으로 등장하게 된다. 예컨대, 국지적으로 유통된 철이나 구리, 가죽 등 일부 금속이나 상품은 사용가치(Value-in-Use)가 있지만, 광범위하게 유통되던 귀금속은 그 자체로 어떤 사용가치가 있는지 확실하지 않았다. 이로 인해 1694년 창설된 영란은행이 은화를 발행할 때 은화의 액면 가치를 얼마로 정할 것인지를 두고 논쟁이 벌어졌다. 많은 사람들이 은 자체에는 고유한 가치가 없으며, 돈이란 것은 단순히 정부가 정하는 잣대(척도)에 지나지 않는다고 주장하였다. 따라서 높은 시장가치가 형성된 은화를 사들인 후 동일한 액면가로 20~25% 가볍게 제작함으로써 좀 더 많은 은화를 유통시키자는 주장이 설득력을 얻었다.

하지만, 이 논쟁에서 승리를 거둔 사람은 존 로크(John Locke)였다. 영란은행 설립에 우호적인 여론을 형성하는 데 앞장섰던 존 로크는 당시 아이작 뉴턴(Isaac Newton)의 고문으로 활동하면서 그의 영향을 많이 받았다. 뉴턴은 1687년 『자연철학의 수학적 원리(Mathematical Principles of Natural Philosophy)』라는 책을 통해 만유인력의 법칙을 설명하면서 자연에 내재하는 수학적 법칙을 발견[2]했다고 굳게 믿고 있었다. 동시에 연금술에도 심취해 있었다. 존 로크 역시 그 자신이 뉴턴과 같은 과학적인 물질주의자(Materialist)로서 금과 은을 비롯한 모든 것에는 지구상의 누구도 인정할 수 있는 가치가 있으며, 따라서 정부가 그 가치를 왜곡하면 안 된다고 믿었다. 결국 영란은행은 존 로크의 주장을 받아들여 은화를 수거해서 이전과 똑같은 무게와 순도의 은화로 다시 찍어냈다. 1776년 애덤 스미스는 그의 『국부론』에서 물과 다이아몬드의 역설을 예로 들면서 금이나 은이 사용가치는 없지만, 희소성 때문에 교환가치(Value-in-Exchange)를 가지고 있는 물질이라고 주장하였다. 19세기 후반부터 20세기 초반에 활약한 오스트리아학파는 다이아몬드, 금, 은 등 사용가치가 없는 물질에 교환가치가 생기는 이유를 한계효용체감의 원리로서 좀 더 명확하게 설명하였다.

영국 내에서의 통화 논쟁은 이후에도 여러 차례 지속되었다. 특히, 1816년 금본위제를 채택한 이후 여러 차례의 공황과 금 유출로 금 태환이 위기에 처하면서 이의 원인과 대책을 놓고 통화학파(Currency School)와 은행학파(Banking School) 사이에 치열한 논쟁

---

[2] 아인슈타인의 『상대성 이론』 이후 뉴턴의 법칙은 특수 조건에서(만) 성립하는 것으로 판명되었다. 따라서 "자연철학의 수학적 원리"라는 제목은 오늘날 기준으로 볼 때 뉴턴이 자연(철학)의 범위를 협소하게 인식하고 있었음을 보여준다고 할 수 있다. 하지만 뉴턴의 생각은 17~18세기의 사람들은 물론 21세기 현대인들의 인식 체계에도 여전히 지대한 영향을 미치고 있다.

이 벌어졌다. 로이드(S. J. Loyd)와 토런스(R. Torens) 등의 통화학파는 금본위제도가 안정적으로 유지되기 위해서는 통화량이 금 변동량에 연동되어야 한다고 주장하였다. 이들의 주장은 물가가 통화량에 의해 결정된다는 소위 통화수량설(Quantity Theory of Money)에 입각해 있다. 예컨대 금본위제도를 채택한 어느 두 국가에 각각 금의 양 1kg, 통화량 1,000개, 물건이 1,000개씩이 존재한다면, 두 국가 모두 물건 1개의 평균 가격이 통화 1단위와 일치하고 금 기준으로 평가한 물건 1개의 평균적인 실질 가치는 금 1g과 일치할 것이다. 만일 한쪽 국가에서 무역수지 적자로 금이 유출되어 금의 양이 900g으로 감소한다면, 물건 1개와 교환할 수 있는 평균적인 금의 비율은 1개당 0.9g으로 하락하고, 금 1g당 구매할 수 있는 평균적인 물건 수량은 1.11개(=1,000개/900g)로 증가한다. 반대로 무역수지 흑자로 인해 금의 양이 1.1kg으로 늘어난 국가에서는 금 1g으로 구매할 수 있는 평균적인 물건 수량이 0.91개(=1,000개/1,100g)로 감소할 것이다. 따라서 금본위제를 채택한 국가들과 교역하면서 통화를 금 보유량에 비례해 조절하면, 데이비드 흄(1711~1776)이 주장한 바 있는 물가를 통한 무역수지의 자동조정(price-specie flow) 메커니즘이 원활하게 작동[3]하고, 그에 따라 물가

---

3 하지만 실제로는 무역수지 흑자로 금의 유입이 증가한 국가가 그에 비례해 통화량을 늘리지 않고 유지하거나 오히려 축소하는 정책을 통해 물건 가격을 인위적으로 낮춤으로써 결과적으로 금의 유출을 억제하는 일이 발생한다. 이를 금본위제 하 '게임의 규칙' 위반이라고 한다.

도 안정될 수 있다고 주장했다. 이런 생각을 가진 통화학파는 통화는 금의 보유량에 맞춰 엄격히 관리되어야 하며, 따라서 지폐인 은행권도 독점적인 중앙은행만이 금의 보유량에 비례해 발행해야 한다고 주장하였다.

반면 투크(T. Tooke)와 풀라턴(J. Fullarton) 등의 은행학파는, 은행권(Bank Note)을 포함한 통화량이 금 보유량만큼만 발행되어야 한다는 통화학파의 주장에 반대하였다. 이들에 의하면 은행권이 단순한 종이 통화라 하더라도 기업이 시장에 판매할 물건을 만들기 위해 필요로 하는 자금(Real Bill)—예컨대, 중간재 기업에 납품 대가로 지불하는 자금—의 수요에 대응하기 위해 발행되는 것이므로 과잉 발행의 우려는 없다고 주장했다. 이를 진성어음주의(Real Bill Doctrine)라고 한다. 은행학파에 의하면 은행권은 중앙은행뿐 아니라 시중은행도 자유롭게 발행할 필요가 있으며, 통화 발행량을 금의 변동량으로 제약할 필요가 없다. 또한 은행학파는 은행권 발행을 포함해 통화량이 증가하는 것은 물가 상승이나 소득 증가로 인해 거래량이 증가하는 데 따르는 결과일 뿐이라고 주장하면서, 통화량의 증가가 물가 상승의 원인이라는 통화수량설의 주장을 부인하였다. 그들에 의하면 통화량이 증가한다고 해서 단지 거래가 늘어나는 것은 아니며, 통화는 미래 불안 등 다양한 이유로 시장에서 거래되지 않고 퇴장될 수 있으므로 통화량 증가가 물가 상승의 직접적인 원인이 될 수는 없는 것이었다. 하지만 1844

년에 제정된 영국 은행법(Peel Act)에서는 은행학파의 이런 견해와 주장이 받아들여지지 않았다. 즉 은행권(지폐)은 영란은행만 발행할 수 있으며, 금으로 뒷받침되지 않는 은행권은 1,400만 파운드까지만 발행할 수 있다고 규정함으로써 통화 논쟁은 일단 통화학파의 승리로 종결되었다.[4]

앞에서 언급한 대로 금본위제도란 금이 사실상 모든 것의 가치척도가 되는 통화제도를 의미한다. 좁은 의미로는 법률에 의해 국내 유통통화를 금으로 교환해 주는 통화제도를 의미하지만, 금본위제를 채택하는 국가가 많아질수록 세계의 통화와 재화들은 모두 금의 가치로 환원되는 결과가 야기되었다. 예컨대, 영국에는 전통적으로 파운드, 실링(1/20파운드), 페니(1/12실링) 등의 통화 단위가 있었는데, 1816년에 제정된 영국의 「금본위법(Gold Standard Act of 1816)」에서는 표준금 1온스를 영국 통화 3파운드 17실링 10.5펜스로 설정하였다. 따라서 표준금 1온스는 3.893파운드에 해당하였다. 표준금은 순금의 11/12이다. 따라서 순금 1온스는 4.247파운드에 해당하였다. 미국도 1879년 금본위제를 채택할 당시 순금 1온스당 20.67달러로 규정하였다. 이로 인해 영국의 1파운드는 미국 통화 4.86달러와 동일한 가치를 가지는 것으로 평가할 수 있었

---

4 하지만 1847년, 57년, 66년에 반복해서 금융위기가 발생하자 영란은행은 은행학파의 이론을 어느 정도 받아들이게 된다. 자세한 것은 후술한다.

고 영국과 미국 내의 모든 물건은 금의 가치로 환산될 수 있었다.

금본위제는 크게 금화본위제(Gold Coin Standard), 금지금본위제(Gold Bullion Standard), 금환본위제(Gold Exchange Standard)로 구분된다. 첫째, 금화본위제는 1816년 영국의 「금본위법」처럼 일정 중량을 가지는 금과 금화에 실질적인 차이를 두지 않는 제도였다. 누구든지 금을 자유롭게 주조하고, 조폐국에서 금화와 교환할 수 있었으며, 은행에서 은행권과 교환할 수 있었다. 예컨대, 영국 조폐국은 누구든지 1온스의 표준금을 가져오면 3.893파운드의 가치를 가진 금화(Gold Coin)로 교환해 주었고 순금 1온스를 가져오면 4.247파운드의 금화로 교환해 주었다. 은행은 은행권(지폐)을 제시하면 은행권에 기재된 파운드화의 가치만큼 금화로 교환해 주었다. 영국 조폐국에서 발행한 금화가 아니더라도 표준금 1온스와 순금 1온스는 각각 3.893 파운드와 4.247 파운드의 가치로 거래될 수 있었다. 누구든지 금을 마음대로 용해하여 사용할 수 있었기 때문이다. 다만, 금화가 아닌 금에는 불순물이 섞여 있을 수 있었으므로 아무 표시가 없는 금보다는 영국 정부의 인장이 찍힌 금화가 선호되었다. 이 같은 금화본위제는 1870년부터 영국 이외의 다른 북미, 유럽 국가들도 채택하였다.[5]

---

5   예컨대, 캐나다(1867), 독일(1871), 스웨덴, 노르웨이, 핀란드, 덴마크, 네덜란드(1874), 프랑스, 스위스, 벨기에(1878), 미국(1879) 등의 순으로 금화본위제를 채택하였다.

금본위제의 두 번째 형태는 금지금본위제도(Gold Bullion Standard), 또는 금괴본위제도다. 영국은 1914년 1차대전으로 금화본위제를 일시 정지했다가 1925년 금괴본위제 형태의 금본위제도로 복귀하였다. 영국의 금괴본위제는 1,699파운드짜리 은행권은 중량 400온스짜리의 금괴(Gold Bullion)로 태환할 수 있지만 그 이하 금액의 은행권은 금으로 교환해 주지 않는 제도였다. 금괴본위제 도입 이후 영국에서는 금화의 유통이 사라졌으며 금화의 주조나, 소액 은행권을 금화로 태환하는 관행도 사라졌다. 대신 은행권의 유통이 확대되었다. 금괴본위제의 목적은 금을 절약하고 금을 중앙은행에 집중하는 데 있었다.

세 번째는 금환본위제도(Gold Exchange Standard)다. 금환본위제는 금화본위제, 또는 금괴본위제를 채택한 국가의 통화를 기준으로 자국 통화의 가치(교환비율)를 고정하는 제도다. 금환본위제를 가장 먼저 채택한 것은 인도(1900~1927)였으며, 제1차대전 이후 많은 나라들이 금화본위제로 복귀한 미국(1919)의 달러나, 금괴본위제를 채택한 영국(1925)의 파운드화를 기준으로 자국 통화의 교환비율을 설정하는 금환본위제를 채택하기 시작하였다. 하지만, 대공황을 전후해 영국(1931)과 미국(1933)이 자국 통화를 금으로 태환(Conversion)하지 않기로 결정함에 따라 사실상 금본위제도는 폐지되었다. 이후 많은 나라들은 파운드화에 자국 통화를 고정시키는 파운드 블록, 또는 달러 블록, 또는 금본위제를 유지하는 블록

(프랑스, 이탈리아, 벨기에, 스위스) 등으로 나뉘었다. 또한 각각의 국가들이 자국의 수출을 늘리고 상대방 국가로부터의 수입을 줄이기 위해 경쟁적으로 환율을 인하하는 정책을 펼치면서 1931년부터 국제무역도 크게 위축되기 시작하였다. 이는 대략 1933년에 시작된 대공황을 더욱 악화시키는 요인으로 작용하였고, 독일에서의 나치 정권 수립과 2차 대전의 발발 원인으로도 작용하였다.

하지만, 1944년 7월 1월부터 22일까지 미국 브레튼우즈 호텔에서 열린 국제회의에서는 미국의 달러화 기준으로 금환본위제를 부활하기로 합의함으로써 소위 브레튼우즈라고 하는 국제통화 체제가 시작되었다. 브레튼우즈 체제에서는 제2차 세계대전의 원인이라고까지 비판받았던 환율 평가절하 경쟁의 재발을 막기 위해 엄격한 고정환율제도를 채택하였다. 서유럽, 미국, 캐나다, 호주 등 44개국이 달러화(순금 1온스=35달러, 1달러=순금 888.67mg) 대비 자국통화의 교환비율(환율)을 결정하고, 환율을 상하 1% 이내의 범위 내에서 유지하기로 합의한 것이다. 다만, 내수 확대 정책이나 긴축정책으로 조정할 수 없는 기초적 불균형, 예컨대 경상수지 흑자와 인플레이션이 동시에 지속되거나 경상수지 적자와 디플레이션이 동시에 지속되는 경우 IMF와의 협의를 통해 환율을 조정할 여지는 있었다.

국제금융의 삼중 난제, 또는 트릴레마(Trilemma)에 의하면 환율의 안정과 통화정책의 자율성, 그리고 자유로운 자본이동은 동시에 달성할 수 없다. 브레튼우즈 체제의 가장 큰 특징은 달러화를 기준으로 하여 엄격한 환율 안정, 즉 고정환율제를 유지하는 것이었다. 이는 브레튼우즈 체제에 합의한 국가들은 국제적인 환율 안정을 위해 자국 통화를 언제든지 달러화와 교환할 의무가 있으므로 충분한 외환보유고를 확보하는 것이 중요하며, 동시에 자국 통화정책의 자율성과 자유로운 자본이동 중 하나는 포기해야 함을 의미했다. 브레튼우즈 회의에서는 참가국들의 통화정책 자율성과 독자성을 보장하기 위해 자유로운 자본이동을 포기하는 방향으로 합의가 이루어졌다. 이에 따라 경상수지와 해외직접투자(FDI : Foreign Direct Investment)에 의한 국제자본의 이동만 허용되고, 주식이나 채권 등 주식시장을 통한 자본이동은 제한되었다.

따라서 브레튼우즈 체제하에서는 보유 외환의 일시적 부족을 관리하기 위한 단기적인 외화 유동성 공급과 장기 외화대출금의 공급이 중요한 과제로 떠올랐고, 외화 단기 유동성 문제를 해결하기 위한 국제통화기금(IMF : International Monetary Fund)과 장기 차관 공급을 위한 세계은행(WB : World Bank)이 출범하였다. 하지만 세계은행의 자금이 충분하지 않아서 유럽은 전후 재건을 위해 미국의 마샬 플랜에 주로 의지하였으며, 마셜 플랜의 수행기관이었던 유럽경제협력기구(OEEC : the Organization for European Economic Co-operation)는 1961년에 경제협력개발기구(OECD : the Organization for Economic Co-operation and Development)로 개편되었다. 이 과정에서 세계은행(World Bank)은 개발도상국을 지원하는 기구로 역할이 변화하였다.

그런데 브레튼우즈 체제는 구조적으로 심각한 문제를 안고 있었다. 자본의 이동이 제한되어 있는 상태에서 기축통화인 달러화가 국제적으로 충분히 공급되기 위해서는 미국의 경상수지 적자가 늘어나야만 했던 것이다. 본래 경상수지 적자가 증가하면 통화의 가치가 하락해야 한다. 그렇지만 브레튼우즈 체제는 달러화를 기축통화로 하여 고정환율제도를 유지하는 제도이므로 달러화의 상대적 가치는 변동하기 어렵다. 이런 상황에서 미국이 경기부양과 베트남 전쟁 자금조달 등을 위해 재정지출과 통화정책을 확대함에 따라 미국의 경상수지 적자는 크게 확대되었고, 달러화의 신뢰도 하락은 점점 더 커질 수밖에 없었다. 이는 경상수지 흑자국들이 미국에 보관되어 있는 금과의 태환을 점점 더 많이 요구하는 결과로 나타났다. 마침내 1971년 8월 15일 미국 닉슨 대통령은 더 이상 달러화를 금으로 바꿔주지 않겠다고 선언하였다. 이것이 그 유명한 '닉슨 쇼크'다.

닉슨 쇼크는 금과 달러화의 태환을 포기하겠다는 선언이지 브레튼우즈 체제를 원천적으로 부정한 사건은 아니다. 미국 이외의 다른 국가들도 국제무역을 할 때 여러 국가의 통화를 사용하는 것보다 달러화를 단일의 결제통화로 사용하는 것이 여전히 편리한 측면도 있었다. 이에 따라 1971년 12월 18일, 선진국 10개국 재무장관 회의가 워싱턴 스미소니언 박물관에서 열렸고, 여기서는 금 1온스당 38달러 수준에서 다각적인 통화 조정을 통해 고정환율제를 유지하기로 합의했다. 이 과정에서 대부분의 주요 통화가 달러화에 대해 평가절상되었다. 또한, 향후 국제 통화위기가 발생하면 각국의 중앙은행이 협조적으로 개입하기로 하였다. 이 합의를 통해 성립된 국제금융체제를 스미소니언 체제라고도 한다. 하지만 이후에도 달러화의 가치는 불안한 모습을 보였고, 1973년 달러의 평가절하를 계기로 스미소니언 체제는 붕괴되었다. 고정환율제도하에서 달러화의 공급이 늘어나면 달러 매수 개입을 통해 달러화의 가치를 유지해야 하는데 금-달러 교환 보증이 없는 상태에서 달러화를 매수할 유인이 사라졌기 때문이다. 따라서 1973년 사실상 고정환율제도가 끝나고 변동환율제도가 시작되었으며, 공식적으로는 1978년 IMF 협정 개정으로 변동환율제도로의 이행이 추인되었다. 이는 개별국가의 통화정책 독립성을 유지하고 자본의 자유로운 국제 이동을 허용하면서, 동시에 환율변동은 시장에 맡기겠다는 의미를 가지는 것이었다.

금본위제 전후 신용통화의 등장과 성장

금본위제 시대의 신용통화, 은행 부채(요구불예금)

금화본위제(금본위제를 채택한 미국 달러화 중심의 고정환율체제)를 포함한 금본위제 시대의 궁극적인 통화는 금이라는 물질(Material)이었다. 대부분의 사람들은 금이라는 물질에 일정한 내재 가치가 있으며, 국가의 통화는 궁극적으로 금에 의해 가치가 보장된다고 믿었다. 따라서 금 보유량 이상으로 통화를 발행하는 행위는 금기시되었다. 하지만 닉슨 선언, 또는 브레튼우즈 체제의 붕괴는 통화가치의 보증 수단이나 평가 기준이 사라졌음을 의미한다. 브레튼우즈 체제 이후 모든 국가의 통화는 아무런 담보도 뒷받침되지 않고, 다른 어느 것으로도 태환해 주지 않으며, 단지 경제적 거래에 활용할 수 있는 금융청구권을 의미하게 되었다. 그런데 금본위제도 하에서도 금으로 뒷받침되지 않고, 단지 금융청구권을 의미하는 신용통화는 이미 널리 사용되고 있었다.

1700년대 후반 영국 런던에는 전국의 은행들이 각각 다른 은행들을 수취인으로 하여 환어음(Bill of Exchange)을 발행하고 있었다. 경제 규모가 커지면서 환어음 발행 구조가 매우 복잡해지자 수취인(Payee) 은행과 지급인(Drawee) 은행 간에 채권과 채무가 최종 정산되는 어음거래소가 필요해졌다. 어음거래소는 처음에는 채권과 채무를 최종 정산하는 장소였지만, 시간이 지나면서 자금이 부족한 은행과 자금 사정에 여유가 있는 은행들 사이에 단기 자금을 빌리고 빌려주는 일종의 은행 간 시장(Inter Bank Market)이 형성되었다. 예컨대, 북부 공업지대의 은행들이 1차적으로 할인한 어음을 자금 잉여가 자주 발생하는 농촌 지역의 은행들이 재할인해 주는 신용시장이 생겨났다. 시간이 지나면서 상인은행(Merchant Bank)들이 투자자로서 이러한 재할인시장에 진입하였고, 영란은행은 최종대부자(Lender of Last Resort)로서 재할인시장에 진입하였다. 어음할인이란 은행이 기업의 어음(차용증)을 받는 대신 당좌예금(요구불예금)을 빌려주는 거래를 의미한다. 18세기 후반부터 영국의 은행들은 1차적으로 어음할인을 통해 기업에 당좌예금을 제공하고, 2차적으로는 금 태환이 뒷받침되지 않는 은행 간 시장에서 재할인을 통해 다른 은행, 혹은 영란은행으로부터 자금을 융통해 왔던 것이다. 재할인시장은 은행이 충분한 금을 보유하고 있지 않아도 대출을 할 수 있는 자금원의 역할을 하였다. 즉, 금으로 뒷받침되지 않는 통화 발행의 원천이 되었다. 은행 간 시장, 또는 재할인시장은 오늘날 중앙은행의 통화정책이 수행되는 지급준비금 시장으로 발전하였다.

한편, 미국에서는 1863년[6]에 은행이 예금 잔액의 일부를 현

---

6   미국에서는 1879년 금본위제도가 채택되기 이전에는 금과 은을 동시에 지급준비금으로 보관하는 복(複)본위제도가 운영되고 있었다. 따라서 현금은 원칙적으로 금이나 은으로 태환될 수 있었다.

금으로 보유하는 부분지급준비금 제도가 법제화되었다. 이로 인해 은행들은 지급준비금을 제외한 나머지 자금을 공식적으로 대출할 수 있게 되었다. 원래 미국의 지급준비금 제도는 예금자 보호를 위한 것이었고, 지급준비율은 일정한 비율―예컨대 제도 초기에는 25%―로 고정되었다. 1920년 이전에는 지급준비금 제도로 인한 은행의 신용창조(Credit Creation)기능―은행이 최초의 예금에서 일부만을 지급준비금으로 남겨놓고 나머지를 누군가에게 대출함으로써 다시 예금이 발생하고 그것이 다시 대출과 예금 발생을 반복하는 과정을 거쳐 은행권 전체적으로 최초의 예금보다 더 많은 예금을 창조―에 대해 아는 사람이 거의 없었다.[7] 하지만 은행의 신용창조 기능을 다룬 알버트 한(Albert Hahn)의 1920년 저작(『Economic Theory of Bank Credit』)이 점차 유명해지고, 필립스(C. A. Philips)가 1924년 승수 이론을 개발하면서 많은 사람들이 부분지급준비금 제도로 인해 발생하는 신용 창출 기능을 인식하게 되었다. 결국 1933년에 토마스 수정조항(Thomas Amendment)으로 알려진 연방준비법이 개정됨으로써 연방준비위원회가 금융시장 조정을 위해 지급준비율을 변경할 수 있는 재량권을 부여받게 되었다.

　1800년대 초반 영국에서 통화 논쟁이 벌어졌을 당시 통화학파

---

[7] 문헌상 은행의 신용창조 기능은 19세기 후반 맥클로드(H. D. Macloed)의 저작에서 등장하였으나 널리 알려지지 않았다.

는 중앙은행만이 완전한 금 태환이 뒷받침되는 지폐를 독점적으로 발행해야 하며, 시중은행은 신용 지폐(은행권)를 발행하면 안 된다고 주장하였다. 그 이유는 시중은행들이 금과의 태환성이 보장되지 않는 은행권, 즉 신용통화를 발행하면 경기가 쉽게 과열되고, 호황기에 금의 유출 규모가 커질 것으로 우려했기 때문이다. 반면, 은행학파는 이상적인 통화 시스템이라면 상업거래의 필요(Needs of Trade)에 따라 필요한 만큼 통화공급을 늘릴 수 있어야 하며, 따라서 시중은행도 자유롭게 은행권을 발행할 필요가 있다고 주장했다. 1844년 제정된 영국 은행법(Peel Act)은 영란은행만 은행권을 독점적으로 발행할 수 있으며, 영란은행 은행권은 원칙적으로 금이 뒷받침되어야 한다고 규정했다. 겉으로 보면, 통화주의자의 승리인 것처럼 보였다.

하지만, 앞에서 언급한 대로 영국에서는 1844년 필 조례 이전부터 은행들이 기업의 어음을 할인(요구불예금을 공급)하고, 보유금에 비해 어음할인 규모가 커지면 은행 간 신용시장인 재할인시장을 통해 어음을 재할인하는 형태로 신용을 제공받았다. 그리고 상인은행과 영란은행의 참여로 은행 간 신용시장, 즉 재할인시장은 점점 확대되었다. 이는 금으로 뒷받침되지 않는 신용통화―예컨대 요구불예금―의 발행 증가로 이어졌다. 미국에서도 지급준비금 제도의 도입으로 인해 금본위제하에서도 신용통화가 증가하였다. 닉슨 쇼크가 발생하기 이전인 1960년 말 기준으로 이미 미국

내 은행 요구불예금은 금을 기반으로 발행되는 현금통화의 4배 규모였다. 19세기 초반 영국의 통화학파가 몰랐던 것은 시중은행이 구태여 은행권을 발행하지 않아도 수표(Check)를 발행할 수 있는 당좌예금(요구불예금) 계좌가 은행권과 동일한 역할을 한다는 것, 그리고 재할인시장이나 지급준비금 제도로 인해 최초의 예금보다 더 많은 요구불예금 계좌를 창조할 수 있다는 사실이었다.

금본위제 해체 이후의 신용통화, 은행 부채(요구불예금)

오늘날에는 계좌이체, 체크카드 등 각종 지급수단의 활성화와 새로운 금융상품의 등장으로 인해 요구불예금[8]의 중요성은 더욱 커졌다. 금본위제하에서의 요구불예금과 다른 점이 있다면, 금본위제하에서는 언젠가 필요할 때 금으로 바꿀 수 있다는 믿음이 있었지만, 오늘날 요구불예금 보유자는 그런 믿음을 갖지 않는다는 점이다. 대신 과거 금본위제 시대에 언젠가 금으로 바꿀 수 있다는 믿음으로 요구불예금을 보유한 것처럼 오늘날에는 언젠가 요구불예금으로 다시 바꿀 수 있다는 믿음을 가지고 회사채나 상품권을 이용한다.

---

8 은행예금에는 요구불예금, 수시입출식예금, 저축예금, 정기예금, 적립식예금(적금) 등 다양한 형태가 존재한다. 하지만 이하에서 은행예금은 언제든지 인출 가능한 요구불예금(수시입출식예금 포함)과 그렇지 못한 저축예금으로 양분하여 설명한다.

우리나라의 중앙은행인 한국은행에서 정의하는 협의통화(M1)는 현금과 요구불예금으로 구성되는데, 2024년 6월 말 현재 시중에 유통되는 현금은 176조 원이고 요구불예금(수시입출식예금 포함)은 1,091조 원이다. 요구불예금이 현금통화의 6배를 넘는다.

은행이 망하지 않는 한 요구불예금은 가장 강력한 지급결제수단이다. 요구불예금 계좌에 있는 금액은 타인과 거래할 때 아무 제약 없이 사용될 수 있다. ATM기를 통해 현금으로 인출한 뒤 사용할 수도 있지만, 주로 계좌이체나 체크카드 등을 통해 요구불예금에 있는 금액을 사용할 수 있다. 신용카드, 할부금융, 한도대출(소위 마이너스 통장)은 지금 당장 요구불예금 잔고가 없더라도 일정 기간 후에 요구불예금 잔고가 생길 것을 기대하고 신용을 제공하는 것이다.

또 요구불예금 계좌에 있는 금액을 이체해 선불지급수단이나 모바일 상품권을 구입한 뒤 모바일 상품권 등으로 온라인 플랫폼에서 물건을 구매할 수도 있다. 소비자가 요구불예금이 아니라 구태여 선불지급수단이나 모바일 상품권으로 물건을 구매하는 이유는 플랫폼에서 상품권을 이용하면 포인트 등 더 많은 혜택을 받을 수 있기 때문이다.

소비자가 요구불예금 계좌로 모바일 상품권 등을 구매하면, 요구불예금은 플랫폼 회사의 계좌로 일단 이체된다. 플랫폼 회사는 플랫폼 입주 가맹점에게 가맹점수수료를 제외하고 요구불예금을 즉시 배분해야 한다. 가맹점수수료는 고객 포인트 등을 위한 재원으로 활용된다.

문제는 요구불예금을 확보한 플랫폼 회사에게 횡령의 유혹이 발생할 수 있다는 점이다. 기업이 요구불예금을 얻는 주요한 방법은 수익이 발생하거나 은행으로부터 대출을 받았을 때다. 하지만 적자가 지속되고 은행 대출을 받을 수 없으면 모바일 상품권 판매 등을 통해 확보한 요구불예금의 이체 시기를 최대한 늦추면서 영업 자금으로 활용할 유인이 생긴다. 2024년 7월 발생한 위메프-티몬 사태에서는 플랫폼 회사가 가맹점 대금을 다른 사업 용도로 사용하고, 이를 돌려막기 하는 과정에서 가맹점에게 지급해야 할 시점을 계속 미루다가 결국 모바일 상품권 등을 구입한 소비자나 물건을 판매한 가맹점에게 요구불예금을 돌려주지 않고 파산하는 사태에 이른 사례다. 마치 은행원이 고객 자금을 빼돌려 주식에 투자하고 이를 만회하기 위해 돌려막기 하는 수법과 비슷하다.

오늘날 요구불예금은 모든 거래의 핵심으로서 가장 보편화된 지급결제수단이다. 그리고 요구불예금을 기반으로 새로운 유형의 지급결제수단인 신용통화도 계속 생겨나고 있다. 예컨대 금융회사가 제공하는 신용카드, 한도대출도 요구불예금을 기반으로 하는 신용통화라 볼 수 있으며, 플랫폼 회사가 발생하는 모바일 상품권이나 선불전자지급수단 또한 요구불예금을 기반으로 하는 신용통화라고 볼 수 있다.

　이처럼 민간은행 요구불예금의 활용도는 급증하는 반면, 전통적인 지급결제수단으로서 중앙은행이 발행하는 현금의 사용은 계속 줄어들고 있다. 이는 신용카드와 스마트폰의 보급으로 현금 사용이 불필요해진 측면이 있다. 이에 따라 한국은행은 최근 중앙은행 디지털통화(CBDC : Central Bank Digital Currency)를 발행하는 방안을 연구 중에 있다. 이에 대한 자세한 내용은 후술한다.

　신용카드나 할부금융은 차용증(외상 매출채권)을 조기에 현금화하는 수단이라는 측면에서 유럽에서 은행의 등장과 함께 나타났던 환어음(Bill of Exchange)과 구조가 비슷하다. 환어음은 수출회사(채권자)가 물건을 수출하고 수출 대금을 회수하기 이전에 수입회사(채무자)의 거래 은행을 지급인으로 하여 발행하는 일종의 금융청구권이다. 단, 환어음에는 지급인의 서명이 필요했다. 수출회사는 제3자인 은행을 수취인(Payee)으로 하는 환어음을 발행하고 이를 수취인 은행에 넘기면, 수취인 은행은 이를 액면가보다 낮은 가격으로 인수하고 할인된 금액을 수출회사(채권자)에 지급한다. 그리고 만기에 발행인과 지급인이 기록된 환어음을 지급인에게 제시하여 액면가만큼의 돈을 회수한다. 마찬가지로 신용카드 내지 할부금융 가맹점(채권자)은 소비자(채무자)의 거래 은행을 지급인으로 하는 매출채권을 신용카드(또는, 할부금융)사에게 매각한다. 매출채권에는 소비자의 서명이 필요하다. 신용카드(또는, 할부금융)사는 이것을 액면가보다 낮은 가격으로 매입하고 나중에 소비자 거래 은행(지급인)으로부터 매출채권 액면가만큼을 회수한다. 과거의 환어음은 금이나 은을 최종 정산 수단으로 활용한 반면, 오늘날의 신용카드와 할부금융은 은행 요구불예금을 최종 정산 수단으로 활용한다는 점에서만 조금 다르다.

〈그림 Ⅰ-3〉
오늘날 통화의 범위와 은행 요구불예금의 위상

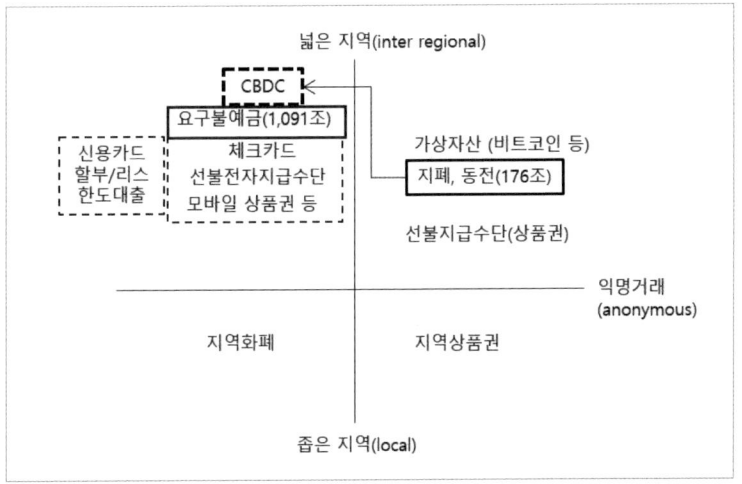

주 : 2024년 6월 말 기준(한국은행)

지역통화(지역화폐)

우리나라에서 익숙한 지역통화는 지역 소상공인을 지원하기 위해 고안된 통화다. 14세 이상의 지역 주민이 지방자치단체에 등록한 체크카드(요구불예금)가 지역통화이고, 일정 사용 금액의 범위 내에 인센티브가 제공되는데 체크카드 사용액과 인센티브를 합치면 지역통화 발행량이 된다. 인센티브의 원천은 재정지출이다. 재정지출은 모두 요구불예금 계좌를 통해 이체된다. 따라서 지역통화 발행량은 한국은행이 정의한 통화—예컨대, M1—량의 부분집합이 된다.

우리나라의 지역통화가 요구불예금의 부분집합이라는 점은 19세기 금본위제를 채택했던 유럽 국가 중의 일부 국가가 자국 내에서만 유통되는 통화를 발행해 사용했던 것과 비슷하다. 지역통화와 요구불예금이 다른 점은 사용 지역이 더 좁은 범위로 제한된다는 점과 운영비용 주체가 다르다는 점 정도다. 모든 통화의 관리와 운영에는 비용이 발생한다. 지역통화의 운영에도 비용이 발생하는데, 우리나라에서는 공공기관이 개입해 운영하므로 행정비용이 많이 들 수 있다.

해외에서 우리나라와 비슷하지만 민간기관이 운영하는 지역통화(즉, 국가 통화와 호환되는 지역통화)의 예로는 2003년에 탄생한 킴가우어(Chiemgauer)를 들 수 있다. 킴가우어는 독일 바이에른주의 일부 지역에서 사용된다. 소비자는 킴가우어를 유로화와 1:1의 비율로 교환할 수 있으나, 지역 가맹점은 킴가우어를 유로화로 교환할 때 0.95:1의 비율이 적용된다. 즉 가맹점에게는 5%의 수수료가 부과된다. 5% 중 2%는 관리비용으로 사용되며, 나머지 3%는 킴가우어 운영에 협조하는 비영리단체에 기부된다. 킴가우어는 3개월마다 2%씩 가치가 떨어지도록 설계됨으로써 통화의 유통을 촉진한다는 특징도 있다. 킴가우어는 2003년에는 종이 상품권 형태로 시작되었지만, 2006년에는 전자결제 방식이 도입되었다. 현재는 2/3 정도가 전자결제 방식이라고 한다. 킴가우어가 민간 부문에 의해 운영되는 지급수단이라는 점은, 사용 지역이 제한되어 있다는 점을 제외하면, 선불전자지급수단이나 모바일 상품권과 비슷하다.

한편, 국가 공인 통화(현금통화와 은행 요구불예금)와 호환이 되지 않는 자체적인 지역통화도 존재한다. '우리(We)'라는 의미를 가진 스위스 위르(WIR)는 1934년 사업가 베르너 짐머만과 폴 엔츠가 통화 부족과 글로벌 금융불안정에 대응하기 위해 설립한 위르은행(WIR Bank)에 의해 발행되는 통화다. 위르(WIR)는 위르은행(WIR Bank)에 가입한 회원들 간 유통되는 통화로서 회원은 수만 개의 중소기업으로 구성되어 있다. 1위르의 가치는 1스위스프랑과 동일하지만 위르를 스위스프랑으로 교환할 수는 없다. 국가 통화와 호환되지 않는 지역통화는 어떻게 발행될 수 있을까? 미첼 이네스(A. Mitchell

Innes)가 돈의 기원에 관한 부채이론에서 주장한 것처럼, 그 비결은 다수 회원의 부채(중소기업 대출)에 있다. 다수 중소기업 회원들이 위르은행(WIR Bank)에서 대출을 신청하면 위르은행은 소액의 수수료(이자)를 떼고 계산 단위가 위르인 요구불예금을 중소기업의 요구불예금 계좌에 입금한다. 이 요구불예금은 수만 개의 중소기업으로 구성된 위르은행(WIR Bank) 공동체 내에서 지불수단이 된다. 즉, 위르(WIR) 통화는 회원 중소기업 간 재화 및 서비스 거래에 사용되고, 심지어 중소기업 직원들의 급여로도 사용된다. 위르(WIR) 통화에는 지폐가 없으며, 단지 수표나 카드로 결제할 수 있다.

〈표 I-3〉
지역통화 사례별 특징

	한국의 지역화폐 (통화)	킴가우어 (Chiemgauer)	이타카 아우어스 (Ithaca HOURS)	위르 (WIR)
지역통화 원천	기존 법정 통화 및 보조금(재정지출)	기존 법정 통화	기존 법정 통화	중소기업 대출
관리, 운영	지방자치단체	민간	민간	민간
형태	전자	종이 통화, 전자	종이 통화	전자, 수표
법정 통화와의 태환성	○	○	×	×

위르와 비슷한 개념의 지역통화로서 미국 뉴욕주에서 민간단체가 운영하던 이타카 아우어스(Ithaca HOURS)도 있다. 회원은 달러 입회금을 내고 지역통화(Ithaca HOURS)를 받을 수 있지만, 달러와 다시 교환되지는 않는다. 이 통화는 베이비시터, 노인 케어, 경락, 상담 등을 원하거나 자동차나 집을 수리할 때도 이용할 수 있다. 반대로 노동을 제공하고 지역통화를 받을 수도 있다. 슈퍼마켓, 식당, 극장 등에서도 사용되며, 지역통화를 받은 상점에서는 청소를 하거나 재고를 정리할 때 그것을 다시 이용하기도 한다. 1이타카 아우어는 1시간 노동의 대가와 교환된다는 개념이며 10달러의 가치를 가지는 것으로 평가되어 있지만, 회원 간에 합의를 통해 1시간 노동의 대가로 지급할 수 있는 이타카 아우어스의 금액은 달라질 수 있다. 이타카 아우어스는 1991년 11월 폴 글로버라는 사람에 의해 시작되었는데, 그는 19세기 영국의 산업가 로버트 오웬이 자신의 회사 상점에서 소비를 위해 직원들에게 발행한 '아워' 지폐에서 영감을 얻었다고 한다. 하지만, 폴 글러버가 뉴욕 지역에서 다른 지역으로 옮긴 뒤 이 지역통화는 더 이상 운영되지 않는다. 위르와 이타카는 부채가 통화를 발생시킨다는 부채이론의 사례로서도 종종 인용된다.

II.
돈에 관한 중앙은행의 능력과 한계

통화공급 이론

외생적 통화공급론 : 중앙은행 능동주의

오늘날 대표적인 돈은 중앙은행이 발행하는 현금[9](동전, 지폐)과 은행의 요구불예금이다. 은행예금은 은행 대출과 지급준비제도에 의해 최초의 예금보다 더 많은 규모로 늘어난다. 이를 신용창조라고 한다. 지급준비제도란 중앙은행이 은행으로 하여금 예금의 일정비율(지급준비율)에 해당하는 금액을 중앙은행에 지급준비금으로 예치하도록 의무화하는 제도다. 지급준비금은 은행이 중앙은행에

---

9 미국의 경우 동전은 중앙은행이 아닌 정부가 발행한다.

예치하는 일종의 요구불예금인데, 은행은 중앙은행에 연결된 지급준비금 계좌를 이용해 정부 및 다른 은행과 자금을 주고받는다. 이는 앞에서 설명한 영국의 은행 간 재할인시장으로부터 발전해 왔다. 지급준비금 계좌에 있는 은행의 잔액이 법정 의무 비율에 미달하면, 다른 은행으로부터 차입하거나 보유하고 있는 국채 등 자산을 매각하고 그 대금을 지급준비금 계좌에 예치한다.

은행의 지급준비금은 통화에 포함되지 않는다. 하지만 하지만 은행의 신용창조에 영향을 줌으로써 은행예금의 변동, 즉 시중 통화의 변동에 영향을 미친다. 신용창조 과정을 살펴보자. 우선 "최초로" 어떤 경제주체에 의해 은행 A의 예금이 100만큼 늘어났고, 은행 A는 이를 대출을 원하는 기업 X에게 제공한다고 가정하자. 그리고 중앙은행은 고객의 예금인출에 대비하여 은행예금의 10%를 지급준비금으로 예치하기를 요구했다고 가정하자. 지급준비율이 10%라면, 은행 A는 최초의 예금 100에서 지급준비금 10을 공제한 90을 기업 X에게 제공한다. 이때 기업 X가 이를 다른 은행 B에게 입금해 달라고 요청하면, 은행 A는 은행 B로 예금 90을 이체한다. 이제 은행예금이 90만큼 늘어난 은행 B는 법정 지급준비금인 9만큼을 중앙은행에 지급준비금 자산으로 예치하고 나머지 81만큼을 또 다른 기업 Y에 대출한다. 이때 기업 Y가 주로 거래하는 은행이 은행 C라면 은행 B는 은행 C로 자금을 이체하고, 기업 Y의 대차대조표는 은행 B에 대한 차입금 부채 81과

은행 C에 대한 예금 자산 81을 갖게 된다.

이런 식으로 은행 A, B, C,⋯의 예금은 최초의 100에서 90, 81, 72, ⋯ 등으로 생겨난다. 이를 합치면 은행 전체의 예금은 1,000이 된다. 아래 〈그림 Ⅱ-1〉은 법정지급준비금이 예금의 10%라고 가정할 때 발생하는 은행예금의 창조 과정이 도식화되어 있다. 설명의 편의상 현금은 없다고 가정하고, 은행 역시 오로지 예금만 있다고 가정한다.

은행의 신용창조 과정에는 몇 가지의 중요한 가정이 필요하다. 첫째, 은행은 지급준비금을 제외한 나머지 예금을 전부 대출로 운용한다. 국채나 기타 채권, 부동산 등의 자산은 없다고 가정한다. 둘째, 은행의 부채는 예금뿐이며 은행채 등의 부채는 없다고 가정한다. 이 같은 가정하에서 은행은 "최초의 예금(100) → 예금의 일부를 지급준비금(10)으로 적립하고 나머지 예금을 전부 대출(90) → 예금(90) → 예금의 일부를 지급준비금(9)으로 적립하고 나머지 예금을 전부 대출(81) → 예금(81) → ⋯ "의 과정을 통해 최초의 예금보다 훨씬 더 많은 1,000만큼의 예금을 창출할 수 있다.

〈그림 Ⅱ-1〉에서는 지급준비율이 10%일 때 지급준비금과 은행예금은 1:10의 비례관계에 있는 것으로 나타난다. 만일 중앙은행이 지급준비율을 5%로 인하하면 예금은 2,000만큼 늘어나고 지급준비금과 은행예금의 비율은 1:20이 된다. 즉 현금이 없다고 가정하면, 이론상 총예금은 "최초 예금÷지급준비율"이 되고 총예금에서 최초의 예금을 공제한 만큼의 예금이 은행(대출)에 의해 창조된다.

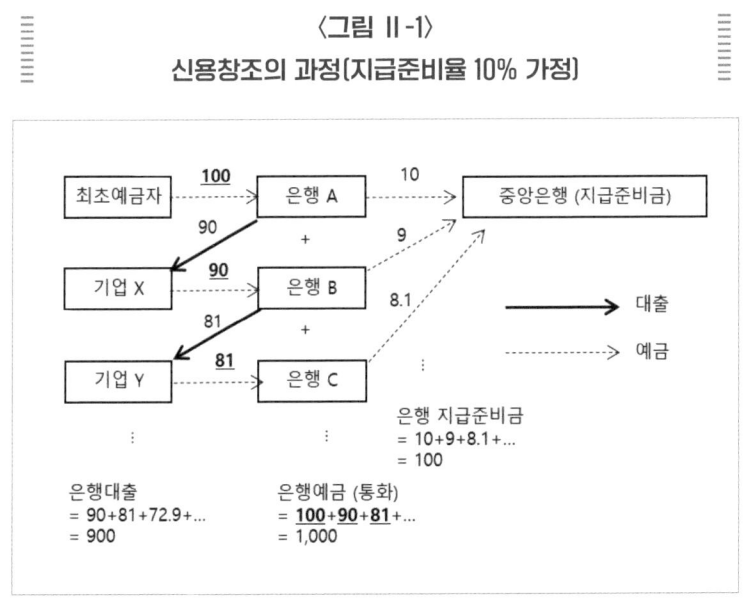

〈그림 II-1〉
신용창조의 과정(지급준비율 10% 가정)

외생적 통화공급론은 한 국가의 통화 규모는 중앙은행에 의해 결정될 수 있다는 주장이다. 즉, 중앙은행이 발행하는 현금통화(중앙은행권)와 지급준비율에 의해 한 국가의 통화량이 결정된다. 다만, 일단 결정된 지급준비율은 거의 변동하지 않으므로 중앙은행은 단기금리인 정책금리를 통해 은행의 지급준비금의 크기를 조절한다. 만일 중앙은행이 정책금리를 낮은 수준으로 유지하면, 민간은행은 중앙은행이나 다른 은행으로부터 비교적 쉽게 단기 자금을 차입해 지급준비금 규모를 늘린다. 지급준비금 규모가 늘어나면 은행 대출 규모가 늘어나고 더 많은 신용 창출이 가능해진다. 반대로 중앙은행이 정책금리를 높은 수준으로 유지하면, 은행은 지급준비금을 필요한 최소 규모로 줄인다. 지급준비금이 줄어들면 신용창조 규모와 은행 대출, 시중의 통화량이 모두 줄어든다.

내생적 통화공급론 : 중앙은행 수동주의

내생적 통화공급론은 통화량이 중앙은행의 지급준비율이나 목표금리 결정에 의해서가 아니라 실물경기 등 경제변수에 따라 결정된다는 주장이다. "인류가 물물교환을 먼저 시작하고, 그다음에 통화를 발명하고 그러다 마지막으로 신용 시스템을 개발한 것이 아니라 그 반대로서 부채(차용증)가 가장 먼저 존재했고, 통화는 한참 뒤에 등장했다."는 부채이론(신용통화설)과 증표주의 통화이론의 주장은 통화공급의 내생성과도 부합한다.

앞에서 살펴본 외생적 통화공급론에 의하면 통화량을 결정하는 가장 중요한 통제 변수는 중앙은행에 의해 결정되는 지급준비율이었다. 이 주장을 뒷받침하기 위해서는 다음의 두 가지 조건이 필요하다. 첫째, 은행은 법정지급준비금만 남기고 나머지는 전부 대출로 운용해야 한다. 둘째, 신용 창출을 할 수 있는 "최초의" 외부 예금이 필요하다.

하지만 내생적 통화공급이론에 의하면 은행 대출은 공급자인 중앙은행이 아니라 수요자인 가계와 기업에 의해 결정된다. 은행이 법정지급준비금만 남기고 나머지를 모두 대출하고 싶어도 가계와 기업이 향후 경기가 좋지 않을 것으로 예상하면 가계와 기업의 부채, 즉 은행 대출은 늘어나지 않는다. 또한, 외생적 통화공급론의 경우 "최초의" 예금이 필요한데, 내생적 통화공급론에 의하면 그런 예금은 불필요하다. 왜냐하면 은행 대출은 곧바로 요구불예금을 창출하기 때문이다. 은행이 요구불예금을 창출할 경우 중앙은행에 적립해야 하는 지급준비금이 늘어나는데, 이때 은행들은 보유 국채를 매도함으로써 지급준비금을 마련할 수 있다. 국채를 보유하고 있지 않은 경우에도 콜머니 등 초단기 신용대출로 조달할 수 있다. 대부분의 국가에서 중앙은행은 은행 간 단기금리가 목표 수준에서 벗어나지 않도록 모든 조치를 강구해야 한다. 따라서 내생적 통화공급론에 의하면, 은행이 중앙은행에 예치하는 지급준비금은 통화 증감에 따른 결과(종속) 변수이지 통화 증감을 야기하는 원인 변수가 아니게 된다. 즉 중앙은행은 민간 부문에 의해 발생한 통화(요구불예금)와 지급준비금의 변화를 수동적으로 받아들일 수밖에 없다. 따라서 내생적 통화공급론은 중앙은행 수동주의라고도 불린다.

다만, 은행이 안정적으로 대출을 하기 위해서 예금은 불필요하지만, 초기 자본금은 필요하다. 대차대조표를 통해 은행에 의한 내생적 통화 창출 과정을 설명하면 아래와 같다. 참고로, 대차대조표는 기업의 경영과 재무 상태를 나타내는 장부로서 왼쪽(차변)에는 생산 및 경영 활동의 원천인 자산을 기록하고, 오른쪽(대변)에는 자산의 조달 원천인 부채와 자본을 표시한다.

우선, 은행 A가 투자자로부터 자금을 모아 2,000만큼의 자기자본을 확보하고 이를 모두 국채를 매입하는 데 사용했다고 가정하자. 그리고 다음 단계로서 기업 X에게 200만큼의 자금을 대출해 준다고 가정하자. 은행 A는 대차대조표상의 자산 항목에 X에 대한 대출금 200을 기록하는 대신, 부채 항목에 X의 요구불예금 200을 기록한다. 이는 부채이론(신용통화론)의 주장처럼 대출이 곧바로 예금을 창조하는 과정을 보여준다.

그런데 은행 A는 요구불예금을 신규 창출 한 대가로 일정한 지급준비금을 중앙은행에 예치해야 한다. 지급준비율이 10%라 하면 요구불예금이 200만큼 늘어난 은행 A는 20만큼의 지급준비금을 중앙은행에 쌓아야 한다. 은행 A는 예금으로 대출을 한 것이 아니므로 누군가로부터 지급준비금을 빌려야 한다. 은행은 다양한 방식으로 자금을 조달할 수 있다. 보유 채권을 담보로 차입하거나, 중앙은행을 포함한 다른 은행으로부터 담보 없이 신용대출을 받을 수도 있다. 전 세계 모든 중앙은행은 '은행의 은행'으로서 은행이 필요할 때 대출을 해줄 수 있다. 여기에서는 가장 일반적인 방법으로서 은행이 보유하고 있던 국채를 중앙은행에 매도한다고 가정하자. 그러면 은행의 국채는 −20만큼 감소하는 대신 중앙은행이 국채 매입 대금을 은행의 지급준비금 계좌에 20만큼 이체함으로써 은행은 요구불예금 200을 창조하는 반대급부로서 의무적으로 적립해야 하는 지급준비금(지준) 20을 확보할 수 있게 된다. 이상의 내생적 통화 창출 과정을 대차대조표를 통해 살펴보면 〈표 Ⅱ-1〉과 같다.

〈표 Ⅱ-1〉
내생적 통화 창출 과정

	중앙은행		은행 A		기업 X	
	자산	부채	자산	부채(+자본)	자산	부채
1			국채 2,000	자본 2,000		
2	국채 20	지준(A) 20	대출(X) 200 국채 −20 지준 20	요구불(X) 200	요구불 200	대출 200
최종	국채 20	지준(A) 20	국채 1,980 대출 200 지준 20	요구불(X) 200 자본 2,000	요구불 200	대출 200

주 : 지준은 지급준비금, 요구불은 요구불예금을 의미

이상의 통화공급 과정을 통해 우리는 대출이 예금을 창조하고 지급준비금은 대출 증감에 의한 종속변수 역할밖에 하지 못하는 경우를 살펴보았다. 외생적 통화공급론에서는 중앙은행이 지급준비금 규모를 결정하면 그에 따라 은행 대출이 비례적으로 증가하거나 감소하고 이는 다시 은행예금을 창조하는 것으로 이해되었다. 그런데 앞에서 보았듯이 신규 은행 대출은 곧바로 은행예금(통화)을 창출한다. 그리고 은행예금 증가로 인한 지급준비금 부담은 은행에 큰 부담이 아니다. 은행 대출수요가 충분하고 은행 대출 금리가 은행의 조달 금리보다 높기만 하다면 은행은 중앙은행의 대출 제도, 은행 간 대출시장 및 단기금융시장 등을 이용해서 얼마든지 지급준비금을 조달할 수 있다. 즉, 중요한 것은 은행 대출수요지, 지급준비금 규모가 아니다.

내생적 통화공급론에 따르면 통화량을 결정하는 요인은 실물경기 상황을 반영하는 가계와 기업의 대출수요다. 일단 결정되면 쉽게 바꿀 수 없는 중앙은행의 지급준비금 비율 규제는 시중 통화량에 영향을 주지 못한다. 하지만, 은행에 대한 자본규제(=자본/자산)는 대출과 통화량 규모에 중대한 영향을 미칠 수 있다. 아래의 〈표 Ⅱ-2〉에 나타난 것처럼 만일 단순자기자본비율 규제가 8%라면 은행은 자기자본 2,000의 11배 이상인 2만 2,700만큼을 대출할 수 있다. 하지만 자기자본비율 규제가 15%라면 은행 대출은 자기자본 2,000의 6배인 1만 2,000만큼만 대출할 수 있으므로 자기자본비율 규제가 2배 강화되면 대출 규모는 절반 가까이 줄어든다고 할 수 있다.

〈표 II-2〉
은행 자기자본규제가 대출에 미치는 영향

자본규제 8%인 경우		자본규제 15%인 경우	
자산	부채 및 자본	자산	부채 및 자본
자산 25,000 - 대출 22,700 - 지준 2,300	차입 23,000 - 중앙은행 차입 - 다른 은행 차입 - 요구불예금 등 자기자본 2,000	자산 13,333 - 대출 12,000 - 지준 1,333	차입 11,333 - 중앙은행 차입 - 다른 은행 차입 - 요구불예금 등 자기자본 2,000

주 : 자본 2,000 / 자산 25,000 = 8%　　　주 : 자본 2,000 / 자산 13,333 ≒ 15%

통화정책의 실제

통화공급은 외생적인가, 내생적인가?

물물교환설에 의하면 시중 통화량은 중앙은행이 보유하고 있는 금의 양, 또는 중앙은행이 발행하고 관리하는 현금과 지급준비금의 규모에 영향을 받는다. 따라서 물물교환설에 의하면 통화공급은 외생적이다. 반면, 통화는 민간 부문의 부채에 의해 발생한다고 주장하는 부채이론과 증표주의에 의하면, 가계와 기업의 대출(은행 입장에서 자산)이 중앙은행이 인정하는 통화(은행의 요구불예금 부채)를 창출하므로 통화공급은 내생적이다.

오늘날 많은 중앙은행들은 지급준비율을 조절하지 않고 목표금리를 조절하는 방식으로 통화정책을 수행한다. 따라서 지급준비금이 시중의 통화량을 결정한다는 외생적 통화공급론은 성립하지 않는다. 하지만 중앙은행이 결정하는 목표금리에 의해 경제변수와 통화량이 조절된다는 의미의 외생적 통화공급론은 여전히 성립할 수 있다. 아래의 〈그림 Ⅱ-2〉는 미국 연방준비위원회의 기준금리와 은행 우대금리(Bank Prime Rate)의 추이를 보여준다. 은행 우대금리는 가장 신용도가 높은 고객에게 적용되는 대출금리를 의미한다. 은행 우대금리는 연준의 목표금리의 영향을 뚜렷하게 받는 것처럼 보인다.

〈그림 Ⅱ-2〉
미국 기준금리와 은행 우대금리 추이

자료 : 미국 연방준비위원회

연준의 기준금리가 은행 대출금리를 결정하고, 은행 대출금리가 가계와 기업의 대출수요를 결정한다면, 중앙은행의 금리 목표제는 시중 통화량도 능동적으로 통제할 수 있게 된다. 그렇다면 중앙은행의 통화정책(목표금리제)은 외생적이라고 말할 수 있다.

하지만 만일 정부의 금리정책에 의해서도 민간 부문의 대출수요가 통제되지 않는다면, 연준의 목표금리는 은행들이 지급준비금을 늘리거나 줄이는 것을 도와주는 역할밖에 하지 못한다. 즉, 중앙은행은 자신이 결정한 정책금리 수준이 유지되도록 은행이 보유한 채권을 무한대로 매입하거나 매도함으로써 은행의 자금 과부족(過不足)에 수동적으로 대응할 수 있을 뿐이다. 은행 입장에서 보면, 정책 목표금리가 바뀌지 않는다면 중앙은행으로부터 필요지급준비금을 얼마든지 조달할 수 있고, 은행이 보유한 초과지급준비금 또한 국채 매입 등을 통해 높은 수익률로 운용할 수 있다. 따라서 내생적 통화공급론에 의하면, 정책금리는 은행 대출수요에 별로 영향을 주지 못하고 단지 지급준비금만 변화시킬 수 있을 뿐이며 시중 통화량 규모는 전적으로 가계와 기업의 대출수요에 달려 있다.

버냉키 연준 의장처럼 통화공급의 외생성을 신뢰하는 견해는 크게 두 가지 가정에 의존한다. 첫째, 경제 내에 물가와 실업률을 최적화시키는 균형 이자율이 존재하고, 둘째, 가계와 기업은 이 균형 이자율에 맞춰 합리적으로 의사결정을 한다. 이런 가정에 의하면 연준의 목표금리가 균형 금리 수준을 상회할 경우 경기는 위축되고 자산 가격은 하락할 가능성이 커진다. 가계와 기업이 합리적이라면 대출수요를 줄이게 될 것이기 때문이다. 이러한 가정을 뒷받침하는 이론이 바로 자연이자율 가설과 대부자금설, 그리고 합리적 기대가설이다.

자연이자율과 대부자금이론 : 외생적 통화공급론

자연이자율(Natural Rate of Interest)이란 경기를 부양하지도 억제하지도 않는 이자율, 또는 물가 상승이나 하락을 초래하지 않는 중립적인 이자율로 정의된다. 현재의 이자율이 자연이자율 상태에 있다면, 자연이자율의 정의상 잠재(Potential) 성장률과 실제(Actual) 성장률이 일치하는 수준에 있고 노동의 수요와 공급 역시 일치하는 상태에 있음을 의미한다. 자연이자율을 결정하는 것은 저축과 투자다. 저축과 투자에는 다양한 구조적인 요인이 영향을 준다. 예컨대, 생산성의 증가는 투자 의욕을 높이고 투자의 증가는 자연이자율을 상승시킨다. 기후변화 대응이나 경제 안보를 위한 투자 증가, AI 기술 진보나 인구 증가 등에 따른 투자의 증가도 자연이자율 상승 요인이다. 반면 저출산과 고령화, 금융불안에 따른 안전자산 선호 등은 구조적인 저축 증가를 통해 자연이자율을 하락시킨다.

통화정책—예컨대, 기준금리 조절정책—을 통해 일시적으로 은행 대출금리, 또는 시장금리를 낮추거나 높이면 시장금리와 자연이자율 간에 괴리가 발생한다. 자연이자율보다 높은 시장 실질금리(=명목금리-물가상승률)는 물가를 감안한 실제 GDP를 잠재 GDP 이하로 떨어뜨림으로써 GDP 갭(=실제 GDP-잠재 GDP)을 하락시킨다. 오쿤의 법칙(Okun's Law)에 따르면, 경제성장률과 실업률 사이에는 안정적인 마이너스 상관관계가 있다. 따라서 GDP 갭의 감소는 실업률의 증가를 초래한다. 또한 필립스 곡선에 의하면, 물가와 실업률 사이에 적어도 단기적으로는 반비례관계가 있다. 따라서 실업률 증가는 물가 하락으로 이어진다. 반대의 논리로, 자연이자율보다 낮은 실질금리는 실업률을 감소시키고 물가를 상승시킨다.

중앙은행이 정책금리를 올렸음에도 불구하고 경기 과열이 진정되지 않고 물가 또한 안정되지 않는다면, 실질이자율은 여전히 자연이자율보다 낮은 상태라고 판단할 수 있다. 이 경우 중앙은행은 정책 목표금리를 다시 인상해야 한다. 반대로 중앙은행이 금리를 인하했음에도 불구하고 물가 하락이 지속되고 실업률 또한 높은 수준이 유지된다면 실질이자율이 자연이자율보다 여전히 높은 상태로 파악할 수 있다. 이 경우 중앙은행은 정책 목표금리를 또다시 내려야 한다.

대부자금이론(Loanable Funds Theory)이란 금리가 실물 부문의 유효수요에 의해 결정된다는 주장이다. 대표적인 실물 부문의 유효수요에는 소비와 투자가 있다. 소비와 투자는 모두 소득에 영향을 주지만 투자의 경우 소득으로부터 영향을 받지는 않으며, 오로지 금리의 영향만을 받는 변수로 정의된다. 반면, 저축은 금리와 소득의 영향을 모두 받는 변수로 정의된다. 금리가 하락하면 저축은 감소하지만, 소득이 증가하면 저축은 늘어난다. 왜냐하면 저축은 소득에서 소비를 뺀 것인데, 소비는 소득이 늘어나는 것보다 상대적으로 덜 늘어나므로 소득이 늘어나면 저축도 증가할 수밖에 없기 때문이다.

따라서 대부자금설에 의하면, 중앙은행이 정책금리를 내리면 투자가 증가하고 투자가 증가하면 소득이 증가하므로 저축도 증가한다.[10] 즉, 금리인하는 유효수요인 투자의 증가를 통해 소득과 저축을 모두 증가시킨다. 금융 측면에서 투자 증가는 대출수요 증가를 의미하고, 저축 증가는 은행예금에 대한 수요 증가를 의미하므로 금리를 인하하면 은행의 대출과 은행예금(통화)이 모두 증가한다. 반대로 금리를 인상하면 투자와 소득, 저축이 모두 감소한다. 이는 통화 감소로 이어진다. 결론적으로 자연이자율 가설과 대부자금이론을 결합하면 중앙은행은 기준금리 조절을 통해 물가와 고용 수준을 조절하고 통화량 또한 안정적으로 조절할 수 있게 된다.

---

10 이는 저축 곡선의 우측 이동(Shift)으로 표현할 수 있다.

자연이자율과 대부자금이론 비판

자연이자율과 대부자금이론은 근본적으로 위험과 불확실성, 주관적인 투자 욕구 등을 인정하지 않는다는 문제를 가지고 있다. 경제주체들의 미래에 대한 생각이나 그에 입각한 투자는 통일적이지도 않고 확률에 의해 균형 수준으로 수렴하지 않을 수도 있다. 예컨대 경제 내에 동물적 감각(Animal Spirit)에 의해 투자를 하는 가계나 기업이 많아진다면, 중앙은행이 기준금리를 높이고 이로 인해 시장금리가 높아진다 하더라도 통화 수요는 늘어날 수 있다. 반대로 경제 내에 위험과 불확실성이 커지는 경우에는 중앙은행이 금리를 낮추고 이로 인해 시장금리가 하락한다고 하더라도 통화 수요는 오히려 줄어들 수도 있다.

케인스의 유동성선호설(Liquidity Preference Theory)에 의하면 불확실성에 직면한 개인은 투자, 혹은 투기적 동기로 통화를 보유한다. 금리가 상승하면 회사채나 정기예금처럼 즉시 현금화 하기 어려운 금융자산(저유동성 통화)은 늘리는 대신, 현금이나 요구불예금처럼 투자 목적으로 보유하는 금융자산(고유동성 통화)은 줄인다. 반면 금리가 하락하면, 언제든지 투자하기 위해 보유하는 고유동성 통화는 늘린다. 고유동성 통화를 늘리는 방법은 회사채나 부동산 등을 처분하고, 이를 은행 요구불예금 형태로 보유하는 것이다. 이는 개인의 저축이나 통화 보유 동기가 단지 소득과 금리의 영향만 받는 것이 아니라 미래 불확실성과 동물적 감각 등의 영향도 받을 수 있음을 의미한다. 이 과정에서 가계와 기업의 요구불예금은 중앙은행이 예측하지 못하는 방향으로 늘어나거나 줄어들 수 있고, 은행의 지급준비금 역시 중앙은행의 금리정책과 무관하게 늘어나거나 줄어들 수 있다. 그렇다면 은행의 지급준비금과 통화공급이 중앙은행에 의해 외생적으로 공급된다는 주장은 타당성을 잃게 된다.

자연이자율 가설의 가장 큰 문제는, 자연이자율이 이론의 세계에서만 존재한다는 점이다. 실제로 자연이자율은 추정 방법도 다양하고 추정 방법에 따라 결과도 제각각 다르게 나온다. 아무도 자연이자율의 존재 여부 및 정확한 수준을 측정할 수 없다. 따라서 자연이자율 이론은 동어반복 내지 순환론(Tautology)의 함정에 빠질 수 있다. 정책금리를 최대한 낮추었는데도 물가가 상승하지 않으면 자연이자율이 정책금리보다 더 하락했기 때문이라고 말하게 되고, 자연이자율이 하락한 이유에 대해서는 고령화라든가 전 세계적인 과잉 저축(Savings Glut)이라든가 하는 이유를 거슬러 찾아가는 방식으로 합리화할 수 있다. 마치 주가가 오르면 여러 뉴스 중에서 주가가 상승하는 원인만을 찾아서 설명하는 것과 비슷하다. 사후적으로는 주가나 자연이자율을 합리화할 수 있지만, 사전적으로는 주가나 자연이자율 모두 정확한 예측이 불가능하다.

버냉키의
21세기 통화정책

비전통적 통화정책의 등장 이유와 주요 내용

통화공급의 외생성과 내생성 여부는 중앙은행의 존재 의의와도 밀접한 관계가 있다. 만일 자연이자율 가설이 믿을 수 없는 이론으로 평가되고, 중앙은행이 민간 부문의 통화공급에 실질적이고 긍정적인 영향을 미친다는 증거가 없다면 중앙은행의 존재 의의는 약화될 것이다. 심지어 중앙은행 폐지론이 등장할 수도 있다. 그래도 인플레이션의 시기에는 중앙은행의 역할에 대한 비판이 줄어들 수 있다. 금리 인상의 상한선이 존재하지 않기 때문이다. 물가가 높으면, 중앙은행은 물가가 안정될 때까지 정책금리를 높은 수준으로 인상하면 된다.

문제는 디플레이션이 발생하는 시기다. 디플레이션 시기에 중앙은행은 금리를 제로 이하로 낮출 수 없다. 이론상으로는 마이너스 정책금리도 가능하지만 실효성이 없다. 예컨대 은행이 보유한 국채를 중앙은행이 액면가보다 더 비싸게 사주면 정책금리가 마이너스인 효과가 발생한다. 하지만, 은행들은 국채를 비싸게 팔아서 자금에 여유가 생기더라도 대출금리를 "제로+리스크 프리미엄" 이하로 낮출 이유는 없다. 일정 수준 이하로 낮춰서 손실이 발생하느니 차라리 대출하지 않는 게 나은 전략이 되기 때문이다. 게다가 경기가 위축될수록 리스크 프리미엄은 더 커진다. 따라서 정책금리가 제로인 하한선에 근접하면 중앙은행의 금리정책 효과는 실종된다.

그런 의미에서 선진국 중앙은행 관계자들은 인플레이션보다는 디플레이션 시기가 왔을 때 어떻게 대응할 것인지에 대해 집중적으로 연구해 왔다. 특히, 미국의 버냉키 연준 의장은 오랫동안 디플레이션 시기의 중앙은행의 역할, 즉 통화공급의 외생성 문제에 대해 연구해 왔다. 운명적으로 그가 연준 의장이 되고 얼마 안 되어 미국에서는 서브프라임 사태가 터졌다. 그리고 2008년 9월 리먼 브러더스 파산을 계기로 미국발 금융위기가 발생하였으며 그 여파로 미국 경기는 급속하게 냉각되었다. 이에 따라 미 연방준비위원회는 기준금리를 제로 수준까지 낮추었지만, 더 이상 낮출 수 없는 한계에 직면했다. 이때 연준 의장이던 버냉키는 세 가지 비전통적인 통화정책을 통해 금융불안을 완화하고 경기회복을 유도했다.

비전통적인 첫 번째 통화정책은 포워드 가이던스(Forward Guidance)다. 포워드 가이던스는 정책금리를 하한선까지 인하한 후 일정한 기준에 도달할 때까지 그 수준을 유지하겠다고 공표하는 정책을 의미한다. 일정한 기준이란 초기에는 추상적인 것이었으나, 점차 날짜(Calendar) 기준, 그리고 구체적인 경제 실적(Outcome) 등으로 기준이 바뀌었다. 금융위기 직후인 2008년 12월에 버냉키 의장은 "미국 연방공개시장위원회(FOMC)는 약한 경제 상황으로 인해 당분간(For An Extended Period) 연방기금금리가 예외적으로 낮은 수준을 유지할 수 있을 것으로 기대한다."는 단순하고 추상적인 표현을 사용하였다. 그리고 2011년 8월에는 '당분간'이라는 표현 대신 '적어도 2013년 중반'까지 기준금리가 이례적으로 낮은 수준이 지속될 것이라는 '달력 기준' 포워드 가이던스가 도입되었다. 2012년 9월에는 완화 지속 종료 시점에 대한 표현이 '2015년 중반'까지로 미뤄졌다. 그리고 2012년 1월 FOMC에서 "장기 인플레이션율 목표는 연 2%이고, 실업률의 정상(Normal) 수준은 5.2~6%"라는 연준 통화정책의 목표가 명시되었는데, 같은 해 12월에는 "실업률이 6.5% 이상으로 유지되고, 향후 1~2년 사이의 인플레이션이 위원회의 장기 목표인 2%보다 0.5% 포인트 이상 높지 않을 것으로 예상된다. 이처럼 장기 인플레이션 기대가 계속 안정적으로 유지되는 한 예외적으로 낮은 기준금리가 적절"하다고 함으로써 소위 '결과 기준' 포워드 가이던스를 제시하였다.

두 번째 통화정책은 오퍼레이션 트위스트(Operation Twist)다. 오퍼레이션 트위스트는 중앙은행이 장기국채 매입(또는, 매도)과 단기국채 매도(또는, 매입)를 동시에 실시함으로써 통화량을 일정하게 유지하면서 '장기금리'와 '단기금리'를 반대 방향으로 움직이게 하는 통화정책 기법을 의미한다. 미국 연방준비위원회는 통화량에는 영향을 미치지 않으면서 장기금리를 하락시키고 단기금리를 상승시키기 위해 2011년 9월 21일 장기국채 4,000억 달러를 매입하고 같은 금액의 단기국채를 매각하는 오퍼레이션 트위스트 정책을 실시하였다. 장기금리를 낮추는 목적은 기업의 차입과 개인의 주택 및 자동차 구매 등을 촉진하여 경기회복을 유도하는 것이고, 단기금리를 올리는 것은 투기 세력의 차입을 억제하고 해외로의 자본 유출을 억제하기 위해서다. 하지만 장기금리를 낮추고 동시에 단기금리를 올리면 장단기 금리차가 줄어들거나 역전된다. 장단기 금리차가 사라지면, 단기 차입을 통해 리스크가 큰 장기대출 업무를 할 은행의 유인 역시 사라진다. 대차대조표의 관점에서 보면, 민간 부문에 장기대출 후 중앙은행이나 다른 은행으로부터의 단기 차입을 통해 지급준비금을 적립하는 비용이 커진다. 이러한 문제에 따라 오퍼레이션 트위스트 정책은 일회성으로 끝났다.

셋째, 양적완화(Quantitative Easing)다. 포워드 가이던스가 목표금리에 대한 기대치를 장기간 0으로 묶어두는 방식이라면, 양적완화는 0의 정책금리가 실제 시중금리의 하락과 대출 및 통화량 증가로 이어지도록 은행 지급준비금 확대를 유도하는 방식이라고 볼 수 있다. 양적완화의 공식 명칭은 대규모 자산매입(LSAP : Large Scale Asset Purchases) 프로그램인데, 이는 중앙은행이 대차대조표의 왼쪽(차변)에는 대규모의 자산을 보유하고, 오른쪽(대변)에는 은행에 대한 지급준비금 부채를 늘리는 방식으로 수행된다. 미국의 경우 양적완화는 연방준비위원회의 업무를 실행하는 뉴욕 연준이 매월 일정한 양의 국채와 MBS 등을 매입하는 방식으로 이루어졌다. 미국의 양적완화는 2008년 9월 리먼 브러더스 파산 이후 1차(2008년 11~2010년 5월) 및 2차(2010년 11월~2011년 6월), 3차(2012년 9월~2014년 10월)에 걸쳐 시행되었다. 2차와 3차 양적완화 사이인 2011년 9월에 연준의 자산을 늘리지 않으면서 자산 구성을 변화시키는 오퍼레이션 트위스트(Operation Twist)가 시행된 바 있다. 3차에 걸친 양적완화로 늘어난 대차대조표를 정상화하기 위해 2017년 10월부터 양적축소(Quantitative Tightening)를 시작했으나, 코로나 사태가 발생하면서 다시 팬데믹 양적완화(2020년 3월~2022년 3월)를 추진했다. 그러다 인플레이션 상승에 따라 2022년 6월부터는 또 다시 양적축소를 진행 중이다.

버냉키가 주장한 양적완화의 효과는 크게 두 가지다. 첫째, 포트폴리오 조정(Portfolio Re-Balancing) 효과다. 포트폴리오 조정 효과란, 한 자산의 공급 감소가 다른 자산에 대한 수요 증가로 이어지는 효과를 의미한다. 예컨대 금리인하로 인해 국채에 대한 수요가 증가해 유통되는 국채의 공급량이 줄어들고 국채 가격이 높아지면, 상대적으로 회사채나 주식의 매력도가 상승해 회사채와 주식에 대한 투자가 증가하는 효과를 얻을 수 있다. 연준이 진행한 양적완화는 장기국채와 정부보증 MBS를 대량 매입하는 것이었다. 그러면 국채나 MBS를 연방은행에 매각한 투자자들이 그와 유사한 자산, 예컨대 신용등급이 높은 장기 회사채 등을 매입함으로써 장기 자산의 수익률이 전반적으로 하락하는 효과를 기대할 수 있다. 장기 자산의 수익률이 낮아지면 실물경제 활동도 촉진될 수 있다. 포트폴리오 조정 효과는 정책 수단인 단기금리를 제로까지 내린다고 해서 시장금리인 장기금리까지 제로가 되지는 않는다는 가정에 입각해 있다.

둘째, 신호 효과(Signaling Effect)다. 양적완화 중 장기금리가 예상치 못하게 오르게 되면 중앙은행이 보유한 채권의 가치가 하락함으로써 중앙은행은 자본손실 위험뿐 아니라 정치적인 비판을 받는다. 그럼에도 불구하고 중앙은행이 정책금리를 0%로 유지하는데 필요한 수준보다 더 많은 채권을 보유하게 되면, 투자자들은 향후 중앙은행이 성급하게 금리를 인상하지 않을 것이라는 기대를 하게 된다. 이는 앞에서 언급한 '포워드 가이던스' 정책을 뒷받침하기 위한 물리적인 장치로 이해할 수도 있다.

아래 〈그림 Ⅱ-3〉은 양적완화 정책의 수행에 따른 미국 연방은행의 대차대조표 변화를 잘 보여준다. 2008년 이전에는 자산의 규모가 상대적으로 제한되었고, 자산도 국채 위주로 구성되어 있었다. 예컨대 2000년 말 연준의 자산은 6,400억 달러, 2007년에는 9,500억 달러였고 자산 중 국채의 비중은 약 80%였다. 하지만 2007년부터 주택가격 하락의 여파로 많은 금융회사들이 유동성 위기에 직면하자 미국 연방준비위원회는 2008년 중 각종 유동성 공급 프로그램을 만들어 우량 자산뿐 아니라 다양한 자산을 담보로 예금기관에 대규모 대출을 제공하였다. 그리고 2008년 11월부터는 매월 일정한 금액의 국채와 사실상 정부가 보증하는 MBS 등을 매입하는 소위 양적완화가 시행되었다. 연방은행은 국채 매입뿐 아니라 MBS 보유도 크게 늘렸다. 이로 인해 2014년 기준 연준의 총자산은 4조 7,100억 달러가 되었고 국채 비중은 58%로 하락한 반면, 양적완화 이전 0%이던 정부보증 MBS는 연준 총자산에서 차지하는 비중이 39%로 급증했다. 2018년부터는 양적축소의 영향으로 연준의 자산이 일시 줄어들었으나, 2020년부터는 팬데믹의 영향으로 미국 연방은행의 자산 매입 프로그램(양적완화) 규모가 다시 늘어났다. 결국 2021년 연준 자산은 약 9조 달러로서 양적완화를 추진하기 직전의 해인 2007년의 자산에 비해 9배 이상 증가했다.

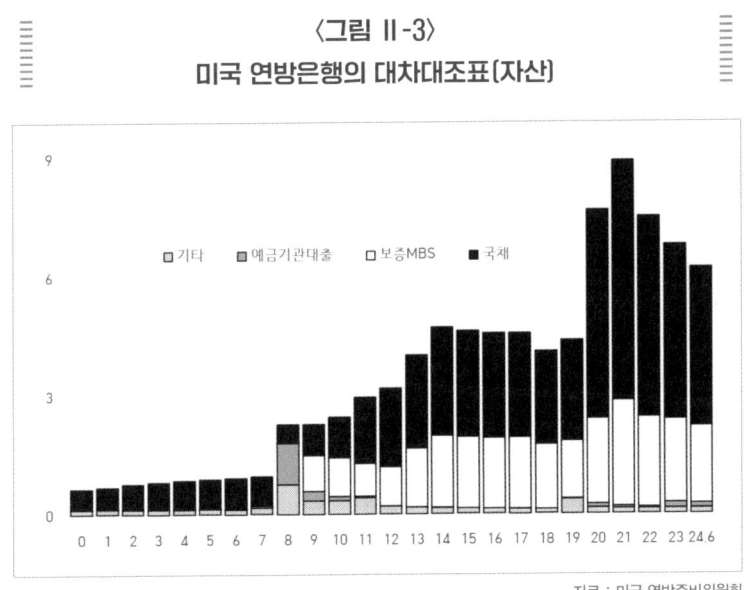

〈그림 Ⅱ-3〉
미국 연방은행의 대차대조표(자산)

자료 : 미국 연방준비위원회

양적완화에 대한 오해와 비전통적 통화정책의 한계

미 연방은행의 자산 증가는 그만큼의 부채 증가로 이어진다. 늘어난 연방은행의 부채는 대부분 국채와 MBS를 매도하는 은행 등 예금기관의 지급준비금이 차지한다. 2008년 이전 미국 연방은행의 부채는 대부분 연방은행권(지폐)이었고 은행 등 예금기관 지급준비금의 비중은 미미했다. 예컨대, 2007년 말 기준으로 자본을 제외한 연방은행의 부채 중 지폐의 비중은 85%, 은행 지급준비금의 비중은 2%였다. 하지만, 3차에 걸친 양적완화 직후인 2014년에는 연방은행 부채 중 지폐와 은행 지급준비금의 비중은 각각 28% 및 53%로 크게 역전되었다. 이는 은행이 보유한 일정금액의 국채와 MBS를 연방은행이 매달 매입하는 대신, 그 대금을 중앙은행 내 은행의 지급준비금 계좌에 적립했기 때문이다.

은행 지급준비금에는 본래 이자가 지불되지 않았으나, 2008년 9월 글로벌 금융위기 직후 은행 지급준비금에도 정책금리보다 약간 높은 수준의 이자가 붙기 시작했다. 이는 은행들이 충분한 지급준비금을 보유함으로써 유동성 부족에 빠지지 않도록 유도하기 위한 목적도 있었고, 2008년 11월부터 시작된 연준의 대규모 채권매입 프로그램을 촉진하기 위한 목적도 있었다. 국채의 경우 중앙은행이 정부로부터 직접 매입할 수 없고 은행 등으로부터 간접적으로 매입할 수밖에 없는 법적 규제가 있는데, 은행 지급준비금에 이자를 지급하지 않으면 은행들이 이자 수익이 발생하는 국채를 구태여 중앙은행에 매각할 이유가 없기 때문이다.

하지만, 중앙은행 내 은행 지급준비금 규모가 지나치게 커지면 금리 상승 시 은행에 지급해야 할 이자비용이 커지기 때문에 중앙은행의 비용 부담도 증가한다. 그렇다고 은행 지급준비금 계정에 이자를 지급하지 않으면, 부작용이 발생한다. 예를 들어 제로 금리와 양적완화를 끝내고 양적긴축과 금리 인상이 필요해지는 순간이 왔을 때 만일 은행의 지급준비금에 기준금리만큼의 이자를 지불하지 않으면, 은행들은 필요지급준비금을 제외한 나머지 지급준비금을 대출이나 채권매입 등으로 운용하게 된다. 그러면 시장금리가 하락하므로 정책금리 인상의 효과가 나타나지 않는다. 연방준비위원회는 이러한 문제에 대비하기 위해 2013년부터 소위 역RP(Reverse Repurchase Agreement)라고 불리는 계정을 적극적으로 활용하기 시작했다.

역RP 계정은 MMF, 은행 등이 연방은행에 개설한 지급준비금 계정으로서 민간 금융회사의 입장에서는 자산이고, 연방은행의 입장에서는 부채다. 민간 금융회사는 역RP를 이용해서 연방은행의 국채를 담보로 돈을 빌려주는 형식으로 단기 잉여자금을 비교적 쉽게 운용할 수 있다. 연방은행은 역RP 계정을 통해 은행 지급준비금의 과도한 증가를 어느 정도 막을 수 있다. 참고로 채권을 보유한 연방은행이나 금융회사의 입장에서 RP는 부채, 역RP는 자산으로 기록하지만, 여기서는 연방은행의 부채이면서 동시에 은행의 자산인 지급준비금과 같은 맥락에서 비교하기 위해서 금융회사의 자산인 역RP를 연방은행의 부채로 표시하였다. RP와 역RP에 대해서는 뒤에서 다시 언급할 것이다.

〈그림 Ⅱ-4〉
미국 연방은행의 대차대조표(부채)

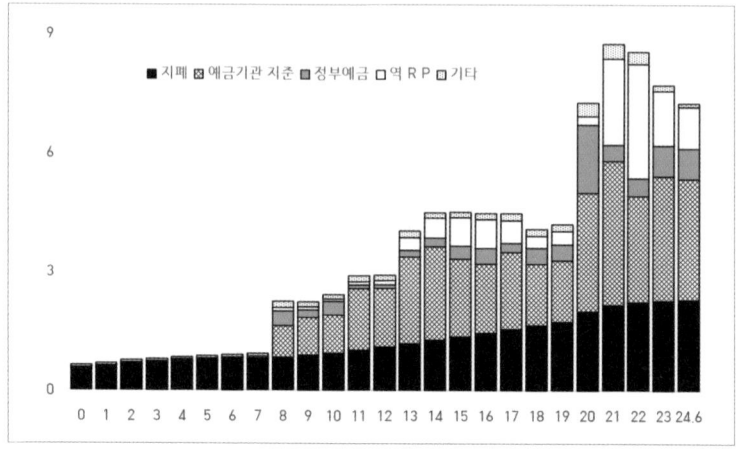

자료: 미국 연방준비위원회

　양적완화는 미국 연방은행의 자산과 부채 항목이 동시에 크게 늘어나는 결과를 초래했지만, 일부 사람들이 오해하는 것처럼 양적완화는 연방은행이 은행에 무제한으로 신용대출을 해줬다거나 은행의 부실채권을 무제한으로 매입해 주는 정책은 아니다. 연방은행이 신용대출이나 부실채권 매입을 전혀 하지 않았던 것은 아니지만, 대부분 은행이 보유한 국채와 MBS 등의 우량채를 매입하고, 그 대신 은행의 지급준비금 자산(연방은행의 입장에서 부채)을 늘려준 것이 양적완화의 주요 내용이었다. 즉, 양적완화로 인해 은행의 자산에서 국채와 MBS의 비중이 줄고 지급준비금의 비중이 늘어났지만 은행의 자산 자체가 늘어난 것은 아니고, 상대적으로 유동성이 낮은 국채와 MBS가 언제든지 고객의 지급 요구에 응할 수 있는 지급준비금으로 바뀐 것일 뿐이다.

따라서 글로벌 금융위기 이후에 양적완화로 인해 자산 버블이 발생한 것은 금리가 상당 기간 낮은 수준을 유지할 것이라는 기대 때문이었지 시중에 통화가 많이 공급되었기 때문은 아니라고 할 수 있다. 2000년 기준으로 미국 연방은행에 예치한 은행 지급준비금과 미국의 M1 및 M2 기준통화량을 100으로 놓는다면, 2024년 8월에 지급준비금은 23,554로서 2000년에 비해 236배 증가한 반면, 같은 기간 중 M1과 M2는 각각 16배 및 4배 증가하는 데 그쳤다.

〈표 II-3〉
미국 연준의 지급준비금과 통화량 추이(2000=100)

	2000	2005	2010	2015	2020	2024.8
지급준비금	100	130	7,357	17,162	22,234	23,554
M1	100	126	168	283	1,613	1,627
M2	100	135	179	251	388	426

자료 : 미국 연방준비위원회

글로벌 금융위기 이후 4차례에 걸친 양적완화로 인해 은행의 지급준비금은 크게 늘어났지만, 이것이 은행 대출이나 실제 통화량의 증가로 이어지지는 않았다. 양적완화를 추진한 버냉키도 이를 인정한다. 버냉키는 그의 저서 『21세기 통화정책』에서 통화량은 사람들이 보유하고자 하는 현금의 총량에 따라 결정되며 양적완화는 전체 통화량에 직접적인 영향을 미치지 않았다고 말함으로써 외생적 통화공급이론이 잘 작동하지 않았음을 사실상 인정했다. 심지어 파월은 통화정책의 상당 부분은 (통화량 관리가 아니라) 위기관리가 차지한다고 주장했다.

그렇다면 앞으로 보호무역 강화라든가 친환경 규제 강화로 인한 탄소 산업의 급속한 위축이라든가, 인공지능에 대한 과잉투자로 인한 버블붕괴라든가 하는 이유로 경기 불황이 찾아온다면 무엇을 할 수 있을까? 아마도 은행의 지급준비금을 엄청나게 확대하는 외생적 통화공급론의 연장선에 있는 양적완화 정책으로는 소기의 성과를 달성하기 어려울 것이다. 대신, 양적완화보다는 재정정책을 적극 활용해야 한다는 주장이 부각될 가능성이 더 크다. 이에 대한 본격적인 논의는 다음 장부터 시작한다.

III.
돈에 관한 국가의 능력, 새로운 시각으로 보다

재정정책과 통화정책의 경계가 모호한 이유

　재정정책은 총수요에 영향을 주는 정부의 경제정책이다. 정부가 총수요에 영향을 주는 재정적 방법에는 감세와 증세, 그리고 재정지출이 있다. 정부는 경기가 위축될 때 감세와 재정지출을 통해 경기를 부양하고, 경기가 호황일 때는 증세를 통해 금리나 물가 상승을 억제할 수 있다. 재정정책의 재원은 세금과 국채 발행이다. 국채는 일반적으로 현재의 세금이 부족할 때 미래의 세금을 앞당겨 쓰는 것으로 이해되고 있다. 세금에는 이자가 없지만, 국채 발행에는 이자비용이 발생한다.
　오늘날 많은 경제학자들은 적극적인 재정정책을 추천하지 않는다. 그 이유는 첫째, 구축효과(Crowding Out Effect)에 대한 우려 때문이다. 구축효과란 정부가 국채를 발행하면, 민간 투자에 사용될 시중자금이 국채로 흡수됨으로써 금리가 상승하고, 금리 상승이 민간 부문의 투자를 저해하는 부작용을 의미한다. 그리고 둘째, 인플레 우려를 들 수 있다. 만일 경제 내에 유휴 설비가 존재한다면 재정정책으로 물가 상승 없이 수요를 증대시킬 수 있을 것이다. 하지만, 경제가 완전고용에 가까운 상태에 있다면 재정지출은 오로지 물가 상승만을 야기한다. 통화정책의 경우 금리나 통화량 조절을 통해 비교적 탄력적으로 물가 상승압력을 완화할 수 있지만 일단 수행된 재정정책은 되돌리기가 어렵고, 세금 역시 탄력적인 조정이 쉽지 않다. 재정정책이 잘 활용되지 않는 세 번째 이유는 미래세대의 부담이라는 우려와 관계가 있다. 국채를 발행하면 국채 투자자에게 이자를 지급한다. 이는 미래세대의 세금으로 지급되는 것이므로 국채의 규모가 커지면 미래세대의 부담도 커진다는 우려가 생길 수 있다.

하지만 이에 대해서는 다음과 같은 반론이 가능하다. 우선 첫째로, 국채 발행은 구축효과를 발생시키지 않는다. 왜냐하면 국채 발행은 재정지출을 전제로 한 것이기 때문이다. 재정지출은 정부 프로젝트에 참여한 기업에게 프로젝트 대금을 지급하거나 복지 대상 가구에게 보조금을 지급하는 방식으로 이루어진다. 따라서 정부가 국채 발행으로 조달한 자금을 재정지출로 사용하면, 시중 자금은 원상태로 복구된다. 게다가 중앙은행이 시중 국채를 매입하는 경우 국채 판매자에게는 중앙은행의 통화가 지급되므로 시중 유동성은 국채 발행 이전보다 더 확대된다. 따라서 국채 발행은 구축효과를 유발시키는 게 아니라 오히려 금리를 낮추고 시중 통화를 증대시키는 요인으로 작용한다. 그리고 둘째, 국채 발행은 미래세대에 큰 부담이 되지 않는다. 우선, 경제성장률이 국채금리보다 더 높다면 소득(GDP) 대비 국채의 이자비용 부담은 계속 낮아진다. 게다가 중앙은행이 국채를 액면가대로 매입한다면 정부는 사실상 제로 금리로 국채를 발행하는 효과를 얻을 수 있다.

재정정책의 부작용 문제는 재정정책과 통화정책의 경계가 모호하다는 점에서 찾을 필요가 있다. 재정지출은 시중 통화를 증가시킨다. 과세는 시중 통화를 축소할 뿐 아니라 자산의 기대수익률을 낮추는 요인으로 작용한다. 국채는 징세권을 가진 국가의 금융부채이므로 국채 발행은 가장 신뢰할 수 있는 통화를 공급하는 행위이기도 하다. 예컨대, 거의 모든 나라의 중앙은행들은 국채를 매입하고 이를 담보로 주화나 지폐 등의 현금통화를 발행한다. 민간은행들은 지급준비금을 조절하기 위해 국채를 매입하거나 매도한다. 즉, 정부의 재정지출과 국채 발행, 중앙은행의 국채 매입은 경기와 금리, 은행의 유동성과 통화량 모두에 영향을 미친다. 이 같은 재정정책의 힘은 역설적으로 통화정책의 중립성과 안정성을 위협하는 불안 요인이 될 수 있으므로 국채 발행을 포함한 재정정책은 세심하게 실행될 필요가 있다.

국가 부채의 위상과 역할

돈에 대한 대차대조표 분석

인류학자 데이비드 그레이버에 의하면, 약 5,000년 전 메소포타미아 신전에서 존재했던 회계 시스템과 오늘날의 금융시스템은 본질적으로 다르지 않다. 고대 메소포타미아 신전의 장부에는 농민들에게 걷어야 할 세금(채무), 공무원에게 지급해야 할 보수(채권) 등이 신전에서 지정한 통화 단위로 기록되어 있었고, 실물 거래를 제외한 대부분의 거래는 단지 장부상의 기록 변화를 통해서 이루어졌다.

오늘날도 마찬가지다. 사실상 국가 내 모든 경제적 거래는 은행의 돈(금융자산과 금융부채)에 관한 기록 변화를 통해 이루어진다. 우리는 상점에서 물건을 구입하고 현금이나 신용카드, 계좌이체 등을 이용해 대금을 지불한다. 현금을 제외한 모든 금융거래는 반드시 은행을 경유하며, 현금의 경우 익명으로 거래되지만 결국 은행으로 돌아온다. 모든 돈의 한쪽에는 채권자가 있으며, 반대쪽에는 채무자가 있다. 각 은행들은 거래 과정에서 발생하는 채권-채무 관계의 변화를 기록한다. 예컨대 은행 A의 요구불예금(요구불예금 외 일부 저축성예금도 수시로 결제할 수 있는 기능을 가지는데, 이런 수시입출식 결제성 예금은 편의상 모두 요구불예금으로 통칭한다) 보유자인 채권자가 은행 B에 계좌를 가진 다른 누군가(채권자)에게 대금을 이체하면, 채무자인 은행 A와 또 다른 채무자인 은행 B는 각각의 장부를 수정한다. 실제 돈이 이체되는 것이 아니라 단지 금융자산과 금융부채에 관한 정보가 전달되는 것이고 그 정보를 공유하는 은행들은 매일 정해진 시간에 맞춰 각각의 장부를 수정한다. 좀 더 정확히 말하면 채권-채무 관계의 변화를 반영해 수정한다. 실제 이루어지는 것은 오직 실물 거래이고 현금을 제외한 금융거래는 단지 정보전달과 채권-채무 관계의 변화만을 의미한다.

은행(요구불)예금이 핵심 통화로 자리 잡게 된 것은 중앙은행의 최종대부자 기능과 예금자 보호제도를 포함한 은행 보호 제도 덕분이다. 하지만 국채도 중요한 역할을 한다는 점을 간과해서는 안 된다. 중앙은행은 은행 시스템의 안정장치 역할을 하는 대신

은행예금의 일부를 지급준비금의 형태로 중앙은행에 의무적으로 예치하도록 하고 있으며, 지급준비금을 통해 직접적으로 은행의 유동성을 조절하고, 간접적으로는 가계와 기업 등 민간 부문의 유동성을 조절한다. 이때 중앙은행은 가장 신뢰할 수 있는 자산으로서 국채를 활용하여 지급준비금 부채를 조절한다. 예컨대, 경기가 불황일 때 은행이 보유한 국채를 매입하고, 그 대가로 은행의 지급준비금을 늘려주는 방식으로 유동성을 조절한다.

대차대조표의 기록 변화만으로 이루어지는 거대한 통화 시스템의 구조를 회계학적으로 분석하면 다음의 〈그림 Ⅲ-1〉과 같은 관계도를 얻을 수 있는데, 이 관계도는 한국은행 '자금순환표'의 단순 버전이라고 생각하면 된다. 통화 시스템의 주요한 구성 주체는 국내 부문과 해외 부문인데, 해외 부문은 설명의 편의를 위해 일단 제외하고 추후 다시 논의한다.

〈그림 Ⅲ-1〉의 주요 내용을 살펴보면 첫째, 최초의 채무자인 정부는 물가 상승을 유발하거나 정치적 저항에 부딪히는 문제를 고려하지 않는다면, 특별한 제약 없이 국채(금융부채)를 발행할 수 있다. 국채 발행은 그 자체가 목적이 아니고, 재정지출을 위한 것이다. 재정지출은 정부 프로젝트에 참여한 기업 등의 은행 계좌에 지급된다. 이때 정부로부터 프로젝트 대금을 받은 기업은 채권자가 되며 금융부채 없이 금융순자산을 얻는다.

둘째, 중앙은행은 국채(자산) 등을 기반으로 현금과 지급준비금이라는 차용증(부채)을 발행한다. 지급준비금은 은행 입장에서는 자산이다. 은행들은 고객예금의 일정 비율을 지급준비금(자산) 계정에 적립하거나 대출이 부진할 때 잉여자금을 지급준비금 계좌에 보관한다. 지급준비금이 부족할 때는 중앙은행으로부터 차입한다. 이때 중앙은행은 초단기 신용대출로 은행의 지급준비금을 늘려주는 경우도 있지만, 대부분 은행의 국채를 매입하거나 은행 국채를 담보로 지급준비금을 늘려준다.

셋째, 민간(가계, 기업, 금융회사) 부문 금융자산 원천은 금융부채다. 가계와 기업이 은행으로부터 대출(부채)을 받으면 은행으로부터 요구불예금(자산)을 얻는다. 요구불예금이라는 금융자산을 얻은 가계나 기업은 이를 필요한 데 사용함으로써 경제를 순환시킬 수 있다. 예컨대, 기업이 은행으로부터 대출을 받아 공장을 설립하고 물건을 만들어 누군가에게 팔면, 물건을 구입한 사람은 그 대가로 요구불예금을 지불한다. 기업에게 전달된 요구불예금은 원료비와 임금 등에 사용된다. 요구불예금 형태로 임금을 받은 가계는 물건을 구입하고, 그것은 다시 기업으로 이전된다. 이 순환 과정의 중요 축은 요구불예금(금융자산)이고, 그 원천은 은행 대출(금융부채)이다. 경제가 커질수록 기업의 은행 대출 규모는 커지고, 동시에 은행예금 규모도 커진다.

넷째, 민간 부문의 금융부채(대출이나 회사채 등)는 금융순자산을 발생시키지 않지만, 정부의 부채인 국채는 금융순자산을 발생시킨다. 가계나 기업의 대출, 또는 기업의 회사채 중 다른 부문과 연계하지 않고 단독으로 금융순자산을 창출하는 것은 불가능하다. 즉, 민간 부문 내에서 누군가의 금융자산은 반드시 다른 누군가의 금융부채로 연결되어 있으므로 민간 부문 내부의 금융순자산 증가분은 0이다. 하지만 정부의 금융순부채인 국채는 재정지출을 목적으로 발행되며, 재정지출은 민간 부문에 은행(요구불)예금을 공급하는 방식으로 이루어진다. 국채 발행 증가는 민간 부문 내부에서 금융부채를 발생시키지 않고도 금융자산(요구불예금)을 증가시키므로 민간 부문의 금융순자산 증가로 귀결된다.

전통적인 경제학의 시각에서 보면 국채는 이자비용을 발생시키는 존재다. 전통 경제학에서는 금리가 경제성장률보다 높으면 세금으로 이자를 갚기가 힘들어질 수 있으므로 과도한 국채는 경제에 해롭고 미래세대의 부담이 될 수 있다. 하지만 대차대조표의 시각에서 보면, 국채 발행이 증가할수록 정부로부터 프로젝트 대금을 받는 기업이나 보조금을 받는 가계의 요구불예금이 증가함으로써 시중 금융순자산 공급이 늘어난다. 시중에 금융순자산이 늘어나면 금리는 오히려 하락 압력을 받는다.

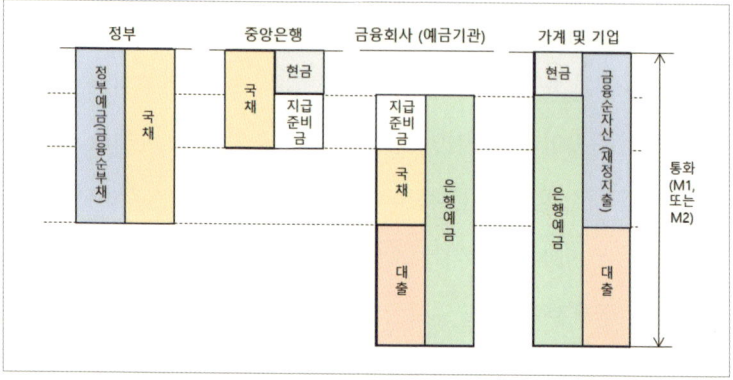

〈그림 III-1〉
국내 경제주체의 대차대조표(해외 부문 생략)

주 : 2024년 6월 말 기준(한국은행)

마지막으로, 일단 생겨난 은행예금은 은행이 망하지 않는 한 소멸되지 않고 경제 내에서 일종의 윤활유처럼 통화로써의 역할을 수행한다. 즉, 누군가 은행예금으로 물건을 구입하거나 다른 금융자산—예컨대, 은행예금보다 유동성이 낮은 주식이나 채권—을 구입하면 예금주는 바뀌지만 은행예금은 사라지지 않고 은행 시스템 내에서 돌아다닌다. 가계와 기업의 예금 자산이 은행의 부채 항목에서 사라지는 거의 유일한 경우는 세금을 납부하거나 대출이 상환될 때뿐이다. 은행예금이 통화로 사용될 수 있는 이유는 은행은 파산하는 일이 드물고 파산하더라도 은행예금은 일정한 범위 내에서 보호를 받을 수 있기 때문이다. 반면, 회사채나 주식, 펀드 등과 같이 민간 부문에서 발생한 금융자산(부채)은 발행 기업이 파산하면 경제 내에서 곧바로 소멸된다.

앞으로 정부와 중앙은행을 합쳐 통합정부라고 부르기로 한다. 통합정부가 발행하는 국채와 현금은 부채이면서 동시에 경제 내에 존재하는 가장 안전한 자산이기도 하다. 통합정부의 금융부채(차용증)가 가장 안전한 자산으로 인정될 수 있는 것은 세금을 징수할 수 있는 무형의 정부 권력―왕권에 의한 것이든, 사회적 계약에 의한 것이든―때문이다. 세금을 징수할 수 있는 권력이야말로 통화 시스템을 존속시키는 가장 강력한 원동력이다. 징세 권력이 통화 시스템을 만드는 과정은 Ⅰ장 통화편에서 현대통화이론(MMT)의 선구자인 모슬러(Warren Mosler)의 사례를 통해 살펴본 바 있다. 모슬러는 자신의 가정 내에서 명함이라는 종이조각(부채)을 통화라는 자산으로 바꾸는 과정을 잘 보여주었는데, 증표주의 이론에 의하면 국가 내 통화의 작동 원리도 모슬러의 사례와 똑같다. 사람들이 통화를 사용하는 이유는 다른 사람들이 그것을 사용하기 때문이 아니라 국가가 자신이 발행한 통화로 계속해서 세금을 걷을 것이라는 기대 때문이다.

이처럼 재정지출을 전제로 발행하는 국채는 민간 부문의 금융순자산을 증가시키는 결과를 낳는다. 그리고 중앙은행은 국채를 활용해서 은행의 지급준비금을 조절한다. 중앙은행의 지급준비금

조절은 은행의 대출에 영향을 준다. 은행의 대출이 증가(감소)하면 민간 부문의 금융자산과 금융부채는 동시에 증가(감소)한다.

참고로, 해외 부문도 동일한 작동 원리에 의해 국내 부문의 금융순자산을 증가시키거나 감소시키는 주체다. 경상수지 흑자가 발생하면, 해외 부문으로부터 국내 부문으로 금융순자산이 유입되며 경상수지 적자가 발생하면 국내 부문으로부터 해외 부문으로 금융순자산이 유출된다. 다만, 해외 부문은 금융거래의 계산 단위—예컨대, 달러—가 국내의 계산 단위—예컨대, 원—와 다르기 때문에 환율변동에 의한 위험(이익 내지 손실)이 발생할 수 있다. 금융산업이 고도화될수록 통화스왑 시장이 형성되어 환율변동에 따른 위험을 상쇄할 수 있다.

돈의 서열(Hierarchy)과 국가 부채

앞에서 살펴본 금융자산 및 금융부채에 대한 회계적인 대차대조표 접근은 돈(통화)이 차용증으로부터 발생했다는 부채이론 내지 증표주의적 사고와 밀접한 관련이 있다. 부채이론과 증표주의에 의하면 돈, 또는 통화의 발생 원인은 부채(차용증)다. 예컨대 기업이 은행 대출을 받으면, 은행은 기업에게 은행(요구불)예금을 제공한다. 회사채 발행자는 투자자에게 회사채(일종의 차용증)를 지급한다. 전자는 금융부채(차용증) 발행자가 되고 후자는 금융자산 보유자가 된다. 금융자산은 모두 돈, 또는 통화라고 부를 수 있지만 서열이 같지는 않다.

통화가 부채(차용증)로부터 비롯된다고 본다면 통화의 범위는 무한하다. 하지만 경제학자 민스키(1919~1996)의 주장처럼 "누구나 돈을 만들 수는 있지만, 중요한 것은 그것을 받아들이는 것"이다. 여기서 누구나 만들 수 있는 돈은 차용증을 의미한다. 그리고 쉽게 받아들일 수 있는 돈은 서열이 높고 그렇지 못한 돈은 서열이 낮다. 이를 잘 보여주는 것이 바로 통화의 서열을 나타내는 통화 피라미드다.

금본위제나 고정환율제도하에서 가장 믿을 수 있고 쉽게 받아들여질 수 있는 통화는 귀금속이나 기축통화였다. 정부부채, 즉 국가가 발행한 주화나 지폐가 사람들에게 통화로서 받아들여진 것은 주화나 지폐를 정부나 중앙은행에 제시하면 금이나 은, 또는 기축통화인 달러화로 언제든지 태환(Conversion)될 수 있다는 믿음 때문이었다. 은행이 발행하는 은행채나 은행예금 역시 언제든지 귀금속이나 국가가 발행한 지폐로 바꿔줄 수 있다는 믿음 아래에서만 통화로서 받아들여질 수 있었고 그럼으로써 시중에서 유통될 수 있었다. 또한, 비은행 부문의 수표나 기업어음 등은 은행이라는 신뢰할 수 있는 기관에 의해 그 가치를 인정받을 수 있었고, 수표를 통한 결제는 은행의 최종 승인에 의해 법적으로 그 사용의 유효성을 인정받았다. 아래의 왼쪽 그림은 금본위제 내지 고정환율제도하에서의 차용증의 질서, 또는 통화의 위계(Hierarchy)를 잘 보여준다.

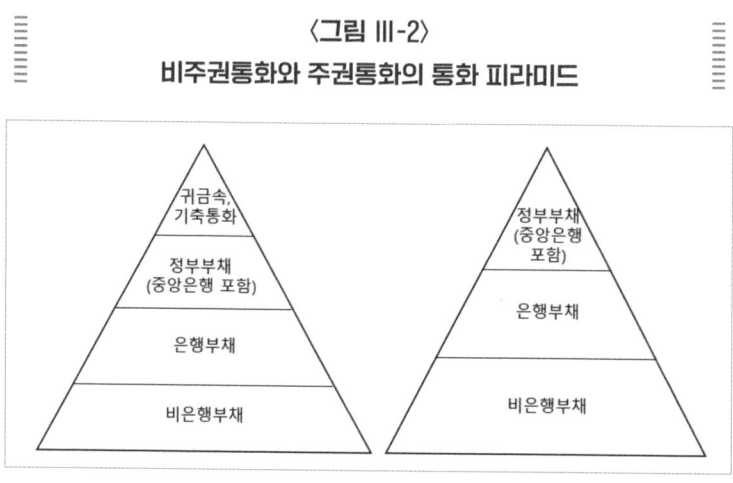

〈그림 III-2〉
비주권통화와 주권통화의 통화 피라미드

자료 : Researchgate(2020)

오늘날 금본위제도를 채택하는 나라는 없고 고정환율제도를 채택하는 나라도 많이 사라졌다. 변동환율제도는 국가가 자국의 통화를 다른 어떤 나라의 통화로도 교환해 줄 것을 약속하지 않는 통화제도를 의미한다. 달리 말하면 오늘날의 통화 시스템은 최고 정점에 국민으로부터 주권을 위임받은 정부의 부채가 있고, 그 아래에 은행과 비은행, 비금융회사 등으로 이어지는 부채(차용증)의 체계가 형성되어 있다. 국가 내의 모든 거래는 국가가 정한 계산 단위로 이루어지며, 금본위제와 마찬가지로 정점과의 거리가 멀수록 사적인 부채(차용증)가 통화로서 인정되고 유통될 가능성은 낮아진다. 그리고 높은 서열의 통화―예컨대 현금과 은행 요구불예금―만 세금 납부의 수단이 될 수 있다. 각 단계의 통화 발행자는 아래 단계의 통화에 영향을 미칠 수 있지만, 위 단계의 통화에는 영향을 미칠 수 없다. 예컨대 은행 요구불예금이 적으면 금융채나 회사채 발행량이 일정 규모 이상으로 늘어나기 힘들다. 채권투자자는 요구불예금으로 금융채나 회사채를 구입하기 때문이다. 하지만 금융채나 회사채 발행 규모가 줄어들더라도 은행 요구불예금에는 아무런 영향을 주지 않는다.

주권통화란 징세권을 가진 정부가 독자적인 판단에 의해 발행하는 통화로서 앞에서 살펴본 정부부채(국채, 현금, 지급준비금)와 정부부채에 의해 파생된 하위 통화를 의미한다. 주권통화의 피라미드를 크게 세 단계로 나누고 구체적인 작동 원리를 살펴보면 첫째로, 피라미드의 맨 위 단계에는 통합정부가 발행하는 국가 부채가 있다. 부채의 단위는 오로지 정부만이 결정할 수 있다. 예컨대 한국은 원(Won), 일본은 엔(Yen), 미국은 달러(Dollar)가 통합정부의 부채에 대한 계산 단위다. 통합정부의 국가 부채에는 크게 현금, 지급준비금, 국채의 세 가지가 있고, 부채의 반대쪽에는 민간 부문의 자산이 있다. 통합정부의 계산 단위—예컨대, 달러—로 기록되는 통합정부의 금융부채와 민간 부문의 금융자산은 정확히 일치해야 한다.

통합정부의 부채 중 지급준비금은 오로지 은행을 포함한 예금기관과 정부만이 자산으로 보유할 수 있고 다른 기관은 원칙적으로 지급준비금 계좌를 가질 수 없다. 정부는 지급준비금 계좌를 통해 민간 금융회사를 대상으로 국채를 매매하거나, 민간 부문을 대상으로 과세 업무를 집행하거나, 또는 민간 부문에 정부예금을 이체하는 방식으로 재정지출 업무를 수행한다. 재정지출은 정부가 복지 대상 가계나 정부 프로젝트를 수행하는 기업에게 요구불예금을 이체하는 방식으로 이루어진다. 정부가 세금을 걷을 경우 민간 부문은 예금기관을 통해 공인된 통화(요구불예금)를 중앙은행에 있는 정부예금 계좌로 이체해야 한다.

또한, 통합정부는 은행들의 지급준비금에 영향을 주는 방식으로 통화정책을 수행한다. 예금기관들은 중앙은행의 지급준비금 계좌에 고객 은행예금의 일부를 의무적으로 예치해야 하는데, 이때 지급준비금이 부족한 은행은 잉여자금을 가진 다른 은행으로부터 차입한다. 지급준비금 잔고를 채우지 못한 은행들이 잉여자금을 가진 다른 은행들로부터 단기 자금을 빌려 지급준비금을 채우는 과정에서 은행 간 단기금리가 결정된다. 은행 간 단기금리는 통화정책의 목표와 관리 대상이므로, 지급준비금 전체적으로 자금이 넘쳐나서 은행 간 단기금리가 정책금리 목표보다 낮아지면 중앙은행은 은행에 국채를 매도함으로써 잉여 지급준비금을 흡수하고, 반대로 지급준비금 계좌 내 자금이 전반적으로 부족해져서 은행 간 단기금리가 정책금리 목표보다 높아지면 중앙은행은 은행들이 보유하고 있는 국채를 매입함으로써 은행의 지급준비금 규모를 늘려주어야 한다. 따라서 중앙은행과 예금은행들이 자산의 일부로서 국채를 보유하고 있어야 효과적으로 지급준비금을 관리할 수 있다.

피라미드의 두 번째 단계는 은행의 부채다. 은행은 통합정부 계좌에 예치한 지급준비금 자산보다 훨씬 더 많은 대출 자산을 보유할 수 있다. 은행의 입장에서는 대출 자산과 동시에 요구불예금 부채가 발생한다. 은행의 요구불예금 부채는 가계와 기업 등 비은행 민간 부문의 입장에서 보면 금융자산이 된다. 일부 요구불예금은 정기예금 등 다른 은행예금으로 전환될 수 있다. 은행의 입장에서 요구불예금과 정기예금을 포함한 모든 은행예금은 부채이며, 비은행 민간 부문에 대한 은행의 모든 예금 부채는 비은행 민간 부분의 은행예금 자산과 정확히 일치한다. 대출자산에 적용되는 금리는 높고, 예금부채에 적용되는 금리는 낮다. 은행은 대출자산 금리와 예금부채 금리의 차이인 예대마진 수익을 얻는다. 대출이 상환되면 예금은 소멸한다. 하지만, 대출이 상환되지 않으면 기업 도산으로 인해 대출 자산이 사라지더라도 은행이 망하지 않는 한 예금은 소멸하지 않는다. 즉 최초에는 은행의 대출 자산과 요구불예금 부채가 같은 금액만큼 늘어나지만 시간이 지나면서 대출 자산은 기업 도산 등의 이유로 사라지는 반면, 요구불예금 부채는 원칙적으로 사라지지 않는다. 따라서 금융시스템 전체적으로 볼 때 예금기관의 예대율(=대출÷예금)은 100%를 넘을 수 없다. 어느 은행이 부실해졌다는 소문이 퍼져 은행예금에 대한 인출 요구가 커질 경우 은행이 보유한 지급준비금은 제한되므로 지급준비금 규모가 작은 은행일수록 파산 위험에 쉽게 노출될 수 있다. 은행 시스템의 불안은 국가 경제의 위협 요인이 된다. 따라서 통합정부는 최종대부자(Lender of Last Resort) 기능을 통한 지급준비금의 확충, 예금보험제도를 통한 예금자 보호, BIS 자기자본규제 등을 통한 자본확충 등으로 은행 시스템의 안정성 확보를 위해 노력한다.

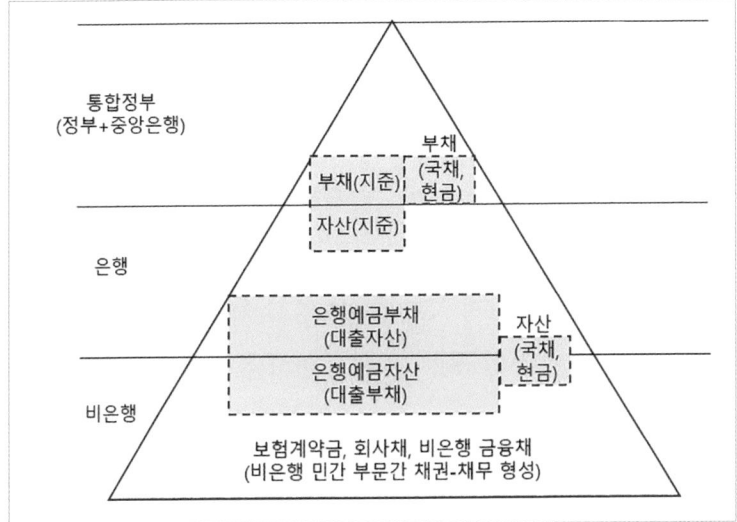

〈그림 III-3〉
통화 피라미드(해외 부문 제외)

피라미드의 세 번째 단계는 비은행 부분의 부채다. 비은행 부문도 회사채 등의 부채, 즉 넓은 의미의 통화를 발생시킨다. 그런데 비은행 부문의 부채는 채권자의 자산과 연결되지만, 채권자의 자산은 은행 부문의 부채와 통합정부의 부채(즉, 지급준비금)와는 직접적인 연관성이 없다. 기업이 파산함으로써 회사채의 액면 가치가 0이 되더라도 은행과 통합정부 부채에는 영향이 없으며, 회사채 보유자의 자산만 0이 되는 것으로 끝난다. 또한 회사채로 조달한 자금으로 또 다른 누군가에게 대출을 해주더라도 요구불예금은 새로 발생하지 않는다. 단지 대출해 준 비은행 기업의 요구불 예금이 차입자에게 이전되는 효과만 발생한다. 한편, 명목적으로는 피라미드의 아랫부분에 있지만 실질적으로는 은행의 부채와 밀접한 관계가 있는 신용 보증 등 소위 그림자 금융(Shadow Banking)의 영역이 존재할 수 있다. 그림자 금융은 미국 서브프라임 위기처럼 심각한 금융시스템 불안을 야기할 수 있으므로 통화 피라미드의 위치와 관계없이 면밀한 감시와 모니터링이 필요하다.

통화는 이처럼 통합정부의 부채를 중심으로 일정한 서열을 가진다. 서열이 높을수록 금융시스템에 미치는 영향력이 크다. 통합정부가 보증하거나 관리하는 상위 통화의 경우 신뢰도가 높지만, 민간 부문에서 내생적으로 발생하는 하위 통화의 경우 상대적으로 신뢰도가 낮다. 은행은 통화 피라미드의 중간 단계에서 통화공급 및 금융시스템의 안정 측면에서 중요한 역할을 담당한다.

돈(금융자산과 금융부채)의 발생과 이동, 소멸 과정

재정지출에 의한 금융순자산의 증가

금융자산-금융부채에 관한 회계적 분석과 통화 피라미드를 각 경제주체의 대차대조표 변화를 통해 좀 더 구체적으로 살펴보자. 경제 내 모든 금융거래는 채권-채무 관계를 발생시킨다. 통화의 흐름 역시 채권-채무 관계의 변화를 의미한다. 한쪽의 금융자산(채권)과 다른 쪽의 금융부채(채무)는 동시에 변동한다. 한쪽만 일방적으로 변동하지 않는다.

먼저 재정지출에 의해 민간 부문에 금융순자산이 발생하는 과정부터 시작하자. 앞에서 민간 부문의 금융순자산의 합은 0이라고 했다. 민간 부문은 스스로 금융순자산을 만들어 내지 못한다. 누군가의 금융자산은 다른 누군가의 금융부채를 의미하기 때문이다. 하지만 정부 부문이 존재하면 민간 부문에는 금융순자산이 유입된다.

아래 표에 나타난 것처럼 최초에 정부는 금융자산이 0인 상태에서 국채를 100만큼 발행하고 이것을 예금은행이 인수한다고 가정하자. 그러면 정부부채(국채)와 예금은행 자산(국채)이 동시에 탄생한다. 물론 실제 돈을 주고받는 과정이 아니고 단순히 채권과 채무의 기록만 발생한 것이다. 그렇다고 하더라도 정부는 국채 매각 대가로 중앙은행에 예금자산을 가질 수 있다. 정부예금은 정부 입장에서 금융자산이며, 이에 대응하는 중앙은행 지준은 중앙은행 입장에서 금융부채다. 즉, 정부예금(금융자산)과 중앙은행 지준(금융부채)은 국채 발행과 동시에 발생한다.

〈표 III-1〉 재정지출이 민간 부문 금융순자산(요구불예금)을 창출하는 과정

		통합정부			민간			
	정부		중앙은행		예금은행(A)		기업(X)	
	자산	부채	자산	부채	자산	부채	자산	부채
1	예금 100	국채 100		지준(정부) 100	국채 100			
2	예금 -100			지준(정부) -100 지준(A) 100	지준 100	요구불(X) 100	요구불 100	
중간	(순부채)	국채 100		지준(A) 100	국채 100 지준 100	요구불(X) 100	요구불 100	(순자산)
3			국채 100	지준(A) 100	국채 -100 지준 100			
최종	(순부채)	국채 100	국채 100	지준(A) 200	지준 200	요구불(X) 100	요구불 100	(순자산)

이제 정부는 중앙은행에게 정부 프로젝트에 참여한 기업(X)의 계좌로 용역 대금 100만큼을 이체해 달라고 요청한다. 요청을 받은 중앙은행은 정부의 금융자산(정부예금) 기록 100을 삭제하는 대신, 예금은행(A)의 중앙은행 지급준비금 계좌에 100만큼을 예금은행의 자산으로 기록하고, 기업(X) 계좌로 자금을 이체할 것을 지시한다. 그러면 예금기관(A)은 중앙은행으로부터 받은 지급준비금 100을 기반으로 기업(X) 고객의 요구불예금 계좌에 100만큼을 입금하고 동시에 자신의 부채 계정에 기업(X)에 대한 요구불예금 100을 기록한다.

이 같은 채권-채무 관계의 변동을 중간평가 해보자. 정부는 결과적으로 국채 100만큼의 금융부채가 발생했으며, 중앙은행도 A은행에 대한 지급준비금 100만큼의 금융부채가 발생했다. 예금은행은 국채와 지급준비금 자산을 각각 100만큼씩 보유하게 된 반면, 기업(X)에 대한 금융부채를 100만큼 지게 됐다. 반면 기업은 정부 프로젝트에 참여한 대가로 요구불예금 100만큼의 금융자산을 가지게 됐다. 경제 전체적으로 보면 금융순자산의 합계는 0이고, 민간 부문을 기준으로 보면 금융순자산이 100만큼 발생했다. 그리고 그 원천은 정부의 국채다. 참고로, 지준(지급준비금)은 중앙은행과 은행 간의 채권-채무 관계를 기록하는 수단이고, 통합정부의 채권-채무 관계와 민간 부문의 채권-채무를 연결하는 중요한 연결고리로 이해하면 된다.

하나 더 추가해 보자. 중앙은행이 예금은행(A)으로부터 국채를 매입한다고 가정하자. 그러면 중앙은행은 국채 자산이 100만큼 증가하는 대신 국채를 매도한 예금은행(A)에 대해 지급준비금 100만큼의 금융부채가 발생한다. 예금은행은 국채를 매도한 대가로서 자산 부문에서 국채 100이 감소하는 대신, 중앙은행에 개설된 지급준비금 계정에서 자산 100만큼이 늘어난다. 이 추가 과정은 정부의 금융부채를 중앙은행이 인수하는 것으로서 통합정부가 발권력을 이용해 재정지출을 하는 것과 동일한 결과를 낳는다. 중앙은행의 국채 매입은 재정정책과 통화정책의 경계를 모호하게 만드는 영역이기도 하고, 프리드먼이 주장한 바 있는 헬리콥터 머니와 다소 비슷한 측면도 있다. 하지만 헬리콥터 머니는 중앙은행이 국채를 영구히 보유하는 것인 반면, 중앙은행의 국채 매입은 언제든지 다시 매도할 수 있다는 점에서 헬리콥터 머니와는 차이가 있다.

참고 : 헬리콥터 머니

프리드먼(M. Friedman)이 언급한 바 있는 소위 '헬리콥터 머니'란 정부가 재정지출을 통해 민간 부문에 돈—예컨대 요구불예금—을 나눠주고, 재정지출을 위해 발행한 국채를 중앙은행이 영구히 인수하는 방식의 재정정책이다. 예컨대, 정부가 코로나 등 비상 국면에서 재정지출을 통해 자영업자나 개인에게 생활 보조금을 지급했는데, 이 과정에서 발행된 국채가 중앙은행으로 흡수된다면 이는 프리드먼이 언급했던 헬리콥터 머니를 구현하는 것과 사실상 동일하다. 이런 점 때문에 재정정책을 강조하는 견해는 종종 헬리콥터 머니를 합리화하기 위한 이론이 아니냐는 의심을 받는다.

하지만, 공익을 실현하기 위한 공공자금의 사용은 입법기관의 특권이다. 정부가 자신의 판단만으로 공공 목적의 국채를 발행해 집행하고, 중앙은행이 공공 목적에 활용된 국채를 기꺼이 인수한다면 재무부 장관과 중앙은행 총재는 월권을 했다는 이유로 의회로부터 탄핵을 당하게 될 것이다.

　물론 앞으로 재정지출에 대한 정치권의 관심이 증가한다면, 중앙은행에 대한 정치적 압력이 커지면서 헬리콥터 머니가 수시로 추진될 가능성을 배제할 수는 없다. 이미 대부분의 선진국 중앙은행들은 은행으로부터 국채를 사들이고 있다. 헬리콥터 머니가 선진국에서 명시적으로 추진된 사례는 없지만, 코로나 이후 각국 정부가 경제 약자를 지원하기 위해 재정지출을 많이 늘렸고, 중앙은행이 양적완화 정책의 과정에서 국채를 다수 매입했다는 사실을 고려하면 다수의 국가에서 사실상 헬리콥터 머니가 수행되었다고 볼 수도 있다. 하지만 양적완화는 중앙은행이 은행의 지급준비금을 늘려주기 위해 국채를 매입하는 것이라는 점에서 헬리콥터 머니와는 적어도 형식적으로 구별된다. 헬리콥터 머니에 대한 혼동은 원래부터 재정정책과 통화정책의 경제가 명확하지 않기 때문에 초래된 것이지 양적완화 정책이나 중앙은행의 국채 매입을 수반하는 재정정책이 헬리콥터 머니와 직접적인 관계가 있기 때문은 아니다.

세금으로 인한 금융순자산의 환수

정부지출에 의해 민간 부문의 금융순자산이 증가한다면, 정부지출의 회수는 민간 부문의 금융순자산을 다시 감소시킬 것이다. 정부지출이 회수되는 방식은 세금이다. 앞의 과정을 역순으로 살펴보면서 세금에 의해 민간 부문의 금융순자산이 소멸되는 과정을 살펴보자.

최초로 은행이 정부의 국채와 지급준비금 자산을 각각 100만큼 보유한 반면, 기업에 대한 요구불예금 부채를 100만큼 보유한 상황을 가정하자. 그리고 두 번째 단계로서 정부가 기업으로부터 100만큼의 세금을 걷는다면, 기업은 예금은행에 세금을 납부하고 예금은행은 중앙은행을 통해 정부예금 계좌로 세금을 이체한다. 이 과정에서 민간 부문의 요구불예금(통화) 자산은 소멸되고 예금은행의 기업에 대한 요구불예금 부채도 동시에 사라진다. 민간 부문의 요구불예금 자산과 부채가 동시에 사라지는 대신 정부는 100만큼의 정부예금(자산)을 확보한다.

세금 납부가 끝난 후 정부가 정부예금 100으로 국채 100을 상환한다면, 정부의 자산과 부채는 0의 상태가 되고, 은행의 국채 자산도 소멸된다. 이는 세금으로 인한 민간 금융순자산의 소멸 과정을 잘 보여준다.

〈표 III-2〉 세금이 민간 부문 금융순자산(요구불예금)을 환수하는 과정

단계	정부		중앙은행		예금은행(A)		기업(X)	
	자산	부채	자산	부채	자산	부채	자산	부채
1	(순부채)	국채 100		지준(A) 100	국채 100 지준 100	요구불 100	요구불 100	(순자산)
2	정부예금 100			지준(A) -100 지준(정부) 100	지준 -100	요구불 -100	요구불 -100	
중간	정부예금 100	국채 100		지준(정부) 100	국채 100	0	0	0
3	정부예금 -100	국채 -100		지준(정부) -100	국채 -100			
최종	0	0	0	0	0	0	0	0

은행 대출에 의한
돈의 발생(금융자산-금융부채 매칭)과 변화

앞에서 살펴본 바에 의하면, 민간 부문은 금융순자산을 발생시킬 수 없다. 즉, 정부 부문이나 해외 부문을 통해 금융순자산이 유입되지 않는다면 민간 부문 금융순자산의 합계는 0이고 누군가의 금융자산은 다른 누군가의 금융부채를 유발한다. 이를 6개의 단계로 나누어 자세히 살펴보자.

첫 번째, 가계(H)가 은행으로부터 대출을 100만큼 받으면 은행은 대출 자산 100과 요구불예금 부채 100이 동시에 발생한다. 가

계 역시 대출 부채 100과 요구불예금 자산 100이 동시에 발생한다. 두 번째로 가계가 요구불예금으로 기업(A)의 회사채를 구입하면, 가계의 요구불예금이 기업(A)의 요구불예금으로 이전된다. 그리고 기업은 회사채 부채가 발생하는 대신, 가계는 회사채 자산이 발생한다. 이 과정을 통해 정부와 해외 부문이 존재하지 않으면 민간 부문에서 누군가의 금융자산은 다른 누군가의 금융부채와 일치한다는 점을 확인할 수 있다. 즉 민간 부문에서 금융순자산의 증가분은 0이다.

세 번째, 기업(A)이 설비투자를 위해 다른 기업(B)으로부터 물품을 조달하고 그 대금을 기업(B)에게 이체하는 경우를 살펴보자. 이때 역시 요구불예금은 이전되지만, 전체 요구불예금에는 변화가 없다. 네 번째, 기업(A)이 투자 실패로 파산하는 경우를 살펴보자. 기업(A)이 파산하면 가계(H)의 금융자산인 회사채는 휴지 조각이 된다. 하지만, 여전히 가계(H)의 대출에 의해 발생한 요구불예금은 사라지지 않고 기업(B)의 자산으로서 존재하며, 가계(H) 대출도 여전히 남아 있다. 즉, 기업이 도산하더라도 경제 전체적으로 금융자산과 금융부채의 합은 변하지 않는다.

다섯 번째는 가계(H)가 기업(B)의 직원으로서 기업으로부터 임금 100을 받는 경우다. 이때 기업의 요구불예금은 100만큼 감소하고 가계의 요구불예금은 100만큼 증가한다. 마지막 여섯 번째는 가계가 대출을 상환하는 경우다. 가계가 대출을 상환하면 요구불예금은 소멸한다.

〈표 III-3〉 은행 대출에 의한
금융자산(요구불예금)의 발생과 이동, 소멸

단계	예금은행		기업(A, B)		가계(H)	
	자산	부채	자산	부채	자산	부채
1	대출(H) 100	요구불(H) 100			요구불 100	대출 100
2		요구불(H) −100 요구불(A) 100	요구불(A) 100	회사채(A) 100	요구불 −100 회사채(A) 100	
중간1	대출(H) 100	요구불(A) 100	요구불(A) 100	회사채(A) 100	회사채(A) 100	대출 100
3		요구불(A) −100 요구불(B) 100	요구불(A) −100 요구불(B) 100			
4				회사채(A) −100	회사채(A) −100	
중간2	대출(H) 100	요구불(B) 100	요구불(B) 100	0	0	대출 100
5		요구불(B) −100 요구불(H) 100	요구불(B) −100		요구불 100	
6	대출(H) −100	요구불(H) −100			요구불 −100	대출 −100
최종	0	0	0	0	0	0

이상에서 살펴본 것처럼 은행을 통한 민간 부문의 금융부채는 요구불예금이라는 금융자산을 창출한다. 그리고 일단 생겨난 금융자산(요구불예금)은 회사채나 정기예금 등의 형태로 바뀔 수는 있지만 사라지지 않고, 언제든지 요구불예금으로 환원될 수 있는

금융자산의 형태로 어디엔가 존재하며, 오로지 대출을 상환했을 때만 소멸된다.

다만 어느 방식을 가정하더라도 민간 부문의 금융부채는 경제 전체적으로 금융순자산을 창출하지 않는다. 즉, 은행 대출에 의해 요구불예금 자산이 생겨나더라도 대차대조표의 반대쪽에 대출이라는 부채가 존재하고, 회사채를 발행하더라도 채권자와 채무자가 동시에 발생하기 때문에 경제 전체적으로는 금융순자산의 증가는 0이 된다. 결론적으로 폐쇄경제하에서 민간 부문의 금융순자산은 오로지 국가 부채에 의해서만 발생하고 세금에 의해 소멸된다.

비은행 대출에 의한 돈의 이동과 소멸

앞에서 금융자산의 발생과 소멸 과정을 살펴보았다. 은행 대출의 경우 금융부채(은행 대출)를 통해 금융자산(요구불예금)을 발생시킬 수 있지만 금융순자산을 발생시키지는 않는다. 회사채의 경우 금융부채(기업의 회사채 발행)를 통해 또 다른 금융자산(가계의 회사채 보유)을 발생시키지만, 은행 요구불예금을 발생시키지는 않는다. 이는 앞에서 살펴본 통화의 위계, 즉 통화 피라미드의 의미와 관계가 있다.

통화 피라미드란 통화에는 일정한 위계와 등급이 있다는 것으로서 앞에서 살펴본 바 있다. 통화 피라미드의 맨 위층에는 통합정부의 부채가 있고, 중간층에는 은행의 부채가 존재한다. 은행은 상층부에서 발행한 국채를 인수하거나 중앙은행 지급준비금 계좌에 일정한 금액을 입금하는 방식으로 통합정부와 채권-채무 관계를 형성한다. 그리고 은행들은 안전한 정부부채(은행 입장에서는 자산)를 기반으로 민간 부문에 자신의 금융부채를 공급한다. 은행의 주요한 부채로는 요구불예금이 있으며, 증표주의자(Chartalist) 내지 부채이론에 의하면 요구불예금 부채는 기업의 차용증(대출)에 대한 대가로 은행이 발행하는 또 다른 차용증(부채)이다.

기업의 차용증(대출, 회사채)은 상대적으로 신용도가 낮기 때문에 유통이 원활하지 못한 반면, 은행의 차용증(요구불예금)은 통합정부에 의해 강력한 보호를 받으므로 유통이 원활하다. 따라서 전 세계 거의 모든 국가에서 은행의 요구불예금은 핵심적인 통화에 속한다. 하지만 은행들은 모든 가계나 기업에게 대출을 해주지 못한다. 강도 높은 건전성 및 자본규제를 받고 있기 때문이다. 따라서 규모가 작고 신용위험이 높은 중소기업과는 거래할 유인이 크지 않은 은행들을 대신하여 비은행 금융회사가 은행의 요구불예금을 공급할 수 있다.

이 과정을 자세히 살펴보자. 어느 가계(H)가 수익성 높은 금융채에 투자하기 위해 은행으로부터 200만큼의 대출을 받는 시점으로부터 출발하자. 가계는 금융채 금리가 대출금리보다 높아야만 금융채에 투자할 유인이 생긴다. 가계가 대출을 통해 얻은 요구불예금 200을 비은행 금융회사(N)가 발행한 금융채에 투자하면 가계의 요구불예금은 비은행 금융회사의 은행 계좌로 이체되고, 은행 입장에서는 예금주가 가계(H)에서 비은행 금융회사(N)로 바뀐다. 이제 비은행 금융회사(N)는 금융채 200만큼의 부채와 요구불예금 200만큼의 자산을 갖게 되었는데, 주목할 점은 비은행 금융회사(N)의 금융채 발행으로 인해 상위 통화인 요구불예금은 새로 생겨나지 않는다는 점이다.

다음으로 비은행 금융회사(N)가 대출 300을 받으면, 앞에서 보았던 대로, 은행 요구불예금 300이 신규로 창조된다. 이제 비은행 금융회사(N)가 은행에게 대출을 받을 수 없었던 기업 Z에게 400만큼을 대출해 준다고 가정하자. 기업 Z가 비은행 금융회사(N)로부터 400만큼 대출을 받으면, 기업 Z는 요구불예금 400만큼의 자산과 비은행 금융회사(N)에 대해 400만큼의 부채가 발생한다. 이때의 요구불예금 400은 비은행 금융회사(N)의 은행 계좌로부터 이체된 것이며, 새로 창조된 것이 아니다. 은행의 입장에서는 비은행 금융회사(N)에 대한 요구불예금 부채 400이 기업 Z에 대한 부채로 바뀐다. 하지만 은행은 기업 Z에 대한 대출 자산은 보유하고 있지 않으며, 비은행 금융회사(N)에 대한 대출 자산만 보유하고 있다.

〈표 Ⅲ-4〉 비은행 대출에 의한 금융자산(요구불예금)의 이동과 소멸

단계	은행 자산	은행 부채	비은행 금융회사 N 자산	비은행 금융회사 N 부채	가계 H 자산	가계 H 부채	기업 Z 자산	기업 Z 부채
1	대출(H) 200	요구불(H) 200			요구불 200	대출 200		
2		요구불(H) -200 요구불(N) 200	요구불 200	금융채 200	요구불 -200 금융채 200			
3	대출(N) 300	요구불(N) 300	요구불 300	대출 300				
4		요구불(N) -400 요구불(Z) 400	요구불 -400 대출(Z) 400				요구불 400	대출 400
최종	대출 500	요구불(N) 100 요구불(Z) 400	요구불 100 대출(Z) 400	금융채 200 대출 300	금융채 200	대출 200	요구불 400	대출 400

주: 요구불은 요구불예금을 의미

이러한 과정은 〈표 Ⅲ-4〉에 나와 있다. 이 과정을 통해 알 수 있는 것은 은행의 요구불예금은 오로지 은행 대출을 통해서만 생겨난다는 점, 그리고 회사채나 금융채 등은 현금거래를 제외하면 오직 은행 요구불예금으로만 거래되며, 회사채나 금융채가 발행되어도 은행 요구불예금의 규모에는 영향을 주지 않는다는 점이다. 회사채나 금융채가 발행되는 이유는 모든 가계나 기업이 은행으로부터 충분한 대출을 받을 수 없거나, 은행의 신용평가 능력에 한계가 있기 때문이다. 비은행 금융회사로부터 대출을 받는 기업은 은행보다 더 높은 금리를 부담하게 된다. 은행의 신용공

급 능력이 약할수록 경제 내에는 더 많은 고금리의 금융채가 발행될 것이다. 하지만 그렇다고 은행으로 하여금 더 많은 기업에게 더 낮은 금리로 대출을 해줄 것을 요구한다면 은행 부실자산이 늘어나거나 생산성이 떨어지는 등의 또 다른 부작용이 발생한다.

순수출에 의한 금융순자산의 증감

지금까지는 폐쇄경제를 가정한 통화의 발생과 소멸에 대해 살펴보았다. 하지만 한국의 경우 대외 개방도가 높고 GDP에서 차지하는 수출과 수입의 비중도 높으므로 무역수지를 포함한 국제수지가 국내 통화에 미치는 영향에 대해 살펴볼 필요가 있다.

수출기업과 수입기업은 요구불예금 계좌가 개설된 각각의 거래 은행을 통해 수출입 대금을 주고받으며 거래 통화는 대부분 달러화다. 은행들이 다른 은행들과 달러화를 주고받기 위해서는 미국 연방은행에 지급준비금 계좌를 개설해야 한다. 해외은행, 또는 국내은행의 해외 지점을 통해 달러화 요구불예금을 이체받은 국내기업은 수출 대금인 달러화 요구불예금을 국내은행으로 송금한 뒤 한국의 은행 간 외환시장에서 결정된 환율을 기준으로 원화로 바꿔 국내은행 요구불예금 계좌에 예치할 수 있다.

이하에서는 복잡한 은행 간 거래 절차와 서로 다른 통화 간의 환전 등을 모두 생략하고, 단지 국내외 기업이 국내외 은행을 통해 수출입 대금을 주고받는 결과만 소개한다. 최초의 경우 해외 기업(M)이 요구불예금 100을 보유하고 있다고 가정하자. 요구불예금 부채를 가지고 있는 은행은 모두 중앙은행에 지급준비금 100을 예치하고 있다고 가정하자(중앙은행의 지급준비금 부채도 지면상 생략한다).

이제 국내 수출기업(X)이 해외 기업(M)에 수출하고, 그 대금을 은행을 통해 수령한다고 가정하자. 해외은행으로부터 국내은행 해외 지점으로 이체된 요구불예금 100은 국내은행 해외 지점에 외환보유액 형태로 남아 있다. 국내은행은 해외 지점에 있는 외환보유액(자산)을 기반으로 국내 요구불예금(부채)을 발행해 수출기업(X)의 요구불예금(자산) 계좌에 100만큼을 입금한다. 따라서 국내 요구불예금은 최초의 0인 상태에서 100으로 늘어난다. 이는 수출로 인해 국내 금융순자산이 늘어나는 과정을 보여준다. 엄밀히 말하면 국내은행이 해외은행으로부터 달러화 표시 금융자산(요구불예금)을 얻은 대가로(국내 대출이 발생하지 않았음에도) 국내 요구불예금을 발행하는 과정을 보여준 것이다.

다음 단계로, 국내기업(X)이 해외수출기업(N)으로부터 중간 부품을 수입한 대가로 요구불예금 100을 다시 해외로 송금한다고 가정하자. 그러면 국내 요구불예금 100이 해외로 송금됨으로써 국내 요구불예금이 다시 원래대로 0으로 돌아오고, 해외 통화는 다시 100만큼 복원된다. 이 역시 엄밀히 말하면, 국내 요구불예금이 대출 상환 없이 소멸하고 국내은행 해외 지점이 자산으로서 보유하고 있던 외환보유액(달러 표시 요구불예금)이 해외기업의 해외은행 계좌로 이체되는 과정을 보여준다.

결론적으로 순수출 증가는 국내 금융순자산의 증가를 유발하고, 순수출 감소는 국내 금융순자산의 감소를 유발한다. 하지만, 엄밀히 말하면 순수출이 증가할 경우 해외에서 달러화 자금이 유입되어 국내에서 원화로 환전됨으로써 국내 금융순자산이 증가하는 것은 아니다. 해외은행의 자국 통화 표시 요구불예금 부채와 해외기업의 자산이 동시에 사라지는 대신, 국내은행의 요구불예금 부채와 국내기업의 요구불예금 자산이 동시에 생겨나는 것이다(다만, 미국 연방은행과 연계된 각국 은행들의 지준 변동은 복잡하므로 표시하지 않는다). 이 과정에서 해외 중앙은행의 지급준비금 부채와 기업 자산이 감소하고 국내 중앙은행의 지급준비금 부채와 기업 자산이 증가한다. 또한 이 과정에서 국내기업들은 환율변동에 의해 예상 자산의 가치에 변동이 발생한다. 기업들은 이를 막기 위해 환 헷지 계약 등을 체결한다. 이 과정은 복잡하므로 생략한다.

〈표 III-5〉 해외 부문에 의한
금융순자산(요구불예금)의 증가 및 감소

단계	해외기업(M, N)		해외은행		국내은행		국내기업 (X)	
	자산	부채	자산	부채	자산	부채	자산	부채
1	요구불(M) 100		(지준)	요구불(M) 100		0	0	
2	요구불(M) −100		(−지준)	요구불(M) −100	(+지준)	요구불(X) 100	요구불(X) 100	
중간	0			0		요구불(X) 100	요구불(X) 100	
3	요구불(N) 100		(+지준)	요구불(N) 100	(−지준)	요구불(X) −100	요구불(X) −100	
최종	요구불(N) 100			요구불(N) 100		0	0	

기존 경제이론과 통화(금융자산-금융부채)에 관한 대차대조표 분석의 비교

주요 금융거래 활동에 따른 금융자산의 변동 과정은 아래와 같이 요약할 수 있다. 사적인 거래를 포함한 모든 금융거래에는 필연적으로 금융자산과 금융부채가 발생한다. 그렇지만 첫째, 민간 부문 내에서는 금융순자산이 발생하지 않고, 통화 피라미드의 최상층부에 있는 정부의 부채와 해외 부문의 부채만이 민간 부문의 금융순자산을 증가시킬 수 있다. 정부의 흑자(징세)와 해외 부문의 흑자(한국의 경상수지 적자)는 민간 부문의 금융순자산 감소 요인으로 작용한다.

둘째, 통화 피라미드 중간 부분에 있는 은행의 부채는 오늘날 통화로서 받아들여질 수 있는 금융자산(요구불예금)을 발생시킨다. 하지만 금융자산이 늘어난 것과 동일한 만큼의 금융부채가 증가하므로 민간 부문의 금융순자산은 변화하지 않는다.

셋째, 통화 피라미드상 은행보다 하위에 있는 비은행 부문, 예컨대 일반 회사나 비은행 금융회사는 금융자산과 금융부채를 발생시키지만, 오늘날 주요 통화로서 받아들여지는 은행 요구불예금의 변동에는 영향을 주지 않는다. 단지 기존에 존재하고 있던 통화를 이전시키는 결과만 초래한다.

〈표 III-6〉 경제주체의 금융거래와 금융자산 및 금융부채 변동 과정

원인 (금융 거래)		과정		결과 (금융자산 증가/감소)	
		채무자	채권자		
재정지출		정부(국채 발행)	민간(요구불예금 증가)	민간 금융순자산	증가
세금		민간(요구불예금 감소)	정부(국채 감소)		감소
은행 대출		가계/기업(요구불예금 증가)	은행(대출자산 증가)		불변
회사채/금융채 발행		기업(요구불예금 증가)	가계(요구불예금 감소)	민간 요구불예금	불변
비은행 대출		가계/기업(요구불예금 증가)	비은행(요구불예금 감소)		
해외	순수출 증가	해외기업 (외화 요구불예금 감소)	국내기업 (원화 요구불예금 증가)	민간 금융순자산 증감 (외환보유액 증감)	
	순수출 감소	국내기업 (원화 요구불예금 감소)	해외기업 (외화 요구불예금 증가)		

지금까지 살펴본 금융자산-금융부채에 관한 대차대조표 분석은 사실 경제원론, 또는 거시경제학 교과서에 나오는 케인스의 국민소득 결정이론과 전혀 다르지 않다. 다른 점이 있다면 대차대조표 분석은 금융적 측면에서 금융자산과 금융부채의 변동을 살펴보는 것이고, 케인스의 국민소득 결정이론은 실물적 측면에서 수요와 공급의 변동과 그 영향을 살펴보는 것이라고 할 수 있다.

국민소득 결정이론에 따르면, 한 국가에서 일정 기간 동안 생산된 부가가치, 즉 국내총생산(Ys)은 소비(C)와 저축(S), 세금(T)으로 처분된다. 그리고 총수요(Yd)는 소비지출(C), 투자지출(I), 정부지출(G), 그리고 수출(X)과 수입(M)의 차이를 더한 것으로 정의된다.

총생산(Ys)의 처분 = 소비(C) + 저축(S) + 세금(T)

총수요(Yd) = 소비(C) + 투자(I) + 정부지출(G) + 순수출(X-M)

총생산(Ys)은 총수요(Yd)만큼 생산된다. 투자를 통해 확충한 생산능력에 비해 총수요가 부족하면 물가가 하락하고 고용이 감소하는 반면, 총수요가 생산능력을 초과하면 고용은 증가하지만 물가가 상승한다. 일단, 물가와 고용이 안정되는 지점, 즉 총수요와 총공급이 일치하는 균형점에서는 다음과 같은 항등식이 성립한다.

소비(C) + 저축(S) + 세금(T) ≡ 소비(C) + 투자(I) + 재정지출(G) + 순수출(X-M)

저축(S) + 세금(T) ≡ 투자(I) + 재정지출(G) + 순수출(X-M)

① 저축(S) ≡ 재정순지출(G-T) + 투자(I) + 순수출(X-M)

위의 식 ①은 앞의 식에서 저축(S)만을 왼쪽에 놓고 나머지는 모두 오른쪽으로 이동시킨 실물 부문의 균형점이라고 할 수 있다. 그런데, 식 ①은 앞에서 살펴본 금융자산-금융부채에 관한 대차대조표 분석의 결과와 완전히 동일하다. 대차대조표 분석에 의하면, 경제 전체적으로 금융순자산은 오로지 정부지출에 의해 증가하고 세금에 의해 감소한다. 저축(S)을 일정 기간 동안 형성되는 금융순자산의 증가분으로 정의하면, 정부지출(G)로 인해 민간 부문에 늘어난 금융순자산에서 세금(T)으로 인해 회수된 금융순자산을 공제한 것과 일치한다.

② 금융순자산 증가(S) ≡ 재정지출(G) - 세금(T)

앞 절에서 투자는 기존의 요구불예금을 이전시키거나, 대출과 요구불예금을 동시에 발생시킨다는 점을 살펴본 바가 있다. 즉 재정지출과 무관한 투자(I)는 금융순자산을 발생시키지 않는다. 그러면 위 식 ②는 다음의 식 ③처럼 다시 쓸 수 있다.

③ 금융순자산 증가(S) ≡ 재정지출(G) − 세금(T) + 투자(I)

한편 다른 나라와의 교역이 발생하면, 즉 생산된 물건을 다른 나라에 수출(X)하면 해외 부문에 의해 국내 금융순자산이 증가하고, 수입(M)이 증가하면 국내 금융순자산은 감소한다. 따라서 위 식 ③은 다시 다음의 식 ④와 같이 확장된다.

④ 금융순자산 증가(S) ≡ 재정지출(G) − 세금(T) + 투자(I) + 순수출(X−M)

식 ②로부터 확장된 금융 대차대조표 방정식 ④는 앞의 실물경제에서 도출된 저축 방정식 ①과 완전히 동일하다. 식 ①은 금융순자산을 고려하지 않은 실물경제의 관점에서 바라본 것이고, 식 ④는 금융순자산의 측면에서 바라본 것이라는 차이밖에 없다. 식 ①, 또는 식 ④는 다음과 같이 다시 표현할 수 있다.

저축(S) − 투자(I) + 세금(T) − 재정지출(G) ≡ 수출(X) − 수입(M)

실물 부문의 국내 순수출(X−M) 증가는 금융적인 측면에서 해외 정부와 기업 부문의 금융순자산 유출 요인이 된다. 즉 국내 순수출 증가는 해외 경제주체의 적자를 의미하고, 국내 순수출 감소는 해외 경제주체의 흑자를 의미한다. 이제 식 ④는 실물적인 측면에서 아래의 식 ⑤로, 금융적인 측면에서는 다음의 식 ⑥으로 다시 표현할 수 있다.

⑤ 민간저축(S-I) + 정부저축(T-G) - 순수출(X-M) ≡ 0

⑥ 국내 민간 흑자 + 국내 정부 흑자 + 해외(민간+정부) 흑자 ≡ 0

여기서 흑자는 저축, 또는 금융순자산의 증가를 의미한다. 앞에서 국내 민간 부문의 흑자, 즉 금융순자산의 증가는 국내 정부 부문의 적자(재정지출)나 해외 부문의 적자(순수출)에 의해서만 발생하며 민간 부문 자체적으로는 금융순자산이 증가하지 않음을 설명한 바 있다. 그런데 식 ⑥은 정부나 해외 부문에 의해 금융순자산이 증가하더라도 모든 부문의 금융순자산을 합치면 0이라는 항등식이 도출된다. 즉, 정부 부문과 민간 부문과 해외 부문을 모두 합치면 누군가의 금융자산은 다른 누군가의 금융부채가 되는 것이다.

재정정책에 관한
새로운 시각과 주장들

최근 미국에서 등장해 주목과 비판을 동시에 받고 있는 현대통화이론(MMT : Modern Monetary Theory)은 재정정책을 강조하는 일군의 경제 학파다. 모슬러(Warren Mosler), 랜덜 레이(Randall Wray), 스테파니 켈튼(Stephanie Kelton), 미첼(Bill Mitchell) 등이 대표적인 MMT 학자들이다. 이들은 자국 통화를 보유한 국가는 인플레이션을 유발하지 않는 범위 내에서 사회보장이나 인프라 등 공공 서비스의 확충을 위해 국채를 얼마든지 발행해 재정지출을 할 수 있다고 주장한다.

기존 경제학에서는 재정지출에 대한 과도한 의존을 경계해 왔다. 과도한 국채 발행은 구축효과를 통해 금리 상승을 야기할 뿐아니라 재정기율을 무너뜨리고 환율을 불안하게 만듦으로써 하이퍼인플레이션을 유발할 수 있다는 게 기존 경제학의 시각이다. 따라서 많은 주류 경제학자들은 MMT는 위험한 이론이고, 기껏해야 미국과 같은 '기축통화'국에서나 가능한 이론이라고 비판한다.

그런데 지금까지 살펴본 것처럼 국채 발행과 재정지출은 민간 부문의 통화(요구불예금)를 흡수하지 않는다. 오히려 민간 부문의 통화를 증가시킨다. 또한, 금본위제가 소멸된 이후 국제무역의 편의를 제공한다는 의미에서 기준통화 내지 기축통화라는 개념은 존재하지만, 정해진 가격으로 언제든지 교환해 줄 의무가 있는 기축통화라는 개념은 존재하지 않는다. 이제 달러화를 포함해 선진국의 모든 통화는 완전한 신용통화다.

인플레를 걱정하지 말고 재정지출을 확대해도 된다고 주장하는 MMT 학자는 단언컨대, 한 명도 없다. 다만, 재정정책의 궁극적 목표에 관해서는 MMT 내에서도 의견이 나뉜다. 예컨대 재정지출을 활용해 완전고용을 최우선의 경제 목표로 삼자는 좌파적 주장이 있는 반면, 생산성 확대를 위해 법인세를 먼저 인하하자는 우파적 주장도 있다. 따라서 MMT를 한통속으로 묶어서 평가하거나, 재정정책을 남용하는 이상한 집단이라는 시각에서 벗어나 그들이 재정정책을 강조하는 이유 등에 대해 차분히 들어볼 필요가 있다.

MMT의 주장은 재정지출에 대한 현실적 묘사와 그에 기반한 주장으로 나누어 볼 수 있다. MMT의 '현실적 설명'에 동의하지 않는다면, 그것은 '가치 논쟁'보다는 '진실 게임'의 성격이 될 것이다. 다음의 (1)~(4), 혹은 (1)~(5)가 현실에 대한 설명, 혹은 묘사에 해당한다. 다른 한편으로 MMT는 재정정책의 현실에 대한 설명에 기반하여 여러 가지 주장을 하고 있다. 예컨대, 고용을 최우선의 정책 목표로 설정하자거나 수출과 수입에 대해 다르게 생각할 필요가 있다는 주장을 들 수 있다. 아래 (6)~(7)이 여기에 해당한다. 전자의 (1)~(5)는 모든 MMT 학자가 동의하는 견해라면 후자의 (6)~(7)에 대해서는 MMT 내에서도 의견이 나뉠 수 있는 부분이다.

누군가의 흑자는 다른 누군가의 적자이고, 금융순자산의 합은 0이다 (1)

모든 국가의 무역수지를 합치면 0이 되는 것처럼, 모든 경제주체의 흑자와 적자를 합치면 0이 된다. 심지어 모든 경제주체의 금융순자산의 합계 역시 0이 된다. 이를 쉽게 이해하기 위해 한국의 2023년 자금순환표를 살펴보자. 한국이 아니라 세계 어느 나라의 자금순환표를 보아도 결론은 똑같다. 2023년 기준으로 한국의 가계와 기업, 금융회사를 포함한 민간 부문은 63.8조 원의 흑자를 기록했는데, GDP 대비로는 2.7%에 해당한다. 정부 부문은 17조 원의 적자를 기록했는데 GDP 대비로는 -0.7%다. 해외 부문은 46.8조 원의 적자를 기록했으며 GDP 대비로는 -2.0%다. 금액으로 보든 GDP 대비 비율로 보든 국내 민간과 정부, 해외 부문의 합은 0이다.

〈표 Ⅲ-7〉 2023년 한국의 각 부문 금융 흑자 및 적자 현황(금액 및 명목 GDP 대비 비율)

	국내 민간			국내 정부	해외 (민간+정부)	합계
	가계	기업	금융			
흑자(+)/적자(-)	+160.5조 원	-109.4조 원	+12.7조 원	-17.0조 원	-46.8조 원	0
	+63.8조 원					
GDP 대비 비율	+6.7%	-4.6%	+0.5%	-0.7%	-2.0%	0
	+2.7%					

자료 : 한국은행 자금순환표

흑자의 누적분을 의미하는 금융순자산 측면에서 보아도 마찬가지다. 아래 〈표 Ⅲ-8〉은 자료 확보의 편의상 한국의 사례를 나타내고 있지만, 다른 나라를 조사해도 결과는 똑같다. 2023년 해외 부문을 포함한 한국의 금융자산은 2경 4,861조 원이지만 금융부채는 이와 비슷한 2경 4,855조 원이다. 금융순자산 측면에서 보면 민간 부문의 금융순자산은 63조 원에 불과하고 정부 부문은

981조 원이며, 해외 부문은 1,039조 원의 금융순부채를 안고 있다. 따라서 금융순자산의 합계는 6조 원이다. 아마도 은행과 비은행, 펀드 등 다양한 금융 통계를 집계하는 과정에서 필연적으로 발생하는 오차가 없었으면 6조 원이 아니라 0원이었을 것이다.

〈표 III-8〉 2023년 한국의
각 부문 금융자산 및 부채 현황(단위 : 조 원)

	민간			정부	해외	합계
	가계	기업	금융			
금융자산	5,204	4,035	11,265	2,396	1,962	24,861
금융부채	2,317	7,180	10,944	1,414	3,003	24,855
금융순자산	2,887	-3,146	322	981	-1,039	6
		63				

자료 : 한국은행 자금순환표

정부와 민간, 해외 부문의 흑자를 합쳐도 0이고, 금융순자산을 합쳐도 0이라는 사실은 어떤 의미를 가지는가? 모든 차용증은 금융자산이면서 동시에 금융부채이고, 그중에서도 통화는 정부와 은행에 의해 만들어지는 가장 믿을 수 있는 금융자산이면서 동시에 금융부채다. 따라서 금융 흑자와 적자, 그리고 금융순자산의 합이 각각 0이라는 의미는 금융자산-금융부채(통화)가 무형자산을 포함한 실물적인 부가가치를 창출하는 인센티브로 작용한다는 의미일 뿐만 아니라, 만일 실물자산이 만들어 내는 부가가치가 축소되기 시작하면 경제는 거대한 도박판으로 전락할 수 있다는 의미 또한 갖게 된다.

도박판에서는 게임 참여자들의 이득과 손실의 합이 0이다. 모두가 돈을 딸 수 없으며, 게임에 따라 다르겠지만 대부분은 누군가 돈을 벌면 다른 누군가는 돈을 반드시 잃게 되어 있다. 또한 게임이 시작되고 끝나는 순간까지 승자와 패자가 탄생하는 것 외에는 아무런 부가가치가 생산되지 않는다. 우리는 경제와 도박판은 다르다고 생각한다. 그 이유는 무언가를 생산하고 수익을 창출해 내기 때문이다. 경제 내에서 가계 부문은 돈을 빌려주고 기업은 돈을 빌려 무엇인가를 생산한다. 그리고 기업의 생산 과정에서 노동에 대한 임금 소득이 지급되고, 빌린 돈에 대해서는 이자 소득이 지급된다. 이 과정에서 흑자 부문에는 금융자산이 축적되고 적자 부문에는 금융부채가 발생하는데, 정부와 민간, 해외 부문을 모두 포함하면 흑자[11]와 금융순자산의 합계는 각각 언

---

11 여기에서의 흑자는 일정 기간 동안 금융회사에 보관된 금융자산과 금융회사로부터 조달한 금융부채와의 차이를 의미한다. 우리는 실제 현금을 사용해 경제활동을 하지 않으며, 은행에 보관된 은행 요구불예금을 주고받으며 경제활동을 한다. 이 과정에서 부족한 자금은 금융부채로 조달하고, 잉여자금은 유동성은 낮지만 기대수익과 리스크가 높은 다른 금융자산(주식, 채권, 펀드 등)으로 운용한다. 한편, 기업 손익계산서에 나타나는 흑자는 매출액에서 비용을 뺀 것이고, 비용에는 재료비와 인건비, 이자비용 등이 포함되지만 금융부채는 포함되지 않는다. 기업이 무언가를 생산하고 수익을 낼 수 있으면, 금융부채를 지속적으로 조달할 수 있다.

제나 0이다.

 이 과정에서 임금, 이윤 등의 부가가치가 생겨나고 이 부가가치를 실물자산에 다시 투자함으로써 부가가치를 계속 생산할 수 있도록 한다면, 결국 통화라는 상징적 수단은 지식재산 등의 무형자산을 포함한 실물자산을 생산하고 이 자산을 통해 중간재와 소비재 등을 계속 생산하는 역할을 담당한다고 볼 수 있다. 하지만 만일 실물자산이 만들어 내는 부가가치가 사라지면, 늘어난 차용증(누군가의 금융부채이면서 다른 누군가의 금융자산)은 단지 도박판의 칩(Chip)처럼 제한된 금융청구권을 차지하기 위한 용도로밖에 사용되지 않는다.

 실물부채라는 개념은 극히 예외적인 경우를 제외하고는 존재하지 않는다. 경제 내 순자산을 무형자산을 포함한 실물자산과 금융순자산의 합이라고 정의한다면, 금융순자산은 0이므로 결국 경제 내 순자산은 실물자산이라고 할 수 있다. 실물자산은 개념적으로 생산자산과 비생산자산으로 나뉜다. 명확하게 정의하기는 어렵지만, 생산자산은 대체로 부가가치를 만드는 자산으로 정의할 수 있고 비생산자산은 부가가치의 생산과 무관한 자산이라고 할 수 있다. 대표적인 비생산자산은 토지다. 토지는 건물에 부속되어 있는 토지도 있고, 그렇지 않은 농지나 나대지도 있다. 토지를 포함한 실물자산을 매매하기 위해서는 금융자산이 필요하다. 실물자산을 매입하는 사람은 금융자산을 제공해야 하며, 실물자산을 매도하는 사람은 금융자산을 받는다. 만일 실물자산이 낳는 부가가치가 축소되기 시작하면 금융자산과 실물자산, 금융자산(대표적으로는 기업의 주식이나 회사채)과 금융자산(요구불예금) 사이에는 도박판과 다를 바 없는 거대한 제로섬 게임이 벌어진다.[12]

정부와 민간, 해외 부문의 흑자를 합쳐도 0이고, 각 부문의 금융순자산을 합쳐도 0이라는 사실은 국가, 혹은 정부의 역할 측면에서도 새로운 개념이 필요하다는 점을 의미한다. 예컨대 재정수지 균형은 다음의 두 가지 측면에서 재정수지 적자보다 오히려 더 경제에 해롭다.

첫째, 민간 부문의 부채 증가를 유발해 경제를 취약하게 만들 수 있다. (2023년 기준 한국은 해외 부문이 적자를 보이고 있지만) 만일 해외 부문이 흑자일 경우 재정균형은 민간 부문의 적자와 부채를 증가시킨다. 민간 부문의 부채는 주로 기업 부문에서 발생하는데, 부채에서 발생하는 이자비용을 감당하지 못하면 기업은 파산 압력에 직면한다. 대표적인 사례로는 1990년대 후반 클린턴 행정부의 균형재정을 들 수 있다. 1992년 말, 미 대선에서 승리한 클린턴 행정부는 운 좋게도 이전 부시 행정부의 경기 침체 국면에서 벗어나

---

[12] 물론 부가가치가 늘어나는 시기에도 금융자산과 금융자산, 금융자산과 부동산 사이에는 도박 같은 성격의 거래, 소위 투기적 거래가 발생할 수 있다. 하지만 부가가치가 증가하는 시기에는 모두에게 윈-윈이 되는 거래가 생길 수 있지만, 부가가치가 축소되는 시기에는 승자와 패자가 극명하게 갈리는 제로섬 게임으로 상황이 바뀐다.

소위 골디락스(Goldilocks) 경제를 상당 기간 유지하였다. 골디락스는 너무 뜨겁지도 너무 차갑지도 않은 적당한 상태로서 영국의 전래동화「골디락스와 세 마리 곰(Goldilocks And The Three Bears)」의 여자 주인공이 세 마리 곰이 끓인 뜨거운 수프와 차가운 수프, 적당한 수프 중에 적당한 수프를 먹고 기뻐했다는 데에서 유래된 말이다.

클린턴 행정부는 집권 1기부터 경제 호황에 따른 세금 증가를 기반으로 재정적자를 축소하기 시작하였고, 집권 2기부터는 균형재정을 달성하였으며, 임기 마지막 해인 2000년에는 GDP 대비 1%에 이르는 재정흑자를 기록하였다. 재정흑자는 지금까지도 그의 주요한 업적 중의 하나로 종종 거론된다. 하지만 누군가의 흑자 증가는 다른 누군가의 적자 증가를 유발한다. 1990년 후반부터 실물 측면에서 미국의 경상수지 적자가 이전보다 더 큰 수준으로 확대됨으로써 금융 측면에서는 해외(해외 정부와 해외 민간) 부문의 흑자가 증가했다. 해외 부문의 흑자 증가는 미국 내 민간 부문과 정부 부문을 합칠 경우 적자 증가를 의미한다. 하지만 앞서 언급했듯이 클린턴 행정부는 임기 내 재정 흑자를 달성했다. 금융 부문의 항등식에 의하면, 정부와 해외 부문의 흑자는 국내 민간 부문의 적자 확대와 금융순부채의 증가를 의미한다. 이때 민간 부문 내부에서는 자금의 초과수요와 금리 상승이 유발된다. 이는 클린턴 행정부 2기를 기준으로 보면 민간 기업의 부채 증가와 이자비용 증가를 의미한다. 미국 정부와 미국 외 경제주체의 흑자 증가에 따른 미국 내 민간 부문의 적자 증가가 결국 2000년대 초반 IT 버블붕괴의 원인이 되었다고 고들리, 랜덜 레이 등과 같은 일부 MMT 학자들은 주장한다. 게다가 고들리, 랜덜 레이 등은 2008년 글로벌 금융위기도 인색한 재정지출에서 그 원인을 찾는다. 이들에 의하면, 클린턴 다음의 조지 부시 대통령은 임기 중인 2001년~2008년 중에 이라크와 전쟁을 벌였고, 해외 부문에서 막대한 경상수지 적자가 발생했음에도 불구하고 재정적자 규모를 최대한 축소하려고 노력했다. 정부의 재정적자 축소는 가계와 기업의 금융부채 증가, 높은 수익성을 달성하기 위한 고수익-고위험 자산의 취급, 은행 대차대조표상으로는 부채가 아니지만 실제로는 보증이 이루어지는 그림자 금융의 증가 등으로 이어져 2007년 서브프라임 사태의 원인이 되었다고 주장한다.

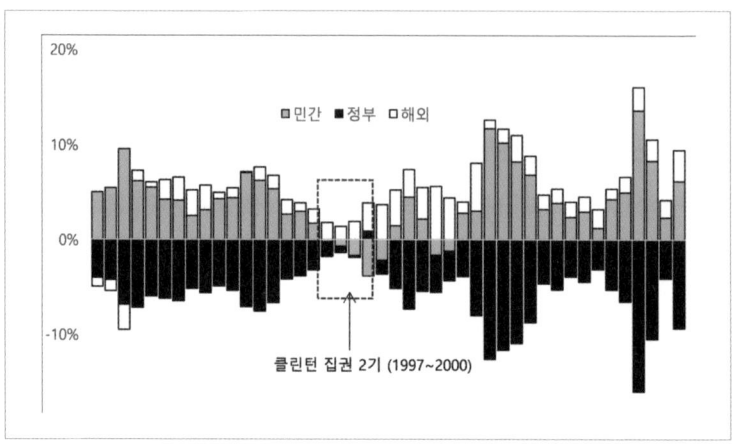

〈그림 III-4〉
미국의 GDP 대비 각 부문별 금융 흑자 및 적자 비율

자료 : 미국 연방준비위원회

재정균형의 두 번째 문제는 분배 문제다. 앞에서 언급한 바와 같이 해외 부문이 없고 정부가 항상 균형재정을 유지하는 어느 나라에서 가계의 금융순자산이 계속 양(+)의 증가율로 늘어난다면, 기업의 금융순부채는 그와 정확히 반대의 방향으로 늘어날 것이다. 문제는 금융자산과 부채의 격차가 가계와 기업 사이뿐 아니라 가계와 가계 사이에도 존재한다는 점이다. 일부 가계의 금융순자산이 계속 양(+)의 증가율로 늘어난다면, 다른 가계의 금융순부채는 정확히 그와 반대의 방향으로 늘어날 것이다. 국제수지

와 재정의 균형이 지속되는 가운데 기업이 이자비용을 줄이기 위해 더 이상 금융부채를 늘리지 않는, 그리고 경기가 침체되었지만 경기 침체를 극복하기 위해 오히려 철저하게 시장경쟁을 강화하는 국가를 상상해 보자. 현실에 가까운 상상이므로 상상하기가 어렵지는 않을 것이다. 정부도, 해외도, 기업 부문도 금융순부채 증가분이 0이라면 가계 금융순자산 증가분의 합계 역시 0이 될 수밖에 없다. 이 경제 체제 내에서도 부유층 가계는 금융순자산을 비교적 쉽게 축적할 수 있다. 보유하고 있는 금융자산에서 일정한 이자와 배당 수익이 발생하기 때문이다. 게다가 미래가 불안해진 일부 부유층이 지출을 줄이면 소득에서 지출을 제외한 저축이 자동적으로 늘어나고 따라서 금융자산의 축적은 더욱 촉진된다. 반면, 저소득 가계는 가지고 있는 자산도 없고 지출을 줄이기도 어렵다. 금리가 높으면 이자비용 때문에, 금리가 낮으면 돈을 쉽게 빌릴 수 있다는 금융회사의 유혹 때문에 부채는 계속 늘어날 수밖에 없게 된다. 나라마다 다르지만, 가계 상위 1%와 나머지 99%, 또는 상위 10%와 나머지 90%의 금융(순)자산 격차는 대체로 커지고 있다. 따라서 분배 지표가 악화되는 시기에도 정부의 재정지출과 국가 부채는 중요한 의미를 가질 수 있다.

지출이 먼저, 세금은 나중에 (2)

기존 경제학적 사고에 의하면 "재정지출≒세금"이며 국채 발행은 최소화되는 것이 바람직하다. 즉, 정부의 지출은 세수의 제약을 받으며, 세금이 부족하면 정부는 필요한 재정지출의 부족한 부분을 충당하기 위해 부채(국채)를 발행할 수 있지만 국채는 나중에 세금으로 갚아야 하고 게다가 이자가 발생한다. 국채 규모가 커질수록 다음 세대는 국채 원리금 상환의 부담이 늘어난다. 따라서 사전적으로 균형재정의 원칙이 중요하다. 재정지출이 세금의 제약을 받는다는 사고 체계에 의하면 다음과 같은 명제가 성립한다.

- 정부도 가계와 기업처럼 예산 제약이 있고, 과세나 차입을 통해 자금을 충당한다.
- 과도한 차입 등에 기인한 재정적자는 금리상승을 초래한다.
- 따라서 재정적자는 해롭고, 불황과 같은 특수한 환경을 제외하고는 경제에 짐이 된다.
- 재정적자는 투자에 사용할 수 있는 저축을 감소시킨다.
- 오늘의 재정적자는 내일의 세금 인상을 의미한다.
- 재정적자는 미래세대에 부담을 주므로 과도한 지출은 삭감하거나 증세가 필요하다.

하지만, MMT에 의하면 재정지출과 세금은 별개다. 재정지출은 정부가 단순히 컴퓨터 엔터키를 두드리는 것, 소위 키 스트로크(Key Stroke)만으로도 할 수 있으며 국채(부채)는 단순히 대차대조표를 맞추기 위한 수단으로서만 발행될 뿐 국채라는 실체가 존재하는 것도 아니다. 하지만 정부지출, 즉 정부의 엔터키 두드림은 곧 통화 발행으로 이어진다. 통화가 증가하면 금리는 상승하는게 아니라 오히려 하락한다. 재정지출이 경제에 해가 되거나 미래세대의 부담이 되는 것은 재정지출에도 불구하고 생산성이 줄어들어 경제가 더 이상 성장하지 못하는 경우다. 재정지출로 인해 생산성이 감소하는 원인은 과도한 복지로 노동의 유인이 줄어들기 때문일 수도 있고, 공공 부문의 비대화로 민간 부문의 투자 유인이 줄어들기 때문일 수도 있다. 생산성 문제를 제외한다면, 위의 전제는 다음과 같이 바뀔 필요가 있다.

- 정부는 예산 제약이 없고, 재정지출을 위한 과세나 차입은 불필요하다.
- 재정적자와 국채 발행은 금리하락을 초래한다.
- 재정적자는 이롭고, 민간 부문의 활력을 저해하지 않는다면 경제에 짐이 되지 않는다.
- 재정적자는 민간 부문의 금융순자산(저축)을 증가시킨다.
- 오늘의 재정적자는 내일의 세금과 무관하다.

- 재정적자가 생산성 하락 요인으로 작용하지 않는다면 미래 세대에 부담을 주지 않는다.

'지출 우선'이 불러오는 오해와 진실 (3)

국가도 가계와 기업처럼 자신의 '능력'을 벗어나 국채를 조달할 수 없을 것이다. 세금 제약 없이 재정지출을 먼저 하고 국채는 나중에 발행해도 상관없다는 MMT의 주장은 재정지출과 국채 발행의 현실적인 작동 원리를 잘 보여준다. 하지만 국가의 '능력'을 무한대라고 가정하는 듯한 인상을 준다는 점에서 독일 바이마르 공화국이나 짐바브웨 등에서 발생한 하이퍼인플레이션을 떠올리는 사람들에게는 많은 비판과 우려를 불러일으킬 수밖에 없다. "국가적으로 어떤 정책이 수행될 필요가 제기되었을 때 정부는 그런 정책을 수행할 능력이 없다는 생각에 속박당할 필요가 없다."라는 게 랜덜 레이를 비롯한 MMT 학자들의 일관된 핵심 주장이기는 하지만, 그게 국가의 능력을 무제한이라고 본다는 의미는 아니다.

가계나 기업의 경우 담보나 신용 이력을 바탕으로 당장 보유하고 있는 소득과 자본의 범위를 넘어 부채를 조달할 수 있다. 신용평가기관, 혹은 금융회사의 평가라는 현실적인 제약이 있기는 하지만, 이론상 가계는 노동을 통해 소득을 창출할 수 있는 능력 범위 내에서 부채 조달이 가능하다. 기업은 비즈니스를 통해 이윤을 창출해서 이자를 갚을 수 있는 능력 범위까지 부채를 조달할 수 있다.

국가도 마찬가지다. 국가는 경제성장이라는 파이(Pie)를 키우면서 그 구성원들로부터 세금을 걷을 수 있는 능력 범위에서 부채를 조달할 수 있다. 다만 여기에서 세금은 재정지출을 위해 조달하는 것이라기보다는 통화가치의 안정이나, 징벌적 목적의 세금에 더 가깝다. 징벌적 목적의 세금이란 바람직하다고 판단되는 소비는 장려하고 그렇지 않다고 판단되는 소비는 억제하는 역할을 하는 세금을 의미한다. 여기에 대해서는 잠시 뒤에 다시 서술한다. 국가의 경제성장은 정부 부문이든 민간 부문이든 인적, 물적 자원을 활용하여 재화와 서비스를 생산할 수 있는 능력에 달려 있다. 그리고 그 능력을 초과하는 재정지출은 부작용을 야기한다. MMT 역시 이 같은 부작용을 인정한다. 랜덜 레이는 재정지출과 국채 발행 시 다음과 같은 한계에 주의해야 한다고 말한다.

- 인플레이션 상승
- 환율 급등으로 인한 물가불안이나 금융시스템 불안
- 민간을 위해 쓸 자원의 정부 독식
- 민간 부문의 인센티브 왜곡

- 예산 집행 과정에서의 책임성 저하

 한 국가의 추상적인 생산 '능력'과 국가의 자원 동원 '능력'을 정확히 알 수는 없다. MMT는 재정지출로 발생할 수 있는 부작용을 차단하기 위해 엔터키 두드림(Key Stroke)을 제한할 수 있는 모종의 규칙과 절차가 필요하다는 점을 인정한다. 하지만 이런 규칙과 절차는 재정지출의 신뢰성을 높이기 위한 것이지, 재정지출을 억제하기 위한 것은 아니다.

 MMT의 주장과 그에 대한 비판의 대립점은 결국 국가의 '능력'에 대한 신뢰나 불신의 정도(Degree), 그리고 세금이 재정지출의 제약이 되느냐 아니냐의 문제로 요약될 수 있다. 세금이 재정지출의 제약이 되지 않는다는 주장에 대해서는 논쟁점이 분명하다. 어느 한쪽이 맞으면, 다른 한쪽은 반드시 틀리게 되어 있다. 하지만 국가의 '능력'에 대한 대립점은 추상적이고 모호하다. 국가의 능력에 대한 신뢰나 불신의 이면에는 개인과 기업을 포함한 민간부문의 경제적 자유와 능력에 대한 신뢰나 불신이라는 또 다른 대립점이 포함되어 있다. 아마도 이 점은 MMT와 그에 대한 반대 견해가 끝없이 대립하는 지점이 될 것이다.

기축통화보다 유용한 주권통화의 능력 (4)

주권통화란 주권을 가진 국가—왕국, 또는 국민으로부터 권력을 위임받은 공화국 등—의 정부가 발행하는 것으로서 독자적인 계산 단위를 가진 통화를 의미한다. 한국의 원화, 일본의 엔화, 미국의 달러화는 대표적인 주권통화다. 오늘날 주권통화가 아닌 통화를 가진 나라도 있을까? 있다. 대표적으로는 유로화를 사용하는 유로 회원국들이다. 독일이나 프랑스 등은 주권국가이지만, 자국의 독자적인 계산 단위를 가진 통화를 발행하지 않는다. 자국 내 달러화를 주요 결제 수단으로 사용하는 베네수엘라 등 일부 남미 국가들도 주권통화를 가진 나라라고 보기 어렵다.

고정환율제도처럼 자국 통화와 외국통화의 교환비율(환율)을 일정한 수준으로 유지하는 국가들 또한 주권통화를 가진 나라로 분류할 수 없다. 고정환율제도란 자국 통화를 외국통화로 언제든지 태환해 주기로 약속한 통화 시스템을 의미한다. 고정환율제도를 채택한 국가의 중앙은행은 자국 통화 보유자들이 요구하면, 언제든지 자국 통화를 외국통화로 교환해 주어야 할 의무를 가지고 있다.

고정환율제도를 채택하는 이유는 여러 가지다. 우선 자국 통화의 수용성을 높일 수 있다. 개발도상국의 통화는 해외는 물론 자국 내에서도 인기가 없다. 국가 내에서 자국 통화 대신 달러화 등 해외 통화가 공공연히 사용되는 경우도 많고, 국민들이 세금으로 내야 할 만큼만 자국 통화를 보유하고 나머지는 외국통화를 보유하려는 경향도 있다. 하지만, 개발도상국이 언제든지 자국 통화를 달러화 등으로 교환해 줄 수 있다고 약속한다면, 구태여 외국 통화를 사용할 유인은 줄어들고, 그 나라의 통화에 대한 수요도 늘어날 수 있다.

둘째, 무역의 안정이다. 고정환율제도를 채택하면 수출 가격과 수입 가격이 모두 안정된다. 해외로부터 농산물을 비롯한 생활필수품을 많이 수입해야 하는 나라들은 고정환율제도를 채택하는 것이 국민 생활의 안정에 유리하다. 저임금 노동력을 활용해 수출을 확대할 수 있는 나라들도 환율이 안정되는 것이 유리하다.

셋째, 만성적인 경상수지 흑자국의 경우 고정환율제도를 채택하는 것이 통화의 삼중 난제(The Monetary Trilemma)를 해결하는 데 가장 유리하다. 통화의 삼중 난제란 환율 안정과 독자적인 국내 통화정책, 자본의 자유로운 이동은 동시에 달성하기가 불가능하고 셋 중 하나는 포기해야 한다는 법칙이다. 앞에서 언급한 대로 환율의 안정은 수출과 수입의 안정에 유리하다. 독자적인 국내 통화정책은 물가와 고용의 안정을 위해서 필요하다. 그리고 자유로운 자본이동은 자원의 효율적인 이동과 혁신 등에 유리한 환경을 제공한다. 만성적인 경상수지 흑자국의 경우 수출로 인한 고용 증대는 물론 외국으로부터 금융순자산(통화)이 계속 유입되므로 금리를 낮은 수준으로 유지함으로써 투자와 고용안정에 유리한 환경을 조성할 수 있다. 물가는 금리 이외의 다른 정책, 예컨대 통화안정증권 발행 등과 같은 보조적인 통화 흡수 정책을 통해 완화할 수 있다. 그리고 만성적인 경상수지 흑자로 외환 유입이 누적된다면, 풍부한 외환보유고를 바탕으로 자본자유화도 점차 용인할 수 있다. 외환위기 이전의 한국이나, 현재의 중국 등이 이러한 예에 해당한다.

하지만, 고정환율제도는 시스템적으로 심각한 불안정성을 가지고 있다. 우선 1997년 말 한국의 외환위기 사태에서 보듯 외환시장의 투기 세력에 맞설 수 있는 외환보유고의 '적정' 수준이 정확히 얼마인지 알 수 없고, 경상수지가 적자로 전환되어 외환보유액이 줄어들더라도 일단 허용된 자본자유화는 쉽게 되돌릴 수 없다. 외환보유액의 적정 수준을 알 수 없다면 독립적인 국내 통화정책이나 자본자유화 중 하나는 결국 포기해야 한다.

또한 외환보유액의 '적정' 수준은 알 수 없지만, 고정환율제도 하에서는 외환보유액의 부족이 국가적인 위기를 초래할 수 있다는 문제도 있다. 지금까지 발생한 국가 부도 사태나 하이퍼인플레이션은 거의 모두 고정환율제도를 채택한 국가에서 발생하였다. 예컨대 외화 표시 국채를 발행한 어느 국가가 국채 만기가 돌아왔을 때 외환보유액의 부족으로 인해 정해진 환율로 외화를 지급하지 못한다면 정부가 국채를 상환할 수 없다고 선언하는 소위 국가 부도 사태가 발생한다. 이는 러시아를 비롯한 짐바브웨, 남미의 국가 부도 사태에서 그 사례를 쉽게 찾아볼 수 있다. 국가 부도 사태가 발생하면, 해당 국가의 통화가치(환율의 역수)는 급격하게 하락한다. 참고로 MMT 학자들에 의하면, 대표적인 하이퍼인플레이션 사례인 독일 바이마르 공화국의 경우에도 단순히 국채를 과도하게 발행한 것이 문제가 아니었다. 1차대전으로 인해 금본위제가 일시 폐지되었지만, 조만간 금본위제로 복귀할 것이라는 분위기하에서 독일의 전쟁 배상금 부담이 증가함으로써 금으로 평가한 독일 통화의 기대 가치가 급격히 하락한 것이 하이퍼인플레이션의 진짜 원인이었다. 바이마르 공화국이나 짐바브웨 등의 하이퍼인플레이션이나 러시아의 국채 디폴트 위기 등 금본위제와 고정환율제의 경우처럼 주권통화를 사용하지 않는 국가에서 발생한 금융시스템 위기에 대해서는 바로 뒤의 장에서 다시 설명하도록 한다.

고정환율제도하에서는 외환보유액이 부족해지는 것도 문제지만, 고정환율제도를 유지하기 위해 외환보유액을 과도하게 보유하는 것 역시 국가적인 낭비일 수 있다. 미국에서는 많은 사람들이 중국과 일본의 막대한 외환보유액을 두려워한다. 중국과 일본의 외환보유액은 상당 부분 미국의 국채로 구성되어 있는데, 만일 중국과 일본이 더 이상 미국 국채를 매입하지 않거나 보유하고 있던 미국 국채를 대규모로 매도하면 미국 국채의 가격이 급락(금리가 급등)함으로써 미국 경제에 해를 입힐 수 있다고 생각하기 때문이다. 하지만 중국과 일본의 외환보유액 증가는 경상수지 흑자와 밀접한 관계가 있다. 중국과 일본이 미국 국채를 포함해 외환보유액을 줄이려면 경상수지 흑자를 먼저 줄여야 한다. 경상수지 흑자를 유지하면서 외환보유액을 줄일 수 있는 방법은 없다. 외환보유액 내 미국 국채의 비중을 줄이려면 이것의 구매자를 찾아야 하는데 이 과정에서 국채 가격이 하락하면 외환보유액의 가치와 달러화의 가치가 동시에 하락함으로써 수출 경쟁력 하락을 포함해 자국에 유리할 것이 하나도 없다. 미국 정부 역시 국가의 생산능력이 유지된다면, 중국과 일본이 국채를 구매하지 않더라도 국채 발행에 아무런 제약이 없다. 연방은행이 인수하면 되기 때문이다.

결론적으로 고정환율제도하에서의 외환보유액은 단지 자국의 통화를 해외 기축통화로 바꿔주겠다는 약속을 지키기 위해 보유하고 있는 저수익 자산으로서 경상수지 흑자에 비례해 자동적으로 늘어나는 것일 뿐 채무국에 어떤 위협도 가할 수 없고, 채권국의 수출 증대를 위해서나 자산 가치의 하락 방지를 위해 마음대로 처분할 수도 없는 계륵과 같은 존재라고 볼 수 있다.

MMT는 주권통화의 힘이 약한 나라에서는 하이퍼인플레이션이나 국채 디폴트가 발생할 수 있음을 인정한다. 주권통화의 힘이 약한 나라란 기술의 해외 의존도가 높거나 제품 생산 시 해외 공급망 의존도가 높은 나라, 식량과 에너지, 의약품 등 필수 재화의 수입 의존도가 높아서 외화가 많이 필요한 나라, 또한 그러한 이유로 환율의 변동에 취약한 나라 등을 의미한다. 이런 나라들은 필연적으로 식량 수입을 위해서, 또는 외환보유액을 확보하기 위해서 대규모의 외화표시 국채를 발행할 수밖에 없다. 또 이런 나라들은 과도한 환율변동을 막기 위해 결국 고정환율제도를 채택할 수밖에 없는 경우도 많다.

하지만 MMT는 충분한 자원을 보유하거나 생산능력을 갖추고 변동환율제도—국내 통화를 외국통화로 환전해 달라고 요구했을 때 이에 응할 필요가 없는 환율 시스템—를 통해 대외 불균형을 조정할 수 있는 나라에서는 국채 디폴트나 하이퍼인플레이션에 대한 우려 없이 주권통화의 능력을 발휘할 수 있다고 주장한다. 국내자원이 충분하다면, 정부가 부채(통화의 발행)를 통해 자원을 동원해 문제를 해결할 수 있다는 게 MMT의 주장이다. 정부의 부채는 통화 내지 금융자산의 형태로 민간 부문에 축적된다. 진짜 중요한 것은 국채가 아니라 국내자원이다. 국내자원에는 노동력과 기술, 완전고용, 사회 안정 등 총체적인 국가 역량이 포함된다.

앞에서 언급한 바와 같이, 변동환율제도는 국가가 자국 통화를 해외 통화로 바꿔줄 의무가 없는 외환 시스템이다. 환율변동에 따른 외화 표시 부채의 상환 실패 위험은 국가가 아닌 민간 부문이 전적으로 부담하며, 국가는 단지 자국 금융회사의 외환 건전성에 문제가 없는지 모니터링을 강화함으로써 금융 안정성을 유지할 수 있다. 따라서 변동환율제도를 채택한 국가가 외환보유액을 과도하게 보유하고 있는 것은 큰 의미가 없다. 물론 외환보유액은 대부분 경상수지 흑자로 인해 자동으로 쌓이는 것이지 일부러 축적하는 것은 아니고 급격한 환율변동에 대응한 미세조정을 위해서 필요한 경우도 있다. 하지만 글로벌 달러화 강세와 같은 추세적인 흐름을 미세조정으로 전환시킬 수는 없다. 따라서 적정보유액이라는 미지의 금액을 상정하고 외환보유액이 이에 미달할 경우 경상수지 흑자로 인해 생긴 외환보유액 이외에 외화 표시 장기국채까지 대규모로 발행해 외환보유액에 포함시키는 것이 그리 바람직한 현상은 아니다.

조세에 대한 새로운 생각 (5)

MMT의 주장에 의하면 재정지출은 조세 수입에 연연하지 않고도 필요할 때는 언제든지 집행할 수 있다. 그렇다면 세금은 걷지 않아도 되는 것이 아닐까? 2023년 기준으로 한국의 가계와 기업이 부담하는 소득세와 법인세, 부가가치세를 합치면 약 400조 원으로서 GDP의 약 17%에 해당한다. 이 세금만 걷지 않아도 GDP가 17% 늘어나는 효과를 거둘 수 있다.

하지만 MMT에 의하면, 세금은 여전히 필요하다. 그 이유는 첫째, 세금을 걷지 않으면 국민들이 통화를 사용할 유인이 사라진다. 앞 장에서 MMT의 창시자라 할 수 있는 모슬러는 아이들이 집안일을 돕는 행위에 대한 대가로 자신의 명함을 나누어 주고 그것을 정기적으로 회수했다. 명함 회수에 응하지 않거나 회수할 명함이 없는 경우 TV 시청 금지와 같은 불이익을 주었다. 그렇게 하지 않으면 아이들이 명함을 받을 이유가 없기 때문이다. MMT는 통화에 관한 증표주의 이론을 채택하고 있다. 증표주의란 사람들이 통화를 사용하는 이유는 통화에 어떤 내재적인 가치가 있어서가 아니다. 국가가 법으로 정했기 때문이다. 하지만 단지 법으로 정했기 때문에 사용한다는 주장은 국가가 보증하는 법화가 탄생하는 최초의 순간에 사람들이 집단 최면에 걸린 것처럼 통화를 가치 있는 수단으로 받아들이게 되는 정확한 이유는 설명하지 못한다. 이것을 설명하는 것이 바로 세금이다. 국가가 자신이 정한 통화를 세금 납부의 수단으로 사용하도록 함으로써 비로소 통화가 모든 사람들에게 수용되고 유통될 수 있게 되었다는 것이다.

둘째, 세금이 없으면 통화의 가치, 즉 환율이나 물가가 불안해질 수 있다. 한국에서 지금 당장 400조 원의 세금을 깎아 줌으로써 명목 GDP가 17% 늘어나더라도 물가가 상승하고 원화 가치가 떨어진다면 국민들의 실제 구매력은 훨씬 줄어든다. 세금을 인하해도 물가만 상승하고 실질 구매력이 늘어나지 않는다면 그것은 경제의 생산능력, 또는 총체적인 자원 동원 능력이 한계에 다다

랐기 때문이다. MMT 학자들의 목표는 아무런 내재 가치가 없고 단지 상징일 뿐인 통화를 이용해서 생산성을 늘리거나 고용을 창출하거나 소득 분배를 개선하는 일이다. 세금을 깎아주는 것 자체가 MMT의 진짜 목표는 아니다. 이 점에서 MMT의 목표는 다른 경제학자들의 추구하는 그것과 근본적으로 다르지 않다.

셋째, 전통적인 시각과 마찬가지로 세금은 소득 격차의 완화를 위해서도 적절히 활용될 수 있다. 소득 불평등은 공동체 내부의 유대감을 약화시키고 사회 안정성을 위협하므로 세금은 소득 불평등을 완화하고 사회 안정성을 개선하기 위한 중요한 수단이 된다. 다만, MMT에 의하면 세금은 로빈후드의 정의로운 행동과는 성격이 다르다. 세금은 부자로부터 돈을 걷어 가난한 사람에게 나누어주는 사후적 재분배 수단이 아니고 사전적이고 선제적인 분배 수단이다. 왜냐하면 정부지출은 세금보다 먼저 집행될 수 있는 것이고, 사후적으로 걷는 세금과는 직접적인 관계가 없기 때문이다. 세금은 정부지출의 원천이 아니라 외교, 치안, 국방력 강화 등을 포함해 총체적인 정부지출 서비스에 대한 대가로 국민이 지불하는 요금으로 보아야 한다는 게 MMT의 시각이다. 따라서 국방력과 치안 강화 등의 최대 수혜층인 상위 소득층에 대해서는 정부지출에 대한 요금(세금)을 올리고, 재산이나 소득이 적은 하위 계층에 대해서는 세금을 없애거나 낮추는 것이 바람직하다. 세금을 정부지출을 위한 재원이 아니라 정부지출의 대가 내지 공공요금으로 보는 견해에 의하면 세금은 소득 격차를 완화하는 효과뿐만 아니라 각성 효과도 불러일으킬 수 있다. 각성 효과란 국민들이 자신들이 내는 세금이 과연 공정한지 계산하려 들기 시작할 것이라는 점에서 그렇다.

이와 관련하여 넷째, 세금은 사회적으로 바람직한 행동은 장려하고 그렇지 않은 행동에 대해서는 일종의 벌금을 부과하는 수단이기도 하다. 바람직한가 그렇지 않은가에 대해서는 사회적인 합의 내지 가치 판단이 필요하다. 예컨대 흡연은 본인과 타인의 건강을 악화시키고 환경오염을 유발할 수 있다. 따라서 만일 흡연을 근절해야 한다는 사회적 요구가 생긴다면 담배에 점점 더 높은 세율의 세금이 부과될 수 있다. 물론 사회적으로 합리적인 판단을 위해서는 객관적이고 근거 있는 연구가 뒷받침되어야 하고 국회 합의 등 합법적인 절차가 동원되어야 할 것이다.

사회적으로 바람직한 것은 장려하고 그렇지 않은 것을 억제하는 게 세금의 목적이라면, 노동 의욕을 꺾는 소득세나 기업 활동을 억제하는 법인세 역시 인하하거나 없애는 것이 바람직할 수 있다. 실제로 소득세는 물론 법인세까지 없애자고 주장하는 MMT 학자들도 있다. 면밀한 연구가 뒷받침되어야 하겠지만 중요한 것은 생산성일 것이다. 소득세나 법인세를 인하했을 때 생산성이 높아진다면, 높은 세율을 유지할 명분이 없어진다. 세율 인하로 인해 소득과 소비와 투자지출이 늘어나더라도 생산능력이 소비와 투자 수요를 뒷받침할 경우 물가 상승 압력이 높아지지 않으므로 실질 소득은 상승할 것이기 때문이다. 따라서 만일 충분한 근거가 뒷받침된다면 노동과 기업 활동에 대한 세금은 인하하는 것이 바람직하다.

　부동산에 대한 세금도 같은 맥락에서 생각해 볼 수 있다. 부동산은 한편으로는 개인의 재산이지만 다른 한편으로는 생산성에 영향을 주는 사회적인 자산이기도 하다. 과도한 부동산 가격으로 인해 사회적 생산성이 감소한다는 명백하고 객관적인 증거가 있다면, 부동산에 대한 높은 수준의 과세 역시 합리화될 수 있다. 인구의 집중이나 소멸을 막기 위한 목적으로 지역, 위치(Location)마다 다른 재산세율을 적용할 수 있다. 또는 재산세가 미실현 소득에 과세한다는 문제점을 개선하기 위해서 취득 가격 기준으로 재산세를 부과하는 방법을 생각해 볼 필요도 있다. 애초에 재산세 부담 수준을 고려한 뒤 부동산을 취득하는 개인에게는 저항감이 높지 않기 때문이다. 부동산 매매로 인해 발생하는 과도한 매매 차익에 대해서는 보유 기간에 상관없이 높은 요율의 양도세를 부과함으로써 국민의 주거 비용 상승을 유발하는 거래에 대해 일종의 벌금을 부과함으로써 부동산 투자의 기대 수익률을 낮출 수도 있다. 중요한 것은 과세를 재정지출의 원동력이 아니라 사회적 생산성을 높이고 사회를 바람직한 방향으로 유도하는 수단으로 활용해야 한다는 점이다. 과세 항목과 세율을 정하는 것은 여러 학자와 정부와 국회를 포함한 국가의 중요한 역할이 될 것이다.

완전고용과 물가안정을
동시에 달성할 수 있다 (6)

기능적 재정과 재정의 자동안정화 기능

정부 재정의 역할에 대한 주류 경제학의 입장은 단순하게 구분하면 대략 두 가지로 요약된다. 첫째는 경기 중립적이어야 한다는 견해로서 애덤 스미스 이후 고전적(Classical) 경제학의 주된 사상이기도 하다. 한계효용학파를 계승한 오스트리아학파가 오늘날 재정의 경기 중립성을 가장 적극적으로 주장한다. 대표적인 학자로는 루드비히 폰 미제스(Mises)가 있으며 프리드리히 하이에크(Hayek)도 넓은 의미의 오스트리아학파에 포함된다. 시장은 보이지 않는 손에 의해 효율적으로 작동하므로 정부는 시장에 개입할 필요가 없거나, 불가피할 경우 최소한의 개입에 그쳐야 한다고 이들은 주장한다.

반면, 정부는 자신의 능력을 활용하여 경제성장과 고용안정을 위해 시장에 개입할 필요가 주장하는 학자들도 있는데, 대표적인 것이 케인스(Keyens)다. 케인스는 재정지출 확대를 통해 총수요를 늘림으로써 정부가 경제성장과 고용 확대를 도모하는 데 기여할 수 있다고 주장한 바 있다.

오늘날 정부와 중앙은행의 시장 개입에 우호적인 경제학자들은 많지만 케인스의 재정정책을 그대로 신뢰하는 경제학자들은 드물다. 그 이유는 재정지출과 국채 발행이 한정된 시중 유동성을 흡수함으로써 회사채 금리를 끌어올리고 연쇄적으로 민간 부문의 투자를 위축시키는 소위 구축효과를 초래할 수 있다고 생각하기 때문이다. 오늘날 소위 케인스학파로 분류되는 학자들은 재정정책보다는 통화정책을 지지한다. 미 연준 의장이었던 버냉키도 넓은 의미의 케인스학파에 속한다.

이에 비해 MMT는 케인스보다도 더 강력하게 재정정책을 지지한다. 이들은 기능적 재정이론의 선구자인 폴 러너(Lerner)의 조건에 따라 정부가 적극적으로 시장에 개입해야 한다고 주장한다. 기능적 재정이론이란 정부가 시장 중립적으로 행동하지 말고 경제성장과 고용안정을 위해 일정한 역할(Function)을 담당해야 한다고 주장하는 이론이다. 폴 러너의 조건은 크게 두 가지다. 첫째, 재정지출은 경기역행적이고 조세는 경기순응적이어야 한다. 경기가 호황이면 재정지출을 줄이고 조세를 늘리며, 불황이면 재정지출을 늘리고 조세를 줄여야 한다. 경기역행적인 재정지출과 경기순응적인 조세는 경기 호황기 때 과열과 물가 상승압력을 완화하고, 경기 불황기에는 경기 침체를 완화하는 재정의 자동안정화(Built-In

Stabilizer) 기능을 수행한다. 경기 불황 시 실업급여를 확대하고 누진세를 완화하는 것도 재정의 자동조절 기능을 위한 장치다.

두 번째 조건은 금리가 상승하면 통화공급을 늘려 금리를 낮추는 것이다. 케인스는 통화정책은 정부의 영역이 아닌 중앙은행의 역할이라고 보았지만, 돈에 관한 대차대조표 분석에 의하면 이는 무의미한 구분이다. 통화정책의 핵심은 중앙은행이 목표금리수준에 맞춰 은행의 지급준비금을 안정적으로 관리하는 것인데, 앞에서 살펴본 대로 재정지출이 늘어나면 민간 부문에 통화(요구불예금)가 공급됨으로써 금리가 하락하고 은행의 지급준비금도 동시에 늘어나게 된다. 만일 지급준비금이 부족한 상황이 지속되고 금리의 상승압력이 지속되면 정부는 추가로 국채를 발행하고 재정지출을 늘리면 된다. 중앙은행이 정부와 협조하지 않고 정부의 영향도 받지 않으면서 독자적으로 지급준비금을 관리하기는 어렵다.

고용보장프로그램(JG)/최종고용주(ELR) 기능

MMT 학자들은 정부의 실질적인 통화공급 능력을 활용해 고용안정성을 높일 것을 권고한다. 하지만 물가나 경기 상황을 고려하지 않고 고용을 최우선 순위에 놓자고 하는 것은 아니다. MMT의 고용 프로그램은 러너의 기능적 재정이론, 재정의 자동안정화 기능을 강화하는 차원에서 이해되어야 한다.

예컨대, 대표적인 MMT 학자인 랜덜 레이(Randall Wray)는 자동안정화 프로그램과 같은 기능을 가진 고용보장 프로그램(JG : Job Guarantee Program)을 제안한다. 고용보장 프로그램이란 정부가 통상적인 기업 임금보다 낮은 수준으로 일자리를 제공하는 프로그램이다. 희망자는 일정한 요건을 갖추면 원칙적으로 모두 언제든지 고용될 수 있어야 한다. 레이(Wray)는 유사시에 중앙은행이 금융 안정을 위해 최종 대부자(Lender of Last Resort)의 기능을 수행하듯 정부 역시 불황기에 고용안정을 위해 최종 고용주(ELR : Employer of Last Resort) 역할을 해야 한다고 주장한다. 고용보장 프로그램(JG)과 최종 고용주(ELR) 기능은 이론적인 개념이며 그 방법이 구체적으로 정해져 있는 것은 아니다. 즉, 앞으로 여러 가지 방식의 고용보장 프로그램 내지 최종고용주 프로그램이 등장할 수 있다. 중요한 것은 정부의 역량을 활용해 기능적 재정이론의 이상을 구현하는 것이어야 한다.

랜덜 레이가 개념적으로 언급한 고용보장 프로그램—실업자가 원할 때는 언제든지 최저 임금 수준으로 고용할 수 있도록 지원하는 제도—은 다음과 같은 기대효과를 가진다. 첫째, 경기완충 효과다. 이 제도가 도입되면 불황기에는 실업자가 늘어나므로 일자리 프로그램 신청자가 늘고, 호황기에는 기업의 노동력 수요가 많아지므로 공공 일자리 프로그램 신청자가 줄어든다. 이로 인해 불황기에는 소비가 급격하게 하락하는 것을 막아 경제성장을 유지할 수 있고, 호황기에는 재정지출 집행 규모가 줄어들어 물가안정에 기여할 수 있다.

둘째, 구조적으로 임금과 물가를 안정시키는 효과가 있다. 고용보장 프로그램에서 제시하는 임금은 생계에 필요한 최저 임금 (Effective Minimum Wage) 수준으로 제한된다. 민간 기업의 입장에서는 장기간 실업 상태에 놓인 노동자가 아니라 최저 임금보다 약간만 높여도 언제든지 빼 올 수 있는 넓은 인력 풀을 활용할 수 있다. 기업 임금과 최저 임금 간의 격차가 커지면 실직에 따른 비용이 커지므로 노동자도 임금 인상 요구를 자제할 필요가 생긴다.

마지막으로 셋째, 가계와 기업문화 개선에도 도움이 될 수 있다. 노동자는 부당한 대우가 지속되면 언제든지 회사를 그만둘 수 있는 고용보장 프로그램이라는 탈출구를 가지고 있다. 남편의 월급에 의존할 수밖에 없던 주부가 고용보장 프로그램을 이용할 수 있다면 가정 내 역학관계에도 변화가 올 수 있다.

물론 고용보장 프로그램으로 인해 우려되는 점도 존재한다. 첫째는 재원 부족과 물가불안 문제다. 고용보장 프로그램의 규모가 커질수록 이를 지원하는 자원이 점점 부족해진다는 비판이 제기될 수 있고, 또 재정지출 규모에 비례해 총수요가 늘어나면 수입 (Import)이 늘고 동시에 수입물가 상승을 통한 국내물가 상승압력도 커질 수 있다. 심지어 독일 바이마르 공화국이나 짐바브웨의 사례에서 본 것처럼 통화에 대한 신뢰가 하락함으로써 하이퍼인플레이션이 발생할 수도 있다는 걱정이 생길 수 있다. 지금까지 언급한 대로 MMT는 재정지출의 재원에 대해서는 크게 걱정하지 않는다. 즉, 정부는 인플레 압력이 없는 한 특별한 제약 없이 재정지출을 늘리고 국채를 발행할 수 있다. 문제는 물가 상승 압력인데, 앞에서 언급한 임금안정 효과와 인력 풀 증대 효과에도 불구하고 소비가 높은 수준으로 유지됨으로써 수입(Import) 증가를 통해 물가가 상승하는 경우가 생길 수 있다. 이에 대해 랜덜 레이는 사치품 과세, 자본통제, 수입대체 산업의 육성 등 보완 정책을 통해 대응할 수 있다고 주장한다. 재정지출이 생산성 개선과 연계된다면 국채 발행과 재정지출에 따른 물가상승 압력은 줄어든다. 무분별한 재정지출로 하이퍼인플레이션이 발생할 수 있다는 점에 대한 비판은 바로 다음 장에서 다시 설명할 것이다.

둘째, 고용 변동성이 커질 수 있다. 고용보장 프로그램을 이용하는 노동자가 경기 회복기에 썰물처럼 빠져나갔다가 불황기에 밀물처럼 다시 유입된다면 잘 운영되던 프로그램이 대거 사라지거나 부실한 프로그램이 남발될 수 있다. 특히 사회보장과 관련해 꼭 필요한 부문의 노동력이 빠져나가는 경우 새로운 노동력을 찾는 과정에서 행정력이 낭비될 수도 있다. 이에 대해 랜덜 레이와 같은 MMT 학자들은 고용보장 프로그램에 대한 체계적인 계획과 운영 방안을 마련해야 하고, 사회보장과 관련해 꼭 필요한 부분은 건강보험, 양육, 노령 연금, 사회보장 등이 포함된 수당 패키지 제도를 적절히 활용함으로써 중요 인력의 이직을 완화하는 방안을 권고하고 있다.

셋째, 도덕적 해이와 부패 등의 부작용이 생길 수 있다. 프로그램 규모가 커질수록 엉터리 프로그램이 증가하고 낭비적 요소 또한 증가할 수 있다는 것이다. 이에 대해 레이는 이 프로그램을 중앙정부가 구태여 운영할 필요가 없다고 반박한다. 중앙정부는 자금을 지원하고 프로그램을 최종 승인하는 역할만 담당하면 된다는 것이다. 대신 지방정부, 지방의 비영리단체, 지역 교육청, 고용보장 프로그램을 위탁받아 운영하는 기업의 정규직 노동조합 등이 프로그램을 주도적으로 운영하거나 감시할 수 있다. 기금이 착복될 가능성에 대비해 별도의 조직에서 자금을 관리하고 집행할 수도 있다. 또한 인터넷을 활용하여 정보를 공개하고, 내부 고발자들에게 적절한 보상을 제공하는 것도 부패를 줄일 수 있는 요인이다. 부패에 연루된 운영자는 이 제도에 다시 참여할 기회를 제한할 수 있다.

수출과 수입에 대한
생각을 바꾸자 (7)

정부가 재정지출을 늘리지 않아도 수출이 수입보다 늘어나면 해외 부문의 부채에 의해 국내 부문에 금융자산이 발생한다. 정부의 외환보유고, 또는 어느 민간은행의 자산 항목에 외화 표시 해외증권이 생겨나고 이와 동시에 정부의 부채 내지 국내 민간은행의 부채에 원화 표시 요구불예금이 등장하는 것이다. 은행의 요구불예금 부채는 기업의 금융자산, 즉 요구불예금 자산으로 연결된다. 이처럼 경상수지 흑자나 순수출 증가가 유지된다면 국내 부문의 금융부채 없이 금융자산이 발생한다. 즉, 정부가 굳이 재정적자를 만들지 않아도 국내 민간 부문에 금융순자산이 생겨날 수 있다.

하지만 순수출 증가, 또는 해외 부문에 의한 국내 금융순자산의 창출은 공짜가 아니다. 그 비결, 혹은 대가는 수출 경쟁력 개선을 위한 인건비 절감과 구조개혁에 있다. 경제가 성장할수록 인건비 상승을 막을 수 없으므로 수출 확대를 위해서는 노동집약적 산업보다는 자본집약적 산업에 대한 투자가 불가피하다. 수출 경쟁력 개선에 의한 순수출 증가는 재정적자 없이도 국내 금융순자산을 증가시킬 수 있다는 장점이 있는 반면, 완전고용으로부터 점점 멀어진다는 대가를 치를 수 있는 것이다.

수출과 수입을 다른 관점에서 바라볼 수도 있다. 수출은 비용이고 수입은 편익이라는 점이다. 노동과 대규모 설비투자를 포함하여 각종 국내자원들을 동원해 만든 산출물을 외국인들에게 수출한다면 국내 거주인들은 그 생산물을 소비하거나 투자재로 활용할 수가 없게 된다. 반면 수입국은 아무런 자원 투입 없이 우리가 만든 물건을 가져가서 그것을 소비하거나 투자에 활용할 수 있다. 같은 논리로 수입은 반대의 역할은 한다. 국내인들은 별다른 자원 투입 없이 해외에서 노동과 자원의 투입에 의해 만들어진 재화나 서비스를 소비나 투자에 이용할 수 있다. 그런 점에서 수입은 편익이 될 수 있다.

수출로 인해 증가하는 외화 자산에 대해서도 다시 생각해 볼 필요가 있다. 과거 금본위제도하에서는 자국 통화의 가치 안정을 위해서 일정 수준의 금을 확보할 필요가 있었다. 금을 확보하려면 경상수지 흑자가 유리했다. 마찬가지로 고정환율제도하에서는 외화의 태환 요구에 언제든지 응하기 위해서 외환보유액의 확보가 중요했다. 그리고 외환보유액의 확보를 위해서는 경상수지 흑자가 유리했다. 하지만 변동환율제도하에서는 금이나 외화 보유의 의무가 없다. 국가, 또는 금융회사가 보유하고 있는 외화는 경상수지 흑자의 결과일 뿐이다.

결론적으로 수출과 수입은 자국의 고용 상황과 소비자의 편익을 고려하고, 공정 무역의 촉진이나 국가 전략 산업의 경쟁력 강화 같은 일정한 목표 내에서 관리하는 게 바람직하다. 단순히 외화 자산의 획득과 같이 고정환율제도 폐지 이후 의미가 퇴색한 목표를 위해 맹목적으로 수출을 늘리는 전략은 지양할 필요가 있다.

IV.
국가와 돈에 대한 편견 바꾸기

재정수지 적자에 대한 역사적 오해들

독일 바이마르 공화국의 하이퍼인플레이션

1차대전은 1914년 7월부터 1918년 11월까지 4년 4개월 동안 진행되었다. 독일은 패전 이후 선거를 통해 사회민주당을 주축으로 한 연립정부를 구성하고 헌법을 제정하였다. 오늘날 바이마르 헌법으로 알려진 이 법이 의회를 통과하면서 1919년 8월 소위 바이마르 공화국이 성립하였다. 바이마르 공화국은 히틀러가 정권을 잡은 1933년에 해체될 때까지 약 14년간 존속하였고 여러 정당이 돌아가며 집권하였다.

하이퍼인플레이션은 통상 월평균 물가상승률이 50% 이상인 경우를 지칭한다. 그런 점에서 본다면 바이마르 공화국은 출범 직후부터 물가가 높은 수준으로 상승하기는 하였지만, 본격적인 하이퍼인플레이션이라고 부를 수 있는 시기는 대략 1922년 7월부터 1923년 11월까지 약 16개월 간의 시기라고 볼 수 있다. 그중에서도 특히 1923년 6월부터 11월까지 5개월은 역사책에 하이퍼인플레이션의 극단적인 사례로서 종종 등장한다. 예컨대, 1923년 11월에는 1kg의 빵이 4,280억 마르크, 신문지 1부에 2,000억 마르크, 기차표 1장에 1,500억 마르크, 편지 한 통과 우표 한 장이 각각 1,000억 마르크에 팔렸다고 한다. 시민들은 유모차나 큰 가방에 돈다발을 넣고 다녔으며 외식하는 동안 메뉴의 가격이 상승하고, 계산할 때 가격이 또 올랐다고 한다.

바이마르 공화국의 하이퍼인플레이션이 하루아침에 시작된 것은 아니다. 1차 대전 중 재무장관이던 칼 헬페리히(Karl Helfferich)는 전쟁에서 승리하면 전쟁 비용을 모두 패전국에 부과할 것이라면서 세금 부과 없이 국채 발행에 의존해 전비를 조달했다. 하지만 과도한 국채 발행에도 불구하고 1차 대전 중에는 물가가 크게 상승하지 않았다. 그러다 승전국과의 전쟁 배상금을 둘러싼 마찰과 공화국 내부의 갈등 상황이 빚어지면서 물가가 불안한 모습을 보이다 결국 1922년 중반부터 물가가 급등하기 시작하였다.

1913년의 독일 마르크화 기준 도매물가지수를 1로 했을 때

1914년 1.2, 1915년과 1916년 1.5, 1917년 2.0, 1918년 2.5 등으로 비교적 완만하게 상승하던 물가는 바이마르 공화국이 출범한 1919년 8.0, 1920년 14.4, 1921년 34.9 등으로 상승하더니 연합국과의 외교 갈등이 고조된 1922년 말경 1,474.8로 가파르게 상승한 뒤 1923년에는 무려 1조 2620으로 급등하였다. 그러다 연합국 측이 배상금을 양보하기 위해 새로운 협상을 시작하고, 토지를 담보로 하는 통화를 새로 발행하겠다고 공표하면서 1923년 11월 말 독일 물가는 거짓말처럼 안정화되었다.

바이마르 공화국의 성립부터 하이퍼인플레이션이 발생하고 진정된 시기까지를 다섯 구간으로 나누어 주요 사건과 물가 변동을 살펴보면 다음과 같다. 첫 번째 기간은 베르사유 조약[13]의 체결 직후인 1919년 7월부터 조약의 효력이 시작되는 1920년 2월까지다. 베르사유 조약은 연합국이 가혹한 조건을 일방적으로 관철하는 방식으로 진행됐기 때문에 독일 내부에서는 반대 여론이 심했다. 그럼에도 불구하고 조약은 결국 체결되었고 독일 내부에서는 연방의 과세 권한을 강화하는 등 재정개혁에 착수했다. 하지만 세수는 그다지 늘어나지 않았으며, 우익 세력을 중심으로 베르사유 조약 반대와 바이마르 공화국 타도 운동이 전개되었다. 이 기

---

13   베르사유 조약은 연합국이 전쟁 재발을 막겠다는 명분으로 매우 가혹한 조건을 독일에 강요하였다. 총 1,320억 마르크의 배상금을 금 기준으로 지급하고, 알자스–로렌을 프랑스에 넘기면서 식민지 또한 모두 포기한다는 조건이 조약에 포함되었다.

간 중 물가는 약 5배 상승했다.

두 번째 기간은, 1920년 2월부터 연합국이 배상금 최후통첩에 나선 1921년 5월까지의 시기다. 1920년 3월 공화국을 타도하기 위한 우익 세력의 쿠데타 시도가 있었으나, 이를 반대하는 노동자 총파업으로 인해 쿠데타 시도는 실패로 끝났다. 그해 6월 총선거가 실시되었는데 집권 사회민주당이 패배하고 중도 계열의 중앙당, 민주당과 자본가들로부터 지지를 받던 국민당 등이 연립정부를 구성하였다. 연립정부는 배상금 이행에 미온적인 태도를 보였다. 이 기간 중에는 물가의 변동이 거의 없었다.

셋째, 1921년 5월부터 1922년 7월까지의 14개월 간의 기간이다. 연합국 배상위원회는 1921년 5월 총 1,320억 금 마르크[14]를 확정하고 독일 정부에 이를 통보하면서 배상금 지급을 이행하지 않을 경우 군사적인 행동을 취하겠다는 경고를 보냈다. 연립정부는 1차 배상금을 어렵게 마련해 1921년 5월부터 11월까지 몇 차례로 나누어 지급했으나, 이 과정에서 부총리 겸 재무장관인 에르츠베르거가 배상금 지급에 반대한 극우 테러단체에 의해 1921년 8월 암살되었고 연합국과의 관계 개선을 위해 노력하던 외무장관 겸 부흥부 장관 라테나우도 다음 해인 1922년 6월 암살당했

---

14 연합국이 배상금을 금으로 지급할 것을 고수함에 따라 바이마르 공화국의 통화는 금으로 태환이 가능한 금 마르크화와 금 태환이 불가능한 지폐 마르크화로 이원화되었다.

다. 이 기간 중 물가는 다시 7.3배로 급등했다.

넷째, 하이퍼인플레이션 초입[15] 단계로서 1922년 7월부터 1923년 6월까지 11개월 동안 국내 물가가 182배로 급등한 시기다. 이 기간 중 독일과 연합군 간의 외교 관계가 악화되었으며 결국 1923년 1월 프랑스와 벨기에 연합군은 배상금 미지급에 대한 보복으로서 독일 루르 지역을 점령하였다. 독일 내각은 점령군에 대한 일체의 협조를 거부하였지만, 결과적으로 세수가 급격하게 감소하고 재정적자가 심화되었다.

마지막으로 다섯 번째, 1923년 6월부터 새로운 통화인 렌텐마르크가 채택된 11월까지의 5개월 간이다. 경제위기가 심화되면서 1923년 8월에 자본가들의 지지를 받던 국민당 중심의 새로운 연립내각이 출범하였다. 출범 이후에도 재정 재건과 국제 협력을 호소한 연립내각과 이에 반대하는 우익 세력 간의 충돌로 인해 정국 혼란은 지속되었다.[16] 이 기간 중 물가가 천문학적으로 상승하였는데, 1913년의 평균 국내 물가를 1로 놓았을 때 1923년 11월 27일 기준 국내 물가는 1조 3,820억 배가 되었다.

그러다 1923년 10월에 금 마르크화 단위로 계산된 토지를 담보로 통화를 발행하는 렌텐방크가 설립되고 렌텐방크 주도로 새

---

15 통상적인 하이퍼인플레이션의 정의는 월평균 물가상승률이 50% 이상인 경우를 의미한다. 월평균 물가상승률이 50%로서 11개월간 누적되면 11개월 후 물가는 86배가 된다.
16 히틀러가 1923년 11월 뮌헨에서 정권 탈취를 위해 폭동을 일으켰으나 실패하였다.

로운 통화개혁이 추진되었다. 렌텐방크는 1923년 11월에 1조 지폐 마르크를 1렌텐마르크의 교환비율로 설정하고 미화 1달러를 4.2 렌텐마르크의 교환비율로 설정하였다. 그리고 그동안 재무부가 발행한 천문학적인 증권을 인수해 온 라이히스방크는 더 이상 재무부 증권을 인수하지 않기로 하였다. 새로운 통화개혁이 시작되자 하이퍼인플레이션도 거짓말처럼 진정되었다.[17] 렌텐방크 출범과 비슷한 시기인 11월에 독일 배상 문제 해결을 위한 도스(Dawes) 위원회가 출범하였고, 이듬해 8월 도스안이 성립되면서 독일의 배상금 부담도 크게 낮아졌다. 이상의 내용은 〈표 Ⅳ-1〉에 정리하였다.

---

17 이러한 빠른 물가안정은 나중에 '렌텐마르크의 기적'이라고 불렸다.

〈표 IV-1〉
바이마르 공화국(1919~1933)의 물가 추이와 주요 사건

기간	해당 기간 중 국내 물가	주요 사건
1919.7.~1920.2. (7개월)	5배 상승	- 베르사유 조약 체결(1919.6) - 바이마르 헌법 통과(1919.8) - 베르사유 조약 발효(1920.1)
1920.2.~1921.5. (15개월)	거의 변화 없음	- 독일 우익에 의한 쿠데타 실패(1920.3) - 총선거에 의해 중도연합 출범(1920.6) - 연합국 배상금 최후통첩(1921.5)
1921.5.~1922.7. (14개월)	7.3배 상승	- 1차 배상금 지급(1921.5~11) - 에르츠베르거 암살(1921.8) - 라테나우 암살(1922.6)
1922.7.~1923.6. (11개월)	182배 상승	- 프랑스·벨기에군의 루르 점령(1923.1) : 독일 비협조, 세수 급감
1923.6.~1923.11. (5개월)	1,382,000,000,000배 상승 (1913년 기준)	- 국민당 중심의 연립내각 출범(1923.9) - 렌텐은행 설립(1923.10) - 렌텐마르크 발행(1923.11) - 도스위원회 출범(1923.11) - 하이퍼인플레이션 종식 - 도스안 통해 배상금 대폭 완화(1924.8)

자료 : 紀国正典, 「제1차대전 이후 하이퍼인플레이션」, 공공성연구(일본), 2022.11.

바이마르 공화국에서 발생한 하이퍼인플레이션의 주요 원인에 대해서는 통화 수량적 요인과 생산능력에 관한 요인, 그리고 금본위제와 관련된 통화제도적 요인의 세 가지로 구분해 설명할 수 있다. 첫째, 통화 수량적 요인으로는 바이마르 공화국 이전부터 누적되기 시작한 과도한 국채 발행 및 통화량, 그리고 이와 관련한 재정과 금융의 결합을 들 수 있다. 독일은 1차대전 기간 동안 국채에 해당하는 재무성 증권 발행잔액을 1914년 16억 지폐 마르크에서 1918년 512억 지폐 마르크로 32배 늘렸다. 당시 재무장관이던 칼 헬페리히(Karl Helfferich)는 전쟁에서 승리하면 전쟁 비용을 모두 패전국에 부과할 것이라면서 세금은 거의 걷지 않고 전적으로 국채 발행에 의존해 전비를 조달했다. 그리고 라이히스방크는 재무부 증권을 대부분 인수하고 이를 기반으로 통화를 발행했다. 헬페리히의 기대와 달리 독일은 전쟁에서 패배하였다. 하지만, 바이마르 공화국 출범 이후에도 연합국에 대한 배상금, 그리고 전후 복구비용 마련을 위한 독일의 국채 발행과 라이히스방크의 적극적인 국채 인수 및 통화 발행은 계속되었다. 재무성 증권은 1919년 852억 지폐 마르크에서 1922년 8,391억 마르크 등으로 가파르게 늘어났고 1923년에는 무려 1해 9,158경 465조 마르크라는 엄청난 규모의 증권이 발행되었다. 같은 시기 통화는 은행권 기준으로 1919년 357억 마르크에서 1922년 1조 2,801억 마르크, 1923년 4해 9,650경 7,424조 마르크가 발행되었다.

하지만 이 같은 국채와 통화의 발행은 물가 상승의 원인이라기보다는 물가 상승의 결과로 보여진다. 예컨대, 1차대전 기간 중 독일 재무성 증권의 발행은 1914년의 16억 마르크에서 1918년의 512억 마르크로 32배 늘어났지만 독일 국내 물가는 1913년을 1이라고 할 때 1918년 말 2.45배로서 훨씬 낮은 수준의 상승에 그

쳤다. 그러다 바이마르 공화국 시기에 전후 복구와 전쟁 배상금 조달을 위한 국채 발행에도 불구하고 일단 상승한 물가를 따라잡지 못해 재무성 증권과 통화 발행이 대폭 늘어난 것으로 보인다.

〈표 IV-2〉 독일 재무성 증권 및 주요 통화와 물가
(국채와 통화는 10억 지폐 마르크, 물가는 1913=1)

바이마르共 이전		1914년	1915년	1916년	1917년	1918년 말
재무성 증권(A)		1.6	4.1	9.9	24.8	51.2
통화(B)	은행권(지폐)	5.0	6.9	8.1	11.5	22.2
	예금통화	na	na	na	na	13.3
도매물가지수(C)		1.25	1.49	1.51	2.03	2.45
국채/물가(=A/C)		1.28	2.75	6.56	12.22	20.90
통화/물가(=B/C)		–	–	–	–	14.49
바이마르共 이후		1919년	1920년	1921년	1922년	1923년 말
재무성 증권(A)		85.2	147.6	226.7	839.1	191,580,465,422.1
통화(B)	은행권(지폐)	35.7	68.8	113.6	1,280.1	496,507,424,800.1
	예금통화	17.1	22.3	39.9	530.5	–
도매물가지수(C)		8.03	14.40	34.87	1,474.79	1,262,000,000,000
국채/물가(=A/C)		10.61	10.25	6.50	0.57	0.15
통화/물가(=B/C)		6.58	6.33	4.40	1.23	–

자료 : 紀国正典, 「제1차대전 이후 하이퍼인플레이션」, 공공성연구(일본), 2022.11.

둘째, 공급 능력의 감소와 세수 급감이다. 독일은 패전 이후 인구가 줄고 카메룬, 토고 등 식민지가 사라졌다. 전쟁 후 독일 영토는 10% 이상 줄었고, 독일 본국에 남아 있는 인구는 전쟁으로 인한 사망자 증가와 해외 이동 등으로 인해 전쟁 전의 70% 수준으로 줄어들었다. 사상자는 600만 명이고 이 중 사망자는 180만 명이었는데 이들 대부분은 생산인구의 핵심인 젊은 청년층들이었다. 연립내각은 수출을 통해 배상금을 벌어들일 수 있다고 주장했으나, 독일의 생산능력은 국내 수요조차 충족하기 힘든 상태였다. 공급이 수요에 미달하면 물가 상승 압력이 커진다.

그래도 연립내각의 재정 건전화 노력으로 잠시 고소득층에 대한 과세가 늘고 재정지출에서 차지하는 세입 비중 또한 1919년 30%에서 1920년 35%, 1921년 45%까지 상승했다. 세수 증가는 총수요 억제를 통한 물가안정에 기여한다. 그러나, 1921년 8월 재정구조 개혁을 주도했던 내각 요인이 암살되면서 개혁이 주춤해졌고, 1923년 초 프랑스의 루르 지방 점령 이후 과세 기반이 급격하게 위축되면서 재정지출에서 차지하는 세입 비중은 1922년 38%, 1923년 11% 등으로 다시 급감했다.

〈표 IV-3〉 독일 재정지출에서 차지하는
세입 비중(10억 금 마르크 기준)

	1919년	1920년	1921년	1922년	1923년
세입	2.6	3.2	2.9	1.5	0.5
지출	8.6	9.3	6.7	4.0	5.3
세입 비중	30%	35%	45%	38%	11%

자료 : 紀国正典, 「제1차대전 이후 하이퍼인플레이션」, 공공성연구(일본), 2022.11.

세수의 감소는 국채 발행의 증가를 의미하기도 하지만, 다른 한편으로는 총수요를 억제하지 못함을 의미한다. 세금을 제대로 걷지 못하자 공급 능력에 비해 높은 수준의 총수요가 유지됨으로써 물가 상승이 발생하고, 물가가 상승함에 따라 전후 복구를 위한 재정지출 비용 또한 증가하는데 조세 수입이 이것을 따라가지 못하니까 물가가 다시 상승하는 악순환이 반복될 수밖에 없었다.

셋째, 금본위제와 관련된 통화제도적 요인이다. 독일에서는 1차대전 발발 직후 금본위제가 일시 폐지되었지만 언젠가는 금본위제로 복귀한다는 생각을 가지고 있었다. 따라서 통화도 국가 금고에 보관되어 있는 금을 기준으로 하는 금 마르크[18](금 0.358g=1

---

[18] 금 마르크와 지폐 마르크는 평가 기준과 교환비율이 다르다. 금 마르크는 국가 금고에 보관되어 있는 금을 기준으로 평가된 통화 단위이고, 지폐 마르크는 라이히스은행에서 발행하는 은행권에 표시된 통화 단위이다. 금 마르크와 지폐 마르크의 교환비율은 1914년 1:1였으나, 1919년에는 1:4.7, 1921년에는 1:24.9, 1923년에는 1:1천조 수준으로 벌어진다.

마르크)와 라이히스은행권에 표시되는 지폐 마르크 등으로 다원화 되어 있었다. 국가 금고에 보관되어 있는 금은 제한되어 있는데, 재무성 증권의 발행이 증가하면서 이와 연동된 은행권의 발행이 늘어나고 금 마르크와 지폐 마르크의 교환비율 차이도 계속 벌어졌다. 금과 지폐 사이의 괴리가 확대되면 지폐 보유자는 언젠가 금으로 교환할 수 있는 지폐의 몫이 줄어든다고 생각할 수밖에 없다. 마르크화의 가치 하락이 예상됨에 따라 많은 독일인들은 공공연히 달러화 등 외화 사재기에 나섰다. 이에 따라 달러 등 외국 통화와 독일 지폐 마르크 간의 교환비율 격차는 더욱 확대되었고 이는 수입물가의 상승과 국내 물가의 상승, 다시 외화에 대한 수요 증가라는 악순환으로 이어졌다.

〈표 Ⅳ-4〉 독일 재무성 증권 및 라이히스은행 통화 잔액(10억 지폐 마르크)

바이마르共 이전	1914년	1915년	1916년	1917년	1918년
금 vs 지폐 마르크 교환비율	1.02	1.06	1.31	1.57	1.43
달러 vs 마르크 환율	4.40	4.92	5.41	6.49	6.00
바이마르共 이후	1919년	1920년	1921년	1922년	1923년
금 vs 지폐 마르크 교환비율	4.70	15.00	24.90	449.20	1천조
달러 vs 마르크 환율	20.03	62.79	104.61	1,886	532.1조

자료 : 紀国正典, 「제1차대전 이후 하이퍼인플레이션」, 공공성연구(일본), 2022.11.

많은 경제학자들은 독일 하이퍼인플레이션의 원인에 대한 첫 번째의 원인, 즉 과도한 국채와 통화 발행에 주목한다. 당시 라이히스방크는 발행된 국채를 모두 인수했으므로 국채 발행 증가는 1차적으로 통화 증가를 의미했고, 2차적으로는 재정지출에 의한 추가적인 통화 증가를 의미했다. 통화 발행이 늘어나면 물가가 상승한다고 보는 통화수량설 관점에 의하면, 바이마르 공화국의 하이퍼인플레이션은 국채와 통화가 과도하게 발행된 결과로 해석할 수 있다.

하지만, 1914년부터 시작된 독일의 과도한 국채 및 통화 발행, 그리고 뒤를 이은 바이마르 공화국의 국채 및 통화 발행만으로 1923년을 전후해 발생한 하이퍼인플레이션을 설명하는 것은 충분하지 않다. 과도한 통화 발행과 하이퍼인플레이션 발생 간의 시차가 너무 길기 때문이다. 더욱이 1차 대전 이후 젊은 층 사망자의 증가에 따른 공급 능력의 부족에도 불구하고 인플레이션은 비교적 더디게 일어났다.

하이퍼인플레이션의 주요 원인으로서 가장 설득력 있는 것은 세 번째 금본위제의 존재다. 1차 대전 직후에는 많은 나라가 금본위제로 복귀할 것이라 믿어졌다. 실제로 미국과 영국이 각각 1919년과 1925년에 금본위제로 복귀했으며, 다른 나라들도 달러화 내지 파운드화를 기준으로 고정환율제도를 채택함으로써 사실상 금본위제로 복귀하고 있었다. 하지만 독일의 경우 독일의 금

마르크와 지폐 마르크 사이의 격차가 커짐에 따라 금본위제로 복귀 후 금으로 교환할 수 있을 것이라 생각되었던 독일의 지폐 마르크에 대한 신뢰는 크게 추락하였다. 연합국들의 배상금 요구와 더불어 자국 내 정치적 갈등이 커지면서 외국통화 대비 독일 마르크화 가치는 급락했고, 이것이 하이퍼인플레이션의 원인이 된 것으로 판단되고 있다. 1923년 11월에 금 마르크화로 평가된 토지를 담보로 새로운 통화가 발행되자 거짓말처럼 하이퍼인플레이션이 끝났던 것도 이 같은 판단을 뒷받침한다.

두 번째의 공급 요인도 하이퍼인플레이션을 가중시킨 요인으로 판단할 수 있다. 물가 상승은 수요에 비해 공급이 부족할 때 발생한다. 한 국가 내에서 동원할 수 있는 자원은 제한되어 있는데 지출이 과도하면 물가는 상승할 수밖에 없다. 공급 능력에 비해 과도한 지출은 세금을 통해 억제되어야 하는데, 독일은 1차 대전으로 생산가능인구가 크게 줄어들어 공급 능력이 감소한 반면, 1923년을 전후해 내부 갈등과 연합국의 압력에 의해 과세 능력이 저하됨으로써 총수요는 상대적으로 높은 수준을 유지했다.

아르헨티나, 짐바브웨, 베네수엘라의 하이퍼인플레이션 사례들

독일 바이마르 공화국의 하이퍼인플레이션이 금본위제의 복귀와 밀접한 연관성이 있다면, 나머지 하이퍼인플레이션 사례들은 모두 자국 통화의 힘이 제한된 고정환율제 국가에서 발생하였다는 공통점을 가지고 있다. 1980년대 아르헨티나의 경우 무역 개방과 자본자유화를 추진하면서도 사실상의 고정환율제를 유지하였다. 1980년대는 국제무역이 활발해지면서 수출기업 간 경쟁이 심화되고, 특히 아르헨티나의 주력 수출품인 1차 생산물의 가격이 크게 떨어졌다. 이로 인해 개방으로 인한 수출 증대 효과보다는 수입 증대 효과가 더 커서 무역수지 적자가 지속되고 있었다.

정부는 고정환율제를 유지하기 위해 해외에서 단기로 외화표시 채권을 발행함으로써 달러화 등의 외화를 확보하고, 이를 통해 무역수지 적자로 인해 발생하는 외화의 초과수요에 대응해 왔다. 하지만 무역수지 적자 누적으로 인해 외화의 초과수요 상태는 지속되는 반면, 정부가 해외로부터 단기외채를 조달해서 국내에 공급하는 것은 한계에 봉착하였다. 어느 순간 해외 투자자들은 한시라도 빠르게 페소화를 달러화로 바꾸고자 하였고, 외화 부족에 직면한 아르헨티나 정부는 결국 IMF에 구제금융을 요청하기에 이르렀다. IMF와의 협상이 결렬된 1989년에 페소화는 폭락하였고 이는 수입물가의 급등을 유발했다. 1989년 아르헨티나의 소비자물가는 연간 기준 4,923% 상승하였다.

1980년 짐바브웨는 미국 달러에 고정된 새로운 통화인 짐바브웨 달러를 만들었다. 이는 짐바브웨 달러를 중앙은행에 제시하면 고시된 환율로 언제든지 외화를 바꿔주어야 하는 고정환율제도를 채택했음을 의미한다. 짐바브웨 대통령 무가베는 1990년대부터 급진적인 토지 개혁을 추진했는데, 백인 농부들을 강제로 내쫓고 흑인들에게 토지를 분배하는 과정에서 농업에 종사하지 않거나 권력을 가진 사람들에게 토지를 나눠주는 등 각종 부패가 발생하였다. 부패한 개혁으로 인해 농업 생산성이 하락하는 과정에서 2002년에 심각한 가뭄과 치명적인 홍수가 겹치는 바람에 짐바브웨의 식량 생산능력은 73%까지 감소하였다. 생산량 감소로 인한 기아를 피하기 위해 정부는 식량 수입에 대한 제한을 해제하였는데, 이로 인해 2001년까지 흑자를 보이던 무역수지는 2002년부터 적자로 바뀌었다. 정부가 식량 수입을 위해 외화를 조달하는 과정에서 외채 또한 증가하기 시작했다. 게다가 정부는 충분한 식량을 공급하겠다는 명목으로 세금을 늘리지 않았다.

짐바브웨 정부의 무리한 정책은 지속되어 2007년에는 외자 기업의 주식 절반을 짐바브웨 흑인에게 양도해야 한다는 법안을 추진했고 이 법안은 결국 의회를 통과하였다. 외국 기업이 철수하는 사태가 벌어졌고 생산성 감소와 물자 부족이 뒤따랐다. 좀 더 결정적인 역할을 한 것은 2007년 6월에 가격을 일정 수준으로 인상하지 못하는 가격 통제령이었다. 정부는 가격 통제령을 어긴 사람을 체포하고 처벌했는데, 이는 상점에서 물건을 사라지게 만드는 원인으로 작용했다. 2000년대 내내 연 기준 100%에서 1,000%를 기록하던 인플레이션은 결국 2007년 연간 기준 66만%로 급등했다. 짐바브웨 달러의 가치는 추락했지만, 정부가 공식 환율에 매우 더디게 반영함으로써 국채를 포함한 짐바브웨 자산을 포기하고 하루라도 먼저 외화를 확보하려는 수요는 더욱 급격하게 늘어났다. 2008년 11월 기준으로 짐바브웨의 소비자물가는 연 796억 퍼센트까지 상승했다.

베네수엘라도 2003년 자국 통화 볼리바르화를 미국 달러에 고정시켰다.[19] 베네수엘라는 세계에서 가장 많은 석유 매장량을 보유한 나라로서 정부 수입의 절반 이상을 수출이 차지하고 있었다. 한편, 식량은 절반 이상을 수입에 의존하였다. 베네수엘라의 우고 차베스 대통령은 광범위한 사회 프로그램을 통해 국민의 복지를 확대하였는데, 문제는 주요한 재원이 석유를 통한 수입(收入)에 의존하고 있다는 점이었다. 석유 인프라에 대한 투자 부족으로 생산력이 하락한다는 점도 문제였다. 2013년 차베스가 사망하

---

19 2003년 환율변동 폭을 일정 범위 내로 허용하는 페그제로 변경하였지만, 페그제 역시 정부가 자국 통화의 가치를 외국통화와 연계시키는 고정환율제의 일종이다.

고 니콜라스 마두로가 후임 대통령으로 부임했는데, 마두로 부임 이후 7년 동안 설비 낙후 등으로 인해 석유 생산량이 40% 감소했고, 2014년부터는 전 세계 석유 생산량이 증가하면서 유가 또한 3년 동안 70% 이상 급락했다. 이로 인해 2014년까지 흑자를 보이던 무역수지는 2015년부터 적자로 돌아섰다.

가장 큰 문제는 베네수엘라는 고정환율제도하에서 식량 공급의 거의 절반을 수입에 의존하고 있었다는 점이다. 이런 시스템이 유지되려면 안정적인 수출이 뒷받침되어야 한다. 하지만 석유 수출 감소로 인해 국가 수입은 감소하고 식량 수입을 위해서는 점점 더 많은 외화표시 부채를 조달할 수밖에 없었다. 외화의 부족과 외채의 증가는 자국 통화의 실질적인 가치 하락을 의미한다. 하지만 고정환율제도(페그제)하에서는 이것이 신속하게 조정되지 않고 식량 수입을 고려해야 하는 정부에 의해 더디게 반영될 수밖에 없다. 외화 부족을 환율에 더디게 반영하는 과정에서는 외환투기가 증가하고 자국 통화의 가치는 필요 이상으로 급락할 위험이 커진다. 또한 수입물가의 급등이라는 악순환을 초래할 수 있다. 베네수엘라는 공식 통계를 발표하지 않았지만, IMF에 의하면 베네수엘라의 인플레이션은 2014년 57%에서 2016년 254%, 2017년 494%, 2018년 929,790% 급등한 것으로 추정된다.

하이퍼인플레이션이 발생한 독일 바이마르공화국과 아르헨티나, 짐바브웨, 베네수엘라 사례의 공통점은 금본위제나 고정환율제도의 존재와 밀접한 관계가 있다. 금본위제나 고정환율제도하에서 금이나 외화로 갚아야 할 부채(전쟁 배상금 포함) 규모는 커지는 반면, 정부의 태환(Conversion) 능력이 의심될 때 급격한 통화가치의 하락과 인플레이션 상승이 초래되었던 것이다.

짐바브웨, 베네수엘라의 경우처럼 생산 기술이 부족하고 식량 수입 의존도가 높은 나라는 안정적인 설비투자와 식량 확보를 위해 외화가 필요하다. 하지만 현실적으로 개도국들은 자국 통화나 부동산에 투자하려는 외국인이 거의 존재하지 않는다. 외화를 얻으려면 어느 정도의 외환보유액을 확보하고 고정환율제도를 유지함으로써 언제든지 자국 통화를 외화로 바꿔줄 수 있다고 약속해야 한다. 그래야 비로소 해외 투자자의 자금이 유입될 수 있다. 또한, 개도국들은 환율 헷지 등을 할 수 있는 금융시장이 발달하지 않았기 때문에 계약 안정성 측면에서 고정환율제도를 채택하는 것이 수출회사와 수입회사 모두에게 유리하다.

이처럼 고정환율제도는 개도국에게 불가피한 측면이 있지만, 자국 통화와의 태환이 의심되는 순간 통화가치가 급격히 흔들릴 수 있다는 점이 가장 큰 문제다. 예컨대, 외환보유액이 부족할 것이라고 의심되면 시장 참가자들은 앞으로 해당 국가의 통화가치가 당국에 의해 절하될 것으로 예상하고 조금이라도 비쌀 때 외화로 바꾸려는 동기로 태환 요구를 하게 된다. 그러면 실제로 외환보유액이 충분했다 하더라도 시장 참여자들의 자기실현적인 예언

(Self Fulfilling Prophecy)에 의해 외환보유액이 급격히 감소할 수 있다.

참고로 짐바브웨의 무가베와 베네수엘라의 차베스는 모두 사회주의자로 알려져 있다. 또한 이 둘은 서방과의 관계가 악화되자 중국과의 관계 강화를 모색한 공통점을 가지고 있다. 이로 인해 짐바브웨와 베네수엘라의 하이퍼인플레이션 사태가 단순히 통화를 마음대로 찍어냄으로써 발생한 것처럼 악의적으로 과장된 측면도 있다. 결과적으로 MMT가 위험한 이론인 것처럼 인식되는 데에도 이들 국가의 사례가 종종 인용된다.

러시아의 국채 디폴트

국채 디폴트란 발행 당시의 조건대로 이자가 지급되지 않거나 만기에 원금 상환이 이루어지지 않는 것을 의미한다. 하지만 자국 통화 표시로 발행된 국채는 디폴트 위기에 빠지지 않는다. 국채는 세금이 부족한 경우에도 재발행을 통해 얼마든지 상환할 수 있기 때문이다.

지금까지 발생한 국채 디폴트는 거의 모두 자국 통화 국채가 아니라 외화 통화 표시로 발행한 국채를 상환하지 못한 경우에 발생했다. 예컨대, 헝가리(2012), 베네수엘라(2017), 아르헨티나(2022), 스리랑카(2022), 가나(2022) 등은 심각한 경제난이 원인이 되어 외화가 부족해지고, 이로 인해 결국 외화표시 국채의 이자 및 원금 상환에 실패함으로써 국채 디폴트 위기가 발생한 사례에 속한다. 러시아(2022)의 국채 디폴트 선언은 외환을 충분히 보유하고 있었음에도 우크라이나와의 전쟁으로 인해 미국, 유럽 등의 금융 제재를 받으면서 각국의 중앙은행에 있는 러시아의 외화자금이 동결됨으로써 달러 표시 국채를 발행했을 때의 계약조건을 이행하지 못한 사례다.

자국 통화 표시로 국채를 발행했다가 국채 디폴트를 선언한 사례는 사실상 없지만, 예외적인 경우가 한 차례 있었다. 1998년 8월 17일 러시아가 자국 통화 표시 국채에 대한 디폴트를 선언한 사건이 그것이다. 하지만 이 역시 고정환율제도에서 변동환율제도로 바뀌는 과정에서 러시아가 자국 금융시스템의 안정을 위해 고의로 디폴트를 선택한 경우다.

1998년 러시아의 자국 통화 표시 국채 디폴트 과정을 세 단계로 나누어 설명하면 다음과 같다. 첫째, 러시아는 1990년대 초반 소비에트 연방 해체 이후 시장경제로의 개혁을 추진하였는데, 부족한 생산능력으로 인해 두 자릿수의 높은 인플레이션을 겪으면서도 국제금융시장의 삼중 난제(Trilemma)를 고려하지 않은 과감한 개방정책을 추진하였다. 즉, 사실상의 고정환율제도인 목표 환율제를 도입하여 대외적으로 환율 안정을 도모하였고, 고금리 정책을 통해 대내적으로 인플레이션 억제를 시도하였으며, 자본자유화를 통해 외국 자본이 국내 금융시장에 자유롭게 드나들 수 있도록 하였다.

둘째, 러시아는 재정지출 확대를 위해 세입을 늘리는 대신 자국 통화 표시 단기국채를 확대하였는데 1996년 초에 세금 수입 대비 40%이던 단기국채 발행액은 불과 2년 5개월 만인 1998년 5월에는 세금 수입 대비 150%에 이르렀다. 러시아 국채는 해외 투자자들과 은행들이 주로 매입했다. 러시아 상업은행들은 고금리 정책으로 인해 대출고객 확보에 어려움을 겪게 되자 대규모로 국채에 투자하였는데, 이로 인해 은행 자산의 30%가 국채로 구성되었다. 또한 러시아 상업은행들은 자금조달을 위해 고금리의 국내 부채 대신 고정환율제도하에서 저금리의 외화 조달을 늘렸으며, 1998년 말 기준으로 은행 부채에서 차지하는 외화 부채의 비중은 25%까지 늘어났다.

마지막으로, 1997년 들어 유가 하락으로 러시아의 수출 총액이 감소하고, 수출기업으로부터 벌어들이는 러시아 정부의 세입도 감소하였으며 이는 외화 유입의 감소로 이어졌다. 게다가 1997년 7월 아시아 외환위기가 발생하면서 글로벌 투자심리가 빠르게 냉각되었다. 앞에서 언급한 것처럼 러시아 정부는 사실상의 고정환율제도인 목표 환율제도를 채택하고 있었다. 목표 환율제는 러시아 루블화를 정해진 환율에 맞춰 다른 나라의 통화로 바꿔 달라고 했을 때 중앙은행이 언제든지 이에 응하는 제도다. 1997년 중반 이후 외화 유출이 심화되자 러시아 정부는 1998년

8월 목표 환율제도를 버리는 대신 그동안 꾸준히 인하해 오던 정책금리를 다시 높이고 외환보유액을 동원해 환율 방어에 나섰다. 1998년 말 기준 러시아의 외환보유액은 78억 달러로서 GDP의 2.9%에 불과하였다. 참고로 한국은 외환위기 직후인 1997년 말의 외환보유액이 GDP의 3.5% 수준인 204억 달러였다.

1997년과 1998년 사이의 러시아는 사실상 고정환율제도를 채택한 국가로서 자국 통화를 해외 통화로 태환(Conversion)해 줄 의무가 있었다. 외환보유액이 충분하지 않다고 판단하는 해외 투자자들이 늘어나면서 루블화 표시 국채의 만기가 돌아왔을 때 투자 원금을 루블화로 회수한 뒤 다시 이를 달러화로 바꾸어 나가려는 경향이 뚜렷해졌다. 이런 자기실현적 예언(Self-Fulfilling Prophecies)에 의해 러시아의 외환보유액은 더욱 부족해질 수밖에 없다.

결국 러시아 정부는 1998년 8월 17일에 고정환율제도를 포기하고 변동환율제도로 전환한다고 발표하였다. 이로 인해 러시아 정부는 국채를 상환한 해외 투자자들에게 달러로 교환해 줄 의무가 사라졌다. 이제 해외 투자자들은 시장에서 결정된 환율로 루블화를 외화로 바꿔야 했다.

그런데 러시아 상업은행들이 문제였다. 당시 러시아 상업은행들은 고금리의 국내 부채 비중을 줄이고 저금리의 외화 부채를 늘리는 바람에 외화 부채가 은행 총부채의 25%까지 늘어난 상태였다. 변동환율제도로 전환되면 러시아 은행들은 정부가 아닌 민간 외환시장에서 높아진 환율로 외화를 조달해 외화 부채를 상환할 수밖에 없게 된다. 따라서 환율 상승 폭이 커지면 커질수록 은행들은 외화 유동성 부족과 파산 위험에 빠질 우려가 커진다. 결국 러시아 정부는 8월 17일 변동환율제도로 전환하는 데 그치지 않고, 1999년 이전에 만기가 도래하는 액면가 3,870억 루블의 단기국채에 대한 지급유예 조치까지 발표하였다. 왜냐하면 최대 3,870억 루블의 단기국채를 외국인 투자자들에게 상환하면, 루블화로 상환받은 외국인 투자자들은 루블화를 받는 즉시 외환시장에서 달러화로 바꾸려 할 것이었기 때문이다. 1998년 중반의 러시아 목표 환율로 환산할 경우 3,870억 루블은 미화로 약 650억 달러에 해당한다. 이는 당시 러시아 외환보유액의 8배 수준이다. 러시아 정부의 고의적인 디폴트는 1999년 말까지 최대 3,870억 루블화가 달러로 교환되기 위해 외환시장으로 쏟아져 나와 환율이 급등하고, 이로 인해 러시아 은행들의 실질적인 외화 부채 규모가 기하급수적으로 커지는 것을 막아주는 역할을 함으로써 러시아 은행들이 외화 유동성 위기에 빠지지 않도록 지원하는 기능을 하였던 것이다.[20]

---

20 고정환율제도하에서는 상업은행이 보유한 외화자산은 중앙은행의 외화지급준비금에 예치된다. 러시아가 8월 17일 변동환율제도로 전환했다고 하더라도 러시아 중앙은행의 부채 항목에는 상업은행에 대한 외환준비금 계정이 남아 있었을 것이고, 상업은행들의 외화예금 인출 요구에 러시아 중앙은행은 응해야 했을 것이다. 하지만 당시 러시아는 외환보유액이 부족해서 이에 응하기 어려웠을 것으로 생각된다. 이에 대해서는 어떠한 자료도 얻을 수 없어서 더 이상의 언급은 생략한다.

1998년 러시아의 경우처럼 자국 통화 표시의 국채에 대해 디폴트를 선언하는 것은 고정환율제도 때문이거나 자국 내 특수한 상황이 있는 경우로 국한된다. 참고로 2023년 5월 미국에서도 의회와 행정부 간의 대립으로 인해 국채 발행한도에 대한 합의가 이루어지지 않아 국채 디폴트 위기가 발생한 바 있다. 하지만 이 역시 러시아의 경우처럼 경제적 이유보다는 정치적 이유에 가까운 국채 디폴트 위기라고 할 수 있다.

남유럽의 국채 디폴트 위기

2009년 10월 그리스 총선에서 승리한 새 정부는 이전 정부의 재정적자가 GDP 대비 3.7%가 아닌 12.7%라고 폭로하였다. 이것이 남유럽 국채 디폴트 위기의 시작이었다. 새 정부의 발표 이후 그리스 국채에 대한 신뢰가 대폭 추락하고, 이어서 재정기율[21]이 지켜지지 않는다고 의심받는 포르투갈, 이탈리아, 스페인 등 남유럽 국가들의 국채금리가 대폭 상승하면서 소위 PIGS(Portugal,

---

21 대표적인 재정규율로는 1997년 유럽이사회에서 합의된 『안정과 성장에 관한 협약(SGP : Stability and Growth)』이 거론된다. SGP에 의하면, 모든 EU 회원국은 유로화의 가치 안정을 위해 ① 매년 재정적자를 명목 GDP 대비 3% 이내, ② 공공부채 잔액을 GDP 대비 60% 이내로 유지해야 한다.

Italia, Greece, Spain)의 국채 디폴트 위기가 발생하였다.

국채 디폴트 위기는 재정위기로 끝나지 않고 금융위기로 전이되었다. 그리스와 이탈리아의 국채를 대량으로 보유하고 있던 프랑스와 벨기에 합자은행 덱시아(Dexia)가 파산 위기에 처했고, 프랑스와 벨기에 정부가 구제금융을 통해 덱시아를 국유화하였다. 비슷한 시기 미국 서브프라임 사태 여파로 유럽의 부동산 가격도 크게 하락하고 있었기 때문에 은행 불안은 유럽 전체로 확산되었다.

그리스로부터 시작된 PIGS의 국채 디폴트 위기에 대해 많은 전문가들은 남유럽 국가들의 통화가치 저평가를 주요 원인으로 지목한다. 남유럽 국가들은 생산성에 비해 임금이 높아서 정상적인 상황이라면 통화가치가 하락해야 하는데, 유로라는 단일 통화를 채택함으로써 국가 경쟁력 약화가 통화의 가치에 제대로 반영되지 않았다는 것이다. 예를 들어 독일은 유로 도입 직후인 2000년에 350억 유로의 경상수지 적자를 기록했지만 남유럽 위기 직전인 2007년에는 1,800억 유로의 흑자를 기록했다. 반면, 스페인의 경우 2000년 240억 유로에서 2007년 1,050억 유로로 경상수지 적자가 확대되었다. 하지만 독일과 스페인은 단일 통화를 사용하므로 각국의 경상수지는 통화가치에 반영될 수 없었으며, 단지 물가가 높은 남유럽 지역의 금리가 높은 수준을 지속하였다. 이로 인해 독일을 비롯한 북부 유럽에서 그리스, 스페인, 이탈리아 등 남부 유럽으로 자금이 이동하였고, 이것이 남유럽의 부동산과 국채에 대한 과잉투자를 유발했다는 것이다.

하지만, 대차대조표 분석의 관점에서 바라보면 완전히 다른 결론이 얻어질 수 있다. 남유럽 국가들은 자국 통화 표시의 국채를 발행할 수 없기 때문에 위기가 발생했다는 것이다. 유로권 내 독일이나 프랑스, 그리스, 이탈리아, 스페인 등의 개별국가들은 자국 통화 표시로 부채를 발행할 수 없고, 모두 유로라는 통화 표시로 국채를 발행한다. 그리고 유럽중앙은행은 원칙적으로 이들 국가의 국채를 매입하지 않는다. 개별국가들의 국채를 매입하기 시작하면 재정기율이 무너진다고 우려하기 때문이다. 따라서 개별국가들은 유럽중앙은행의 도움 없이 민간 투자자들만을 상대로 국채를 판매한다. 이는 마치 지방자치단체가 지방채를 발행하는 경우와 비슷하다. 중앙정부의 지원을 받지 못하는 지방정부는 재정지출을 전적으로 세금에 의존해야 한다. 세금이 부족한 상태에서 지방채가 누적되면 파산할 수 있다. 미국에서도 지방정부의 파산은 종종 발생한다.

게다가 유로권 내 개별국가들은 미국이나 캐나다 연방국가의 지방정부보다 더 불리한 제약이 있다. 경상수지 적자가 발생함으로써 해외 부문의 흑자가 증가할 수 있다는 점이다. 동일 통화권 내에서는 무역이 활발하게 일어난다. 그리고 글로벌 경상수지의 합은 언제나 0이다. 독일의 경상수지 흑자가 커질수록, 다른 유로권 국가들은 경상수지 적자가 증가한다. 대차대조표 관점에서 보면, 국내 부문과 해외 부문의 흑자는 언제든지 0이다. 경상수지 적자는 해외 부문의 흑자를 의미하고, 해외 부문이 흑자가 되면 국내 부문은 적자를 기록할 수밖에 없게 된다. 그리고 국내 부문은 정부 부문과 민간 부문으로 나뉜다. 따라서 경상수지 적자가 커질수록 국내 부문은 정부부채가 커지든지, 아니면 민간 부문의 부채가 커지든지 해야 한다. 자국 통화로 국채를 발행하는 나라라면 정부가 부채를 늘리면 문제가 해결되지만, 자국 통화로 국채를 발행했던 남유럽 국가들은 그럴 수 없었다.

OECD 기준으로 2008년 그리스의 GDP 대비 재정적자는 10.2%로 최종 집계되었고, 이탈리아는 2.6%, 포르투갈은 3.7%, 스페인은 4.6%였다. 또 2008년 말 GDP 대비 국채 비율은 그리스 118%, 이탈리아는 113%, 포르투갈은 85%, 스페인은 48%였다. 같은 시기 미국 및 일본의 재정적자 비율은 각각 7.4% 및 4.1%였고, 미국과 일본의 국채 비율은 73% 및 159%이었다. 2023년 말 기준으로 미국과 일본의 GDP 대비 국채 비율은 121% 및 238%에 이른다. 그 당시로 보나 지금으로 보나 PIGS 국가들의 재정적자와 국채 비율이 경미했던 것은 아니지만, 특별히 심각하다고 할 수 있던 것도 아니었다. 하지만, 미국과 일본의 국채는 아무 일이 없었지만, 그리스를 비롯한 남유럽 국가들은 2009년부터 재정위기가 상당 기간 지속되었고, 그리스의 경우 2010년과 2012년에 각각 두 차례의 구제금융을 받았다.

2015년 6월에는 그리스 정부와 채권단 간에 합의가 불발되었고, 국채 디폴트를 선언하자는 안건이 그리스 국민투표를 통과하였다. 하지만 결국 다른 유로 국가들의 대규모의 구제금융 지원으로 그리스 국채 디폴트는 결국 일어나지 않았다.

재정수지 흑자의 그림자

한국의 외환위기와 재정수지 흑자

 은행 위기는 보통 단기 부채와 장기 자산의 문제에서 시작된다. 은행이 보유한 자산은 당장 처분할 수 없는 만기 1년 이상의 대출 자산이 대부분인 데 반해, 부채는 언제든지 인출 가능한 예금이기 때문이다. 경기 위축으로 기업들이 도산하고 은행 연체율이 증가할 때 불안해진 고객들이 예금인출을 요구하면 은행들은 대출 자산을 누구에겐가 팔고 가장 신뢰할 수 있는 통화—예컨대 중앙은행이 발행한 지폐나 중앙은행에 예치된 은행의 지급준비금 자산—를 확보한 뒤 그것을 고객에게 돌려주어야 한다. 하지만 장기 자산은 청산하고 싶어도 당장 팔 곳이 마땅하지 않다. 더욱이 위기의 순간에는 다른 은행들도 자신들이 보유한 자산을 헐값에라도 처분하려고 할 가능성이 높아진다. 이는 자산 가격의 폭락을 유발한다. 은행들이 자산을 처분하지 못하거나, 헐값으로 처분하게 되면 고객의 예금(통화) 회수 요구에 대응하기가 점점 어려워진다. 결국 은행 위기가 발생한다.

글로벌 금융위기 이후 미국 연방준비위원회는 간단한 해결방법을 택했다. 은행들이 가진 자산을 매입하는 대가로 충분한 지급준비금을 공급하는 것이다. 구체적으로는 은행이 당장 처분할 수 없는 우량자산은 물론 부실자산까지 매입하고 그 대가로 지급준비금을 늘려주는 방법이다. 은행들은 연준에 의해 대폭 늘어난 자산 항목의 지급준비금을 고객의 은행 계좌로 이체해 주면 된다. 지급준비금이 늘어난 은행들은 고객의 예금인출 요구에 쉽게 대응할 수 있다. 은행 대차대조표의 자산 항목에 있던 부실자산을 중앙은행의 자산 항목으로 옮겨 적는 대신, 중앙은행이 은행의 자산 항목에 그만큼의 지급준비금을 생성시켜 주는 대표적인 프로그램으로는 TARP(Troubled Asset Relief Program)가 있다.

한참 지난 일이지만, 우리도 그런 취지의 프로그램을 운영할 수는 없었을까? 우리가 알고 있는 외환위기 직전의 상황을 잠시 요약한 뒤 1997년 11월 IMF에 구제금융을 신청했던 당시로 거슬러 올라가 생각해 보자. 1997년 외환위기 직전까지 우리나라는 사실상의 고정환율제도가 운영되고 있었다. 그리고 1990년대에 우리나라는 경상수지 적자로 인해 달러화 등의 외화 유입보다 유출이 더 많아지는 상황이 지속되었다. 그러다 1997년경에 동남아시아 지역에서 외환위기가 발생하면서 외환보유액의 부족 문제가 대두되었고, 우리나라도 외환보유액의 부족이 의심되기 시작하였다. 한국의 외환보유액이 부족하다고 의심받는 상황에서는 아무도 외화를 빌려주고 그것을 원화로 바꾸려 하지 않는다. 정부당국이 원화를 외화로 바꿔줄 때의 교환비율인 환율이 해외 투자자에게 불리하게 바뀔 가능성이 높아지기 때문이다. 한국에 외화로 돈을 빌려준 채권자들 역시 만기연장을 해주지 않고, 하루바삐 외화로 바꾸고자 했다. 이에 따라 상당한 외화 부채를 보유하고 있던 은행과 종금사들은 외화를 구하지 못해 해외 채권자의 부채 상환 요구에 응하기 어려웠고, 한국은행도 외환보유액이 부족해서 더 이상 원화를 외화로 바꾸어 줄 수 없었다… 이것이 우리가 알고 있는 외환위기의 거의 전부다.

역사에 '만일'은 의미가 없지만, 그래도 '만일' 정부와 민간, 해외 부문의 흑자를 합치면 0이 된다는 사고가 넓게 형성되어 있었다면 97년 외환위기가 생길 수 있었을까, 하는 관점에서 약 30년 전으로 거슬러 올라가 당시의 상황을 다시 한번 살펴보자. 국제통화의 삼중 난제(Trilemma)에 의하면 안정적인 환율과 자본자유화, 그리고 물가와 고용안정을 위한 독자적인 통화정책은 동시에 성립하기 어렵다. 1990년대 한국은 사실상 고정환율제도를 채택함으로써 안정적인 환율 기조를 선택했다. 국내 통화정책 역시 고용과 물가안정을 달성하기 위해 비교적 독자적인 통화정책을 시행하고 있었다. 한편 1996년 말 OECD 가입에 맞춰 외환시장 자유화 조치를 시행하기는 하였지만, 외환위기 이전까지 획기적인 자본시장 개방은 없었다. 즉 외국인들이 국내 주식이나 채권에 마음대로 투자할 수 있는 환경은 아니었으며, 한국인들도 외화를 쉽게 구할 수 없었고, 국내은행과 종금사 역시 정부의 승인 없이 마음대로 외화채권을 조달할 수 있는 여건도 아니었다. 국내 부문에서 해외 부채가 늘어난다면 그 이유는 거의 유일하게 경상수지 적자의 누적 때문이었다.

아래 그림에는 GDP 대비 비율로서 국내 민간 부문과 정부(중앙은행 포함), 해외 경제주체의 흑자 및 적자와 경상수지 추이가 나타나 있다. 달러화 표시의 국내 GDP 대비 경상수지는 원화 표시 GDP 대비 순수출과 거의 일치하므로 아래에는 GDP 대비 순수출 자료를 사용하였다. 한국의 플러스(+) 순수출, 또는 경상수지 흑자는 해외 경제주체의 금융 적자이고, 반대로 한국의 경상수지 적자는 해외 경제주체의 금융 대차대조표상 흑자이므로 GDP 대비 경상수지(순수출)는 아래 그림에서 거꾸로 뒤집어 표시한다. 즉 아래 그림의 윗부분은 한국의 입장에서 경상수지 적자(마이너스 순수출)이고 해외 경제주체의 입장에서 금융 흑자이다. 반대로 아랫부분은 한국의 경상수지 흑자(플러스 순수출)를 나타내고, 동시에 해외 경제주체의 금융 적자를 나타낸다.

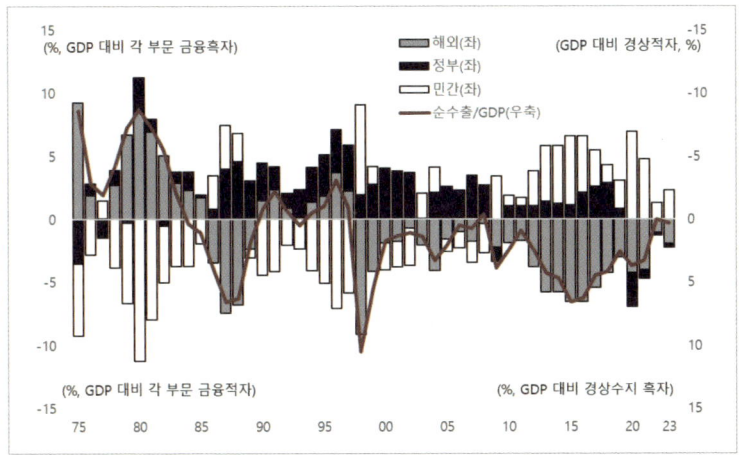

〈그림 IV-5〉 한국의 민간, 정부, 해외 부문 흑자 및 적자와 경상수지(명목 GDP 대비)

자료: 한국은행 자금순환표(금융거래표)

1990년대 들어 우리나라는 경상수지 적자를 기록하기는 했지만, GDP 기준으로 1975년부터 1984년까지의 경상수지 적자 수준에 비하면 그리 심각한 수준은 아니었다. 외환위기 직전인 1997년 10월 말 외환보유액은 약 300억 달러로서 1990년

~1997년 연평균 경상수지 적자 78억 달러의 4배 수준이었다. 문제는 재정수지 흑자였다. 도표에 검은색으로 표시된 재정수지는 1976년 이후 2020년 코로나 시기 이전까지 일부의 예외를 제외하고는 거의 항상 흑자를 지속해 왔다. 재정수지 흑자는 실물 측면에서는 수입(Import)을 줄임으로써 경상수지 흑자 요인으로 작용할 수 있지만, 금융 측면에서는 민간 부문의 적자 요인으로 작용한다. 왜냐하면 국내 민간과 정부 부문, 그리고 해외 경제주체의 흑자와 적자를 합치면 0이 되기 때문이다. 우리나라는 정부 부문이 항상 흑자를 지속해 왔기 때문에 민간 부문과 해외 경제주체의 흑자와 적자는 대체로 대칭적인 모습을 보인다. 1990년대 들어서는 경상수지 적자가 지속되면서 해외 경제주체가 금융 흑자를 보였음에도 정부는 더 강한 수준의 흑자 기조를 유지했다. 이때 '만일' 재정 부문이 적자로 전환되었다면 경상수지 적자는 더 커졌을 수 있으나, 민간 부문 적자는 정부 흑자 감소에 비례해 감소했을 것이다.

더 아쉬운 점을 추가하면, 이때 '만일' 좀 더 빠르게 변동환율 제도로 전환하고 자본시장을 좀 더 개방하면서 외국인들의 국내 채권에 대한 투자를 유도했다면 외환보유액은 증가하고 해외 부문의 흑자는 줄어들거나 적자로 전환되었을 것이다. 이는 동시에 국내 민간 부문의 적자를 줄이는 요인으로 작용했을 것이다. 참고로, 해외 부문의 국내 장기 채권에 대한 투자는 중도에 회수할 수 없는 것이므로 만기 유동성 관리만 잘하면 크게 문제가 되지 않는다. 물론 지나간 일에 '만일'이 큰 의미가 있는 것은 아니다.

이제 외환위기 직전으로 돌아가 보자. 분기별로 자료가 집계되는 자금순환표를 보면, 1997년 9월을 기준으로 한국의 외환보유고 자산은 원화 기준으로 27.8조 원이었다. 당시는 사실상 고정환율제도를 운영할 때니까 원화로 평가하든 달러화로 평가하든 일단 한 가지 계산 단위로 통일하기만 하면 된다. 해외 부문의 외화표시 채권 자산, 즉 국내 금융회사 입장에서의 외화 부채는 53.1조 원이었다. 이의 대부분은 경상수지 적자의 누적으로 인해 발생한 대외 채무로 판단된다. 채권은 만기가 되어야 상환 의무가 생긴다는 점을 감안하면 53.1조 원의 해외 채무 중 매월 만기가 돌아오는 것은 대략 4.5조 원 안팎으로 계산된다. 그 정도라면, 정부가 IMF에 구제금융을 신청하기 이전에 다른 외환 유출입을 통제하고 외환보유액으로 부채 만기를 갚으면서 원/달러 환율을 감당할 수 있는 수준으로 올려서 수출을 늘리고 경상수지 흑자를 유도해서 달러화를 유입시키는 방법을 생각해 볼 수는 없었을까? 동시에 미국 연방은행이 2008년 글로벌 금융위기 때 그랬던 것처럼 한국은행이 은행과 종금사의 부실채권을 적정 가격에 인수하면서 지급준비금을 공급할 수도 있지 않았을까?

다시 그 순간이 돌아와도 그렇게 하기 힘들다면, 그 이유는 대략 두 가지 이유 때문일 것이다. 첫째, 외환보유액에서 당장 현금화할 수 있는 '가용' 외화자산이 부족했을 수 있다. 둘째, 기업의 과잉투자 문제가 심각해서 당장 은행과 종금사를 살리더라도 나중에 부실자산이 대거 발생하는 문제를 우려할 수 있다.

하지만 이 모두는 제대로 된 설명이라 보기 어렵다. 첫 번째, 외환보유액이 부족했다면 그것은 순전히 정부의 잘못이다. 고정환율제도를 채택했다는 것은 언제든지 원화를 외화로 바꿔줄 수 있다고 약속한 것이고 그 약속 범위 내에서 국내 통화정책을 포기하든지 또는 자본통제를 강화하겠다는 의미다. 다시 말해 외환보유액은 '가용(加用)'이라는 수식어가 불필요한 개념으로서 고정환율제도를 유지하기 위한 최소한의 장치다. 게다가 1990년대에도 자본통제는 지속되었고, 국내 개인이나 기업이 외화를 쉽게 빌릴 수 있는 환경은 아니었다. 외환보유고는 거의 대부분 경상수지 흑자에 의해 유입되고, 경상수지 적자에 의해 유출되는 구조였다(경상수지 적자가 줄고 외환보유액이 감소하는 상황이라면 환율을 올리든지 아니면 외국인들에 대한 국내 채권투자를 허용했어야 한다). 역사적으로 볼 때 1990년대의 경상수지 적자가 그리 심각한 수준이었다고 보기도 힘들다. 그 정도의 경상수지 적자로 외환보유액이 위태로워졌다면 다른 원인이 있어야 할 터인데, 아직까지 그런 자료는 보지 못했다. 정확한 이유도 없이 단지 '가용' 외환보유액이 부족해서 IMF에 구제금융을 신청할 수밖에 없었다면, 외환당국의 직무태만을 인정하는 말밖에 되지 않는다.

두 번째의 문제였다면 좀 더 심각하다. 기업의 과잉투자 여부는 주관적인 판단이다. 1997년 말 GDP 대비 기업의 부채비율은 151%였다. 2023년 말의 268%에 비해 크게 낮은 수준이다. 물론 기업의 부채에는 자본이 포함되어 있으므로 1997년과 2023년의 GDP 대비 부채비율을 완전히 동일 선상에서 비교하는 것에는 한계가 있다. 하지만 그렇다 하더라도 당시 외환위기 직전 기업 부채비율이 우려되었던 것에는, 의도적이지는 않았더라도, 정부 부문의 책임이 크다는 점 또한 기억해야 한다. 대차대조표 분석에서 살펴보았듯이 금융순자산은 오로지 국내 정부와 해외 부문에 의해서만 증가하거나 감소하며, 국내 민간 부문에서는 금융순자산이 생겨나지 않는다. 누군가의 금융부채가 늘어나려면 또 다른 누군가의 저축(금융자산)이 늘어나야만 한다. 1980년부터 2023년까지 각 부문의 GDP 대비 연간 흑자와 적자의 평균을 살펴보면 아래의 〈표 Ⅳ-5〉와 같다.

1980년부터 2023년까지의 전체 기간 중 정부 부문의 GDP 대비 재정수지는 연평균 1.8% 흑자였고, 이로 인한 적자는 민간 부문의 0.3% 적자와 해외 경제주체의 1.5% 적자에 의해 유지되었다. 외환위기 이후에는 지속적인 경상수지 흑자로 인해 해외 경제주체가 흑자에서 적자로 바뀌었고 이에 힘입어 1998년부터 2023년까지 GDP 대비 국내 민간 부문의 흑자는 연평균 1.8%로서 큰 폭의 흑자로 바뀌었다. 정부의 흑자 기조는 외환위기 전후에 큰 변화가 없다.

그런데, 외환위기 직전 기간인 1990년부터 1997년까지는 정부의 연평균 흑자가 2.7%였다. 더욱이 경상수지 적자로 해외 부문의 흑자도 1.7%였다. 이에 따라 모든 적자는 민간 부문이 감당해야 했는데, 지금도 물론 그렇지만 특히 당시의 가계는 지출이 소득을 능가할 수 없는 경제주체였으므로 모든 적자는 기업 부문에 집중되었다.

〈표 Ⅳ-5〉 한국의 민간과 정부, 그리고 해외 부문의 흑자 및 적자(명목 GDP 대비)

	외환위기 전후		1980~2023	1990~1997
	1980~1997	1998~2023		
민간(가계+기업)	-3.4%	1.8%	-0.3%	-4.4%
정부	2.2%	1.5%	1.8%	2.7%
해외 경제주체	1.2%	-3.3%	-1.5%	1.7%

자료 : 한국은행 자금순환표

정부, 민간, 해외 부문 흑자의 합은 0이다. 이 같은 명백하고도 객관적인 조건하에서 국내 정부와 해외 경제주체의 흑자 증가는 국내기업의 적자 증가 압력으로 이어진다. 따라서 만일 국내 정부가 국내기업의 심각한 부채가 문제라서 IMF에 구제금융을 신청하고, 타인(IMF)의 손을 빌려 국내기업을 구조조정 할 수밖에 없다고 생각했다면, 그리고 지금도 그렇게 생각한다면, 이것은 정부의 권한 남용일 수 있다. 기업이 도산함으로써 기업이 갚아야 할 금융부채가 사라지면 국내 다른 경제주체의 금융자산도 동시에 사라지고, 일자리 역시 사라지기 때문이다.

정확한 기록을 찾을 수 없어서 명확하게 확인할 수는 없지만, 1990년대 당시의 비교적 엄격한 외환통제하에서 은행과 종금사의 외화 부채가 많이 늘어난 것으로 파악된다. 아마도 그것은 수출과 연계된 기업—예컨대, 수출품의 중간재를 공급하는 기업—이 수입을 위해 정부의 승인하에 금융회사를 통해 외화를 조달했을 수도 있고 수출기업이 이런저런 명분으로 정부의 승인하에 금융회사를 통해 낮은 금리로 외화를 조달했을 수도 있다. 정부와 해외 경제주체가 모두 흑자 기조를 유지했던 1990년대 당시 국내 민간 부문은 심각한 적자 상태였으므로 민간 부문 내부적으로는 자금조달이 어려웠을 뿐만 아니라 금리도 높아졌을 것이기 때문이다.

늘 흑자이고 돈도 많은데,
왜 굳이 국채 발행을?

우리나라 정부가 이렇게 계속 흑자를 내는 이유는 무엇일까? 고정환율제도하에서라면 국내 지출을 줄임으로써 수입(Import)을 줄이고 결과적으로 순수출을 늘리는 것, 즉 경상수지 흑자를 늘리기 위해서라고 생각해 볼 수 있다. 하지만 한국은 외환위기 이후 고정환율제도를 포기하고 변동환율제도로 전환하였다. 자본시장 개방도 확대하였다.

정확한 이유는 모르겠지만, 우리나라 정부의 흑자 기조가 지속되면서 정부 부문의 금융순자산은 2023년 기준으로 GDP 대비 41%에 이른다. 미국과 일본의 경우 GDP 대비 정부의 금융순자산은 각각 -113% 및 -94%로서 금융순부채인 상태이고 수출 주도 경제를 운용하면서 막대한 해외 금융순자산이 축적된 대만의 경우에도 정부의 금융순자산은 1%에 그친다. 정부 부문의 금융순자산 증가는 국내 민간 부문의 금융순자산 감소 요인으로 작용한다. 즉, 가계의 금융순자산 축적을 저해하거나 기업의 금융순부채를 증가시키는 요인으로 작용한다.

〈표 Ⅳ-6〉
2023년 기준 주요국 금융순자산(명목 GDP 대비)

	국내					해외
	민간 부문			정부 부문	소계	
	가계	기업	금융			
한국	120%	−131%	13%	41%	43%	−43%
미국	357%	−290%	−18%	−113%	−66%	68%
일본	308%	−149%	18%	−94%	83%	−81%
대만	476%	−219%	−20%	1%	238%	−238%

주 : 이론상 각국 금융순자산의 합은 0이지만, 실제로는 1~2% 이내의 오차가 존재함
자료 : 각국 자금순환표 및 국민대차대조표

이렇게 우리나라 정부는 국내 2,300만 가구가 가지고 있는 금융순자산을 합친 금액의 약 3분의 1을 가지고 있을 정도로 부자다. 앞에서 보았듯이 국내 재정은 전체적으로 균형 수준을 유지하고 있다. 그런데, 2023년 말 기준으로 한국의 국채 발행액은 1,091조 원으로서 GDP의 약 45% 수준이다. 한국은 재정지출에 비해 재정수입도 부족하지 않고, 더욱이 금융순자산도 많은데, 국채는 왜 발행할까?

국채를 발행하는 이유에는 여러 가지가 있을 것이다. 국회가 예산 편성에 충분히 협조를 안 해줬을 수도 있고 세금이 계획대로 걷힐지 확실하지 않으니까 일단 국채를 발행해서 필요한 부분의

재정을 먼저 집행한 뒤 나중에 들어오는 세금으로는 상대적으로 덜 중요한 부분에 지출하려 했을 수도 있다. 그러다 예상보다 자금의 여유가 생기면 실물자산을 구입하든지 아니면 주식이나 채권에 투자하든지 했을 수도 있다. 어느 경우이든 한국의 재정 흑자가 상당 기간 누적되어 왔음에도 불구하고 국채 발행이 늘어나고 있다는 점은 재정지출과 세금은 별개라는 MMT의 주장을 우리나라 정부가 아주 잘 보여주고 있다고도 할 수 있다.

국채는 한국은행의 통화정책에도 활용될 수 있고 금융시장에서 금리의 지표로 활용될 수도 있으니까 국채 발행이 늘어났다는 자체가 문제 되는 것은 아니다. 문제는 따로 있다. 국채의 30%가량이 원화 표시 외평채라는 점이다. 원화 표시 외평채란 환율 방어 용도로 발행하는 국채 중 원화 표시로 발행된 국채를 의미한다. 원화는 환율을 하락시킬 때 사용되지 못한다. 환율을 끌어올릴 때만 사용할 수 있다. 예컨대, 외환시장에서 달러화 공급이 넘쳐 달러화 환율이 하락할 때 원화를 투입하면 환율 하락을 방어할 수 있다. 반면, 외환시장에서 달러화 공급이 부족해서 환율이 상승할 때는 사용할 수 없다. 그때는 외환보유액을 동원해서 달러화를 공급해야 한다.

우리나라는 변동환율제도를 채택하고 있다. 고용과 물가를 중시하는 독자적인 통화정책을 운영하고 있고, 자본시장도 상당히 자유화됐기 때문이다. 국제통화시장의 삼중 난제(The Monetary

Trilemma)에 의하면, 독자적인 통화정책을 운영하면서 동시에 자본시장까지 자유화한다면 환율 안정은 포기해야 한다.

그럼에도 불구하고 한국의 외환시장 안정용 원화 표시 국채는 만기가 1년 이상인 장기국채로서 2023년 기준으로 239.5조 원이고 전체 국채의 22%를 차지한다. 이 같은 수치는 2015년의 34%에 비해 크게 낮아진 수치이기는 하지만, 여전히 높은 수준이다. 이자비용이나 환차손의 문제는 그렇다 하더라도, 경제 전체적으로 금융순자산의 합이 언제나 0이라는 제약조건을 감안하면, 민간 부문의 금융순자산 증가(재정지출)로 이어지지 않는 국채 발행이 전체 국채의 20%를 넘는다는 것은 매우 비효율적이다. 외환시장 안정용 원화 표시 국채(외평채)는 가계 소비나 기업 투자와 관련된 재정지출 용도로 사용되지 않는다.

〈표 IV-7〉 한국의 국채 및
외국환평형기금채권(외평채) 발행잔액 추이

	2010	2015	2020	2023
국채(A)	367.2조 원	556.5조 원	815.2조 원	1,091.1조 원
원화표시 외평채(B)	112.6조 원	191.2조 원	246.9조 원	239.5조 원
외화표시 외평채	8.0조 원	7.1조 원	9.5조 원	11.5조 원
원화표시 외평채/국채(=B/A)	31%	34%	30%	22%
(참고) 통화안정증권	126.9조 원	163.7조 원	171.6조 원	140.2조 원

자료 : 기재부, 한국은행

지나친 환율 하락은 바람직하지 않으므로 필요할 때 외환시장에 개입할 수도 있을 것이다. 하지만, 국제금융의 삼중 난제가 아니더라도, 환율 하락이 추세라면 미세조정의 범위를 넘어서는 개입은 부작용이 크다. 미세조정을 위해서라면 국회의 동의를 얻은 범위 내에서 필요할 때 단기국채를 발행해서 개입하면 될 것이다. 정부가 전체 국채의 20~30%를 시중 유동성(요구불예금)을 흡수하는 데 사용하고, 이를 다시 원화 약세를 위해 투입하는 것은 아마도 내수보다는 수출에 정책 초점이 맞춰져 있기 때문으로 생각된다. 경제적으로 적지 않은 기회비용을 초래―그만큼의 재정지출을 했더라면 내수와 고용에 미쳤을 긍정적인 영향을 포기―할 만큼 수출이 그렇게 중요할까? 이는 다음 절에서 좀 더 논의하기로 하자.

수출 지상주의와 경상수지 흑자의 이면

앞에서 살펴본 MMT의 견해에 의하면 해외수출은 비용이다. 각종 국내자원들을 동원해 만든 산출물을 외국인들에게 수출한다면 국내 거주인들은 그 생산물을 소비하거나 투자재로 활용할 수 없기 때문이다. 반면 수입국은 아무런 자원 투입 없이 우리가 만든 물건을 가져가서 그것을 소비하거나 투자에 활용한다. 이런 점을 감안하면 수입은 편익일 수 있다.

이 같은 주장에 우리나라의 특수한 상황을 조금 덧붙여 보자. 우리나라는 변변한 자원이 없는 나라로서 수출에 의해 성장해 왔다고 과언이 아니다. 수출의 좋은 점과 안 좋은 점을 현재 우리의 상황에 맞춰 좀 더 자세히 살펴볼 필요가 있다. 수출이 좋은 점은 첫째, 수출은 생산자에게 좀 더 넓은 시장과 제품 판매의 기회를 제공한다. 국내에 적당한 시장이 존재하지 않아도 해외에 시장이 존재한다면 돈을 벌 수 있는 기회가 생긴다. 예컨대 1960년~1970년대 한국의 가발 수출을 들 수 있다. 둘째, 수출은 고용 확대의 기회를 제공한다. 국내 시장이 충분히 크지 않고 수출 기회도 없으면 기업은 성장이 제한되고, 그 영향으로 국내에는 실업자가 넘쳐나게 된다. 실업자가 많으면 빈부 격차가 커지고 사회 안정성도 훼손될 수 있다. 가진 게 열정밖에 없는 개발도상국의 입장에서 수출은 미덕이자 가난을 탈출할 수 있는 유일한 희망이 될 수 있다.

하지만 수출의 문제점, 정확히 말하면 수출에 과도하게 의존하는 경제의 문제점을 살펴보자. 첫째, 수출은 국내 소비를 통한 안정적인 성장의 기회를 잠식할 수 있다. 수출은 국내자원을 이용해 해외 거주자에게 편익을 제공하는 경제활동이다. 국내 수요가 존재함에도 불구하고, 국내자원을 이용해 어떤 물건을 만들고 그것을 해외로 수출한다면 국내 소비자와 투자자는 그 물건을 소비하거나 투자에 사용할 기회를 상실한다. 반면, 해외 소비자와 투자자는 자국 내 자원을 이용하지 않고 단지 수입을 통해 그 편익을 누릴 수 있다. 편익 증가는 새로운 소비와 투자를 창출한다. 안정된 소비 시장이 없으면 투자도 안정적으로 성장하기 힘들다.

미국의 경우 GDP에서 차지하는 민간 소비는 68%이고 정부와 민간 부문을 합치면 82%다. 미국은 정부의 산업정책이 전혀 없는 것은 아니지만, 대부분의 투자와 기술 혁신은 테슬라, 구글, 애플 등의 민간 기업을 통해 이루어진다. 이들 기업을 성장시키는 것은 바로 안정적인 소비 시장이다.

반면 한국의 경우 GDP에서 차지하는 민간 소비의 비중은 49%이고 정부 소비를 합치면 68%다. 중국은 이보다 더 낮아서 각각 37%와 53%에 불과하다. 그동안 한국과 중국의 산업들은 기업의 혁신적이고 과감한 투자와 정부의 강력한 수출 지원 정책으로 인해 빠르게 성장했다. 하지만, 보호무역이 강화되고 있는 새로운 국제질서하에서 언제까지 수출 주도로 경제를 성장시킬 수 있을지는 확실하지 않다. 소위 K뷰티, K푸드, K팝 등의 경우처럼 한국 소비 시장에서 먼저 인정받고 성장한 비교 우위 상품과 서비스가 해외로 수출될 수 있도록 한국 고유의 소비 시장을 활성화할 필요가 있다.

둘째, 선진국이 될수록 수출의 고용 흡수력은 점점 낮아진다. 개발도상국이 노동집약적인 제품을 생산하고 이를 수출하는 것은 국가 전체적으로 고용 확대에 도움이 된다. 하지만 개도국에서 선진국으로 갈수록 임금이 상승한다. 임금이 상승하면, 수출기업은 노동집약적인 제품보다는 기술집약적인 제품을 생산하기 위해 투자한다. 이로 인해 수출의 고용 흡수력은 감소한다. 2018년 한국은행 자료에 의하면, 제조업 수출이 10억 원 증가할 때 늘어나는 취업자의 수는 1990년의 60명에서 2014년 6.5명으로 1/10가량 대폭 줄어들었다. 2024년 무역협회 자료에 의하면 2023년 기준으로 수출이 100만 달러 증가할 때 취업자의 수는 7.6명이 늘어나는 것으로 계산되었다. 최근 10년간 달러 대비 원화의 가치는 약 24% 하락함으로써 2014년의 10억 원은 95만 달러였지만, 2023년 환율로 환산하면 100만 달러는 13억 원이 되었다. 즉 2014년에는 10억 원어치 수출할 때 6.5명이 신규로 취업했지만, 2023년에는 13억 원 수출할 때 7.6명이 신규로 취업했다는 얘기다. 환산하면 2023년에는 10억 원 수출할 때 5.8명이 신규로 취업한 것으로 계산된다. 따라서, 수출의 고용 증대 효과는 1990년대 이후 큰 폭으로 감소하고 있으며, 최근 10년간 크게 달라지지는 않았지만 하락세는 여전히 지속되는 것으로 보인다. 수출의 고용 흡수력 감소는 체감 경기에도 부정적인 영향을 미친다. 예컨대, 최근 한국은행 자료[22]에 의하면 2024년에 수출 주도로 경

---

22   이종웅, 김윤재, 「경제 지표의 그늘, 체감되지 않는 숫자」, 한국은행, 2024.09.05.

기가 회복세를 보이고 있지만, 체감 경기는 나아지지 않았다. 한국은행은 이를 경기회복이 고용 증가로 이어지지 않았기 때문에 나타나는 현상으로 파악하고 있다.

마지막으로 전 세계 순수출의 합이 0이라는 점도 수출의 한계 내지 수출에 의존하는 경제의 문제점이라고 볼 수 있다. 독일이 허리띠를 졸라매면 그리스가 망하고, 그리스가 독하게 맘을 먹으면 독일이 망한다는 얘기와 비슷하다. 주류 경제학자라 볼 수 있는 영국 중앙은행 총재 머빈 킹(Mervyn King)은 글로벌 금융위기 직후인 2010년에 아래와 같이 스도쿠 게임[23]과 비슷하지만 그것보다 더 간단한 상황[24]을 예시로 들면서 저축률 높은 국가가 순수출 증가를 목표로 삼고 허리띠를 단단하게 졸라맬 경우 저축률 낮은 국가는 이를 받아들일 수밖에 없음을 수학적으로 설명하였다. 머빈 킹에 의하면, 국제무역은 기술적 문제가 아니라 국제 갈등을 불러일으키는 정치적 문제가 될 수 있다.

---

23 스도쿠(Suduku) 게임이란 3×3의 작은 칸으로 구분된 9×9의 큰 틀 안에 1부터 9까지의 숫자를 넣는 게임인데, ① 1부터 9까지의 숫자만 허용되고 ② 9×9의 큰 틀의 경우 가로, 세로 각 열에 같은 숫자가 중복되어서는 안 되며 ③ 3×3의 작은 칸 안에서는 같은 숫자가 중복되어서는 안 된다.

24 스도쿠(Suduku) 게임은 대략 10개 이상의 숫자가 결정되면 나머지 숫자가 결정되는 데 반해, 머빈 킹이 예시로 언급한 스도쿠 게임은 a, b, c 3개의 숫자만 선택하면 나머지의 모든 숫자가 결정된다.

〈표 IV-8〉
경제학자를 위한 스도쿠 게임 : 머빈 킹

	국내수요(=C+I+G)	순수출(=X-M)	GDP
저축률 높은 국가	a	c	a+c
저축률 낮은 국가	b	-c	b-c
총계	a+b	0	a+b

주 : 9칸 중 3칸이 결정되면 나머지 6칸은 자동 결정
자료 : Harold James, 『Seven Crashes』(2023)에서 재인용

    선진국이 될수록 순수출 증가의 고용 증대 효과는 점점 사라진다. 다른 한편으로는 중국과 동남아, 남미 등의 개도국들이 부족한 내수 시장으로 인한 일자리 부족 문제를 해결하기 위해 투자를 늘리고, 투자 자금을 회수하기 위해 수출을 늘리고 있다. 유럽은 극우 정치인이 득세하고 있고, 미국도 트럼프가 높은 인기를 얻고 대통령에 다시 당선되었다. 개도국은 모두 수출을 늘리려 하고, 선진국들은 모두 보호무역을 강화하려 하고 있는 것이다.

    순수출 증가(해외 부문 금융 적자)가 점점 어려워진다면, 정부 부문도 이제 국채 발행을 늘리고 재정적자를 확대하는 방안을 모색해야 한다. 지금처럼 흑자와 순자산을 늘리면서 환율 방어를 위해 국채를 발행하는 관행은 바꿔야 한다.

국채 없는 통화정책

통화정책에서 국채의 중요성

앞에서 살펴본 통화 피라미드에 의하면 오늘날 통화 시스템의 핵심 부분은 시중은행이 중앙은행에 개설한 지급준비금 계정, 그리고 가계와 기업 등 민간 부문이 시중은행에 개설한 요구불예금 계정이다. 지급준비금과 요구불예금은 사실상 기능이 동일하다. 가계와 기업의 입장에서 요구불예금은 자산이고 은행의 입장에서 요구불예금은 부채다. 가계와 기업은 자신의 요구불예금 자산 내 일부를 다른 예금주에게 직접 이체하거나, 아니면 요구불예금 계정에 연계된 신용카드나 체크카드 등을 활용해 물건을 판매한 가게 주인의 요구불예금 계좌에 일정 금액을 이체한다. 이런 거래는 채무자인 은행의 장부에 기록된다. 요구불예금 채무자인 은행들은 어떤 채권자의 요구불예금이 늘어났고, 또 어떤 채권자의 요구불예금이 다른 은행으로 이동했는지 기록한 뒤 매일 다른 은행들과 한자리에 모여 각각의 채무 변동을 서로 정산한다. 이런 정산이 이루어지는 장소가 중앙은행에 개설한 지급준비금 계좌다. 은행들은 지급준비금 계좌의 채권자이고, 중앙은행은 지급준비금 계좌의 채무자다. 중앙은행은 시중은행들끼리 지급준비금을 서로 어떻게 변경하는지, 즉 자신의 채권자가 누구에서 누구로 얼마만큼씩 변경되는지 기록한다.

지급준비금은 시중은행의 자산이고, 요구불예금을 포함한 은행예금의 일부는 법에 의해 강제로 지급준비금 계좌에 예치하도록 되어 있다. 부채이론에 의하면 은행 요구불예금(은행의 부채)은 가계나 기업에 대한 대출(은행의 자산)에 의해 발생한다. 가계나 기업의 입장에서 보면 부채인 대출이 늘어날수록 자산인 요구불예금도 증가한다. 그리고 고객 간 요구불예금(고객 자산)이 이동하는 것과 동일한 금액만큼 은행 간 요구불예금(은행 부채)도 증가하거나 감소한다. 결론적으로 은행 요구불예금은 매일매일의 대출과 이체 등에 의해 변동하고, 그 결과 중앙은행의 부채이자 은행의 자산인 지급준비금도 매일 동일한 금액만큼 증가분과 감소분이 상쇄되면서 변동한다.

지급준비금의 변동 과정에서 특정 은행의 지급준비금이 일시적으로 법으로 정한 기준에 미달하는 경우가 있다. 그런 경우 은행들은 이자를 지급하고 다른 은행들로부터 일정 금액을 빌리거나, 중앙은행으로부터 차입할 수 있다. 이때 자주 활용되는 것이 국채다. 은행은 자신이 보유하고 있는 국채를 매각해서 지급준비금을 확보하든지, 아니면 국채를 담보로 단기적으로 차입한 뒤 나중에 원금과 이자를 갚든지 해야 한다. 지급준비금의 변동 과정에서 국채를 담보로 이용하는 이유는 국채가 한 국가 내에서 가장 믿을 수 있는 자산이기 때문이다. 국채는 징세권을 담보로 발행한 국가의 부채다.

고객들이 요구불예금을 이체하는 과정에서 은행의 지급준비금이 늘어나거나 줄어들기도 하지만, 은행 지급준비금의 가장 큰 변동 요인은 대출이다. 대출이 늘어나면 요구불예금이 늘어나고, 동시에 중앙은행에 의무적으로 적립해야 하는 지급준비금의 양이 늘어난다. 은행들은 충분한 국채를 확보하고 있다가 지급준비금이 필요할 때 국채를 매도하든지 아니면 국채를 담보로 돈을 빌리든지 하여 매일매일 지급준비금을 일정 수준으로 채워야 한다.

따라서 국채는 통화정책에서 중요한 역할을 담당한다. 국채금리는 평균적인 은행예금금리보다 대체로 높다. 은행들은 대출에 따른 위험이 커지는 시기에는 대출을 줄이고 국채를 보유함으로써 안정적으로 이자 수익을 얻을 수 있다. 또한 국채는 유통시장에서 활발하게 거래되므로 은행이 필요할 때는 언제든지 국채를 매도해서 유동성(지급준비금)을 확보할 수도 있다. 중앙은행은 이를 이용해서 은행으로부터 국채를 매입하거나 국채를 담보로 지급준비금을 늘려주는 방식으로 통화정책을 수행한다.

글로벌 금융위기 이후 양적완화 정책이 시행된 미국은 예외지만, 대부분의 나라에서 중앙은행은 지급준비금에 이자를 지급하지 않는다. 즉 은행 입장에서 지급준비금은 무수익 자산이다. 따라서 은행들은 지급준비금이 남아돌 때는 다른 누군가로부터 국채를 매입함으로써 이자 수익을 늘리고, 지급준비금이 부족할 때는 보유하고 있던 국채를 다른 은행에 매도함으로써 지급준비금을 적절한 수준으로 확보한다.

그런데 은행 전체적으로 지급준비금이 넘쳐날 때는 서로 국채를 매입하려고 할 것이므로 국채 가격은 상승하고, 은행 간 지급준비금 시장에서 결정되는 금리는 하락 압력을 받게 된다. 이때 중앙은행이 나서서 자신이 보유한 국채를 (목표금리 수준에 맞춰) 매도하거나, 중앙은행 보유 국채를 담보로 은행의 지급준비금을 흡수함으로써 은행의 단기 잉여자금이 무수익 상태로 방치되지 않도록 지원한다. 전자는 국채 매도조작, 또는 국채 매도운영(Selling Operation)이라 하고 후자는 환매조건부채권 매도(RP : Repurchase Agreements)라고 한다. RP는 채권 담보 차입이라고 불러도 무방하며, 중앙은행은 일정 기간이 지난 후 흡수했던 지급준비금을 원상태로 회복하면서 동시에 이자를 지급한다.

반대로 은행 전체적으로 단기 자금인 지급준비금이 부족해지면서 국채 매도가 과도하게 증가하는 경우가 있다. 이때 중앙은행은 은행들이 보유한 국채를 매입하거나, 은행 보유 국채를 담보로 은행의 지급준비금을 늘려준다. 전자는 국채의 매입 조작 또는 매입운영(Buying Operation)이라 하고, 후자는 환매조건부채권 매입, 또는 역 PR(Reverse RP)라 한다. 전자는 실제로 소유권이 은행에서 중앙은행으로 이전되는 것이고, 후자는 중앙은행이 담보권만 가지고 은행의 지급준비금을 늘려주는 것이다. 중앙은행의 입장에서 채권 담보 대출이라고 불러도 무방할 것이다. 일정 기간 후 중앙은행은 늘려주었던 지급준비금을 원 상태로 축소하면서 최초에 제시했던 대출 이자를 받는다. 이처럼 중앙은행은 공개 입찰이라고 불리는 은행과의 소통을 통해 수익률 거래 조건을 제시하고 국채 매입운영과 매도운영을 시행한다. 이를 공개시장조작, 또는 공개시장운영(Open Market Operation)이라고 한다.

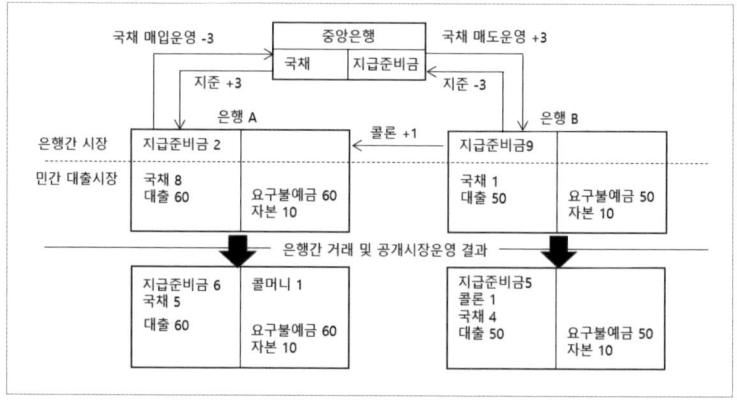

〈그림 Ⅳ-6〉 은행 간 지급준비금 거래시장과 중앙은행의 공개시장운영 개념도

주 : 2024년 6월 말 기준(한국은행)

〈그림 Ⅳ-6〉은 요구불예금에 대한 지급준비율이 10%인 경우의 공개시장운영 사례를 보여준다. 은행 A는 어느 날 대출이 급증하여 요구불예금이 60까지 늘어난 반면, 지급준비금은 2밖에 없는 상태가 되었다. 은행 A는 중앙은행의 국채 매입 공개입찰에 참여해 보유하고 있던 국채 중 3만큼을 매도하고 3만큼의 유동성(지급준비금)을 확보한다. 그리고 은행 B로부터 만기연장이 가능한 1일물 단기 자금(콜론)을 1만큼 차입해 모두 4만큼의 유동성(지급준비금)을 새로 확보한다. 대신, 법정지급준비금을 채우는 과정에서 국채 자산이 3만큼 감소하고 단기 부채인 콜머니는 1만큼 증가하였다. 한편, 은행 B는 어느날 대출과 요구불예금 부채가 평소보다 적은 50인데, 중앙은행 지급준비금 계좌는 9로서 단기 자금 잉여 상태가 되었다. 지급준비금은 중앙은행에 예치된 민간은행의 자산이지만, 이자가 발생하지 않는다. 따라서 은행 B는 중앙은행의 국채 매도운영에 참여하여 이자 수익이 발생하는 국채를 3만큼 매입하고 은행 A에게는 1일물 단기 자금을 1만큼 빌려주었다. 이 과정에서 지급준비금은 4만큼 감소하고 콜론과 국채 자산은 모두 합쳐 4만큼 증가하였다. 중앙은행은 단기 자금과 국채 매매에 적용되는 금리가 정책금리에서 크게 벗어나지 않도록 매일 은행 간 금융시장을 주도면밀하게 모니터링한다.

이상과 같이 중앙은행의 국채 매매는 유용한 금리 조절 수단으로 사용된다. 중앙은행은 경기가 과열된다고 판단될 때 은행 간 지급준비금 조절 시에 적용되는 단기 목표금리를 인상한다. 이는 은행의 입장에서는 중앙은행이 매도하는 국채의 가격이 하락한다는 의미이므로 위험한 대출 자산보다는 안전하고 저렴해진(투자 수익률이 높아진) 국채 자산을 늘릴 유인이 존재한다. 따라서 중앙은행은 은행에 국채를 매도해 은행의 지급준비금 자산을 축소할 수 있다(경제학 교과서의 표현으로 바꾸면 은행 유동성을 흡수할 수 있다). 은행의 지급준비금이 줄어들면(은행의 유동성이 부족해지면), 은행 간 단기 자금을 빌릴 때의 비용이 증가한다. 그러면 은행들은 대출을 망설이게 된다. 대출(자산)이 증가하면 그에 따른 요구불예금(부채) 증가 및 필요지급준비금(자산) 증가에 대응하기 위한 비용이 높아지기 때문이다.

반대로 경기가 침체될 때는 중앙은행이 단기 목표금리를 인하해 중앙은행이 매입하는 국채 가격을 상승시킨다. 은행은 보유 국채를 상대적으로 비싼 가격에 중앙은행에 매도함으로써 지급준비금(은행의 유동성)을 늘릴 수 있다. 이는 은행의 대출 증가를 촉진할 수 있다. 이처럼 통화정책에 있어서도 국채는 중요한 역할을 담당한다.

2023년 말 미국 연방은행의 대차대조표를 살펴보면, 총자산 7.8조 달러 중 국채는 5조 달러로서 전체의 64%를 차지한다. 그리고 정부보증채는 2.5조 달러로서 총자산의 32%를 차지한다. 국채와 정부보증채를 합치면 96%에 이른다. 2007년 서브프라임 사태 이전에는 연방은행 총자산은 대부분 국채로 구성되어 있었다. 예컨대 2006년 말 연방은행 자산 내 국채 비중은 86%였다. 그런데, 2007년 서브프라임 사태와 2008년 글로벌 금융위기 이후 연방은행이 은행 대출을 늘리거나 정부기관 보증채인 MBS 매입을 늘리면서 연방은행 내 국채 자산 비중은 상대적으로 낮아졌다. 하지만 이것은 연방은행이 MBS 등 정부보증채에 대한 매입을 늘렸기 때문이지 국채 매입을 줄여서가 아니다. 2006년과 2007년, 2023년 모두 큰 변화 없이 연방은행은 미국 재무부가 발행한 국채의 약 17%를 보유하고 있다. 그 정도로 연방은행은 미국 국채의 여전히 큰손이다. 연방은행이 국채를 직접 매입하는 것은 아니고, 은행 등 금융회사를 통해 간접적으로 매입하기는 하지만 실질적으로 큰 차이는 없다.

〈표 IV-9〉
미국 연방은행의 자산 구성(2023년 말 기준)

자산	부채
총자산 $7.8조(100%) 국채 $5.0조(64%) 정부 보증채 $2.5조(32%) 민간대출 $0.1조(1%) 기타 $0.2조(3%)	총부채 $7.8조(100%) 지폐(연방은행권) $2.3조(29%) 지급준비금 $4.1조(53%) - 예금은행 지급준비금 $3.1조(40%) RP $1.4조(18%) 자본 0.04조

자료 : 미국 연방준비위원회

참고로, 연준 부채 부문의 RP 1.4조 달러는 미국 내 MMF를 포함한 금융회사들이 연방은행이 보유한 국채를 담보로 자신의 잉여자금을 운용하는 것으로서 금융회사의 입장에서는 환매조건부 채권매수(역RP) 자산에 해당한다. 어떤 문헌에서는 이를 연준의 입장에서 대차대조표 항목에 RP(연준의 부채)로 표시하기도 하고, 또 다른 문헌에서는 실질적인 운용자인 금융회사의 입장에서 역RP(금융회사의 자산이면서 연준의 부채)로 표시하기도 한다. 여기에서는 결과적인 측면만 반영해서 누가, 어떤 방식으로 운용하든 자산 항목에는 역RP, 부채 항목에는 RP로 표시한다.

한국은행 통화정책에서 국채가 사용되지 않는 이유

이제 미국 연방은행과 동일한 기능을 수행하는 한국은행의 자산 구성을 살펴보자. GDP 대비 한국은행 총자산은 22%로서 미국 GDP 대비 연방은행의 총자산과 거의 같다. 하지만 한국은행 대차대조표는 미국 연방은행에 비해 매우 복잡하고 구성도 다르다. 주목할 점만 살펴보면 우선, 한국은행이 가지고 있는 국채는 2023년 말 기준 29.1조 원으로서 한국은행 총자산에서 차지하는 국채의 비중은 5%다. 이는 기재부가 발행하는 국채의 약 2.6%다. 반면, 해외자산은 463.7조 원으로서 한국은행 자산의 86%를 차지한다. 해외자산 중 미국 국채 등의 해외증권이 371.4조 원으로서 해외자산 중 가장 높은 비중을 차지한다.

〈표 IV-10〉
한국은행의 자산 구성(2023년 말 기준)

자산	부채
총자산 536.4조 원(100%) 국내자산 72.7조 원(14%) - 국채 29.1조 원(5%) - 민간대출 19.5조 원(4%) - 역RP 13.0조 원(2%) 해외자산 463.7조 원(86%) - 해외증권 371.4조 원(69%)	총부채 514.9조 원(100%) 국내부채 476.4조 원(93%) - 통화(지폐+동전) 발행 181.1조 원(35%) - 은행 지급준비금 86.5조 원(17%) - 통화안정증권 121.6조 원(24%) - RP 0.5조 원(0.1%) 해외 부채 38.3조 원(7%) 자본 21.5조 원

자료 : 한국은행

한국은행의 자산에서 해외자산 비중이 높은 이유는 한국은행이 외환시장에서 외화를 매입해 외환보유액으로 축적하기 때문이다. 수출이 잘되거나 해외 투자자들의 국내 증권 매수가 증가하면, 국내 민간 부문의 수출기업이나 자산운용사의 외화 자산이 증가한다. 수출기업과 자산운용사의 외화 자산은 국내은행의 외화 예금(부채) 계정에 기록된다. 수출기업과 자산운용사는 자산들의 외화 예금을 원화 예금으로 바꿔달라고 할 수 있는데, 그러면 해당 은행은 외화 수요가 있는 다른 은행의 원화 예금과 자신의 외화 예금을 맞바꾸면 된다. 그러면 이제 국내기업과 금융회사는 더 이상 환율변동 위험에 노출되지 않는다.

그런데, 이 과정에서 한국은행도 외화를 흡수하고 원화를 공급하는 데 참여한다. 한국은행이 매입한 외화는 외환보유액에 축적된다. 외환위기 당시 한국은 고정환율제도를 채택했으므로 한국은행은 원화를 외화로 바꾸어 줄 의무가 있었지만, 지금은 그럴 의무가 없다. 민간은행이 과도한 외화 부채를 보유하고 있다고 판단되는 경우 해당 은행의 외화 차입을 억제하거나 외화 자산을 외화 부채만큼 보유하도록 하면서 외화 유동성을 안정적으로 관리하도록 규제와 감독을 강화하는 것으로 충분하다.

그럼에도 불구하고 한국은행이 외환시장에 참여해 외환을 대규모로 매입하는 이유는 크게 세 가지 정도로 생각된다. 첫째는, 국내 금융회사의 외화 유동성을 엄격하게 관리하더라도 일단 외화 유동성 관리에 실패한 은행이 생기면 국내 금융시스템에 연쇄적으로 부정적인 영향이 생길 수 있다. 따라서 외화 유동성 위기에 빠진 은행이 발생하는 경우 한국은행이 구제금융을 제공함으로써 금융불안을 예방할 수 있다. 둘째, 외환시장이 투기 세력에 의해 환율이 급변동하는 경우 적절히 개입해 부작용을 완화할 수 있다. 셋째, 한국은행이 부채인 은행 지급준비금을 관리하려면 이의 대응 자산인 국채가 충분히 확보되어야 하는데, 우리나라는 재정 흑자 및 균형 기조가 상당 기간 유지됨으로써 국채가 충분히 발행되지 못했다. 2023년 말 한국의 국채 발행액은 1,091조 원으로 GDP 대비 약 45%인데, 미국의 122%나 일본의 255% 등 선진국과 비교하면 많이 부족하다. 따라서 한국은행이 공개시장에 참여해 은행의 지급준비금을 조절하려면 다른 부채를 발행해야 하는데, 그 대응 자산으로서 해외자산이 필요할 수 있다.

하지만 이에 대해서는 두 가지 측면에서 반박이 가능하다. 첫째, 통화시장의 삼중 난제(Trilemma)에 따르면 고용과 물가안정을 위한 국내 통화정책의 독자성 확보, 자본시장 자유화, 환율 안정을 동시에 달성하는 것은 불가능하다. 게다가 통화정책의 독자성과 자본시장 자유화는 경제적으로나 정치적으로 포기하기 힘든 과제다. 그렇다면 환율 안정은 금융감독 강화와 시장 기능 강화 등으로 해결해야지 정부와 한은이 과도하게 외환을 보유하고 이를 바탕으로 외환시장에 개입하는 방식은 부작용이나 비효율을 초래할 수 있다.

둘째, 중앙은행을 포함하는 통합정부는 징세권을 바탕으로 스스로 부채를 발행할 능력이 있다. 가장 신뢰할 수 있는 국가 부채를 발행하고 이를 담보로 중앙은행의 부채를 늘리는 대신 해외자산을 확보하고 이를 담보로 중앙은행의 부채를 늘리는 것은 금본위적인 사고로서 행여 상징적 의미가 있을지는 몰라도 실제적 의미는 없다. 변동환율제도하에서 한국은행은 원화 자산을 외화로 바꾸어 줄 의무가 없으며, 환율변동 위험은 시장 참여자가 부담하는 것이 원칙이다.

한국은행은 국채 부족 문제를 해결하고 은행 지급준비금 관리를 위해 국채 대신 통화안정증권(이하 통안증권)을 발행해 통화정책에 활용하고 있다. 지급준비금 시장에서 자금의 초과 공급이 발생하여 단기금리가 하락할 경우 통안증권을 발행해 은행에 공급함으로써 은행의 잉여자금을 흡수하고 목표금리 수준을 유지한다. 반면, 자금의 초과수요가 발생하여 단기금리가 상승하는 경우 은행이 보유한 통안증권을 매입함으로써 은행의 지급준비금을 늘려준다.

하지만 재정지출 목적으로 발행되는 국채는 민간 부문의 금융순자산 증가 효과를 가져오지만, 통안증권은 은행 지급준비금을 흡수하는 목적으로 발행되는 것이기 때문에 민간 부문의 유동성(요구불예금) 축소 요인으로 작용한다. 게다가 시간이 지날수록 통화량이 증가하면서 지급준비금의 규모도 커질 수 있는데, 지급준비금 규모가 커지면 지급준비금의 조절을 위해 발행하는 통안증권의 양도 늘어날 수 있다. 이때 제2금융권(비은행)의 통안증권 보유량이 늘어나면 중앙은행이 은행대출 억제를 위해 정책금리를 인상할 때 부작용이 발생한다. 예컨대 정책금리 인상으로 은행이 대출을 줄이고 통안증권 매입을 늘리는 과정에서 제2금융권이 통안증권을 매도하고 유동성(요구불예금)을 확보한 뒤 대출을 늘림으로써 중앙은행의 통화정책을 무력하게 만들 수 있다.

국채 없는 통화정책이 낳은 모순들

2023년 우리나라의 GDP 대비 은행 지급준비금 규모는 양적완화 정책이 추진되고 있는 미국이나 일본, 유로 지역보다 작은 수준이고, 양적완화 정책과 무관한 대만에 비해서도 상당히 작다. 소득 규모에 비해 지급준비금 시장이 적다는 것이 무슨 의미인지, 바람직한 것인지 등에 대해서는 구체적인 연구가 진행된 바는 없다. 다만, 한국과 대만의 경우만 놓고 보았을 때 양적완화 정책이 추진되지 않더라도 지급준비금 시장은 점점 커지는 것처럼 보인다.

〈표 Ⅳ-11〉
2023년 기준 예금기관 지급준비금/GDP

한국		미국	일본	유로	대만	
2013	2023				2013	2023
2.6%	3.9%	12.4%	85.2%	24.5%	10.1%	12.1%

자료: 각국 중앙은행

외생적 통화공급 이론에 따르면 지급준비금 규모는 중앙은행에 의해 결정된다. 그리고 지급준비금 규모에 의해 시중 통화량이 결정된다. 반면, 내생적 통화공급 이론에 따르면 지급준비금은 대출에 의해 결정된다. 대출이 증가하면 요구불예금이 증가하고, 동시에 필요(Required) 지급준비금이 증가한다. 아래의 〈그림 Ⅳ-7〉은 최근 10년 간의 대출과 요구불예금, 그리고 필요지급준비금 부과 대상 예금의 전년동월대비 증가율이 표시되어 있다. 이 그림을 보면 우리나라는 내생적 통화공급이론이 타당해 보인다.

〈그림 Ⅳ-7〉 은행 대출과 은행 요구불예금, 필요지급준비금 대상 은행예금의 증가율 추이

주 : 전년동월대비 증가율이며, 은행 요구불예금에는 저축예금, 기업자유저축 등 수시입출식 예금 포함
자료 : 한국은행

일단 늘어난 은행예금은 세금과 대출 상환의 경우를 제외하면 사라지지 않는다. 은행예금의 종류에 따라 지급준비율이 다르므로 은행예금의 구성 변화에 따라 지급준비금 규모가 달라질 수 있지만, 그래도 은행예금이 증가하면 대체로 은행예금의 일정 비율에 부과되는 필요지급준비금도 늘어난다. 필요지급준비금이 늘어나면 은행의 기회비용은 증가한다. 왜냐하면, 대부분의 중앙은행들은 지급준비금에 이자를 지급하지 않기 때문이다. 따라서 만일 금리가 상승하면, 필요지급준비금의 기회비용—대출을 했더라면 얻을 수 있었던 수익—은 증가한다. 아래 〈그림 Ⅳ-8〉은 최근 10년간 은행 지급준비금의 기회비용을 그래프로 표시하였다. 2020년까지 필요지급준비금은 꾸준히 증가하다가 2021년 중반부터 기준금리가 인상되자 대출금리도 연달아 인상되었고, 따라서 필요지급준비금의 기회비용도 크게 상승하였다.

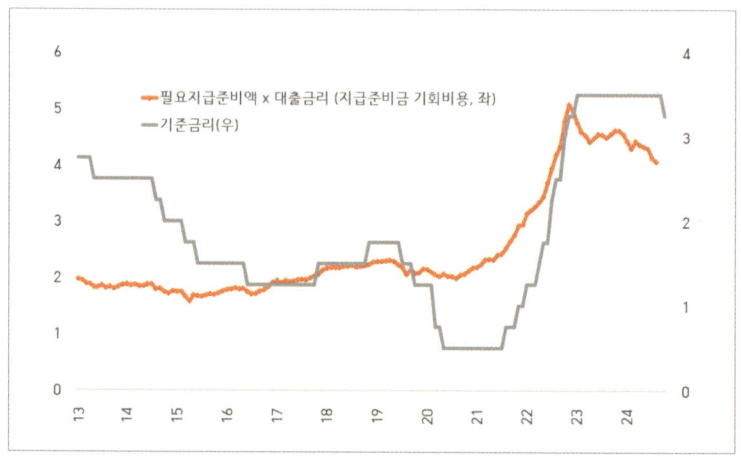

〈그림 IV-8〉
필요지급준비금의 기회비용 추이

자료 : 한국은행

　　지급준비금의 기회비용이 상승하면 은행들은 크게 두 가지 방법으로 대응하게 된다. 첫째, 대출을 줄이고 채권투자를 늘리는 방법이다. 내생적 통화공급이론에 의하면, 대출은 예금 증가를 통해 지급준비금 적립 의무를 유발하므로 은행이 지급준비금을 늘리지 않고 수익을 창출하는 방법이란 채권투자밖에 없다. 하지만 이때 국내은행 입장에서 마땅한 채권이 없다는 점이 문제가 된다(참고로, 은행들은 기업에 대한 대출 자산을 많이 가지고 있으므로 대출보다 비용이 많이 드는 회사채에 투자할 유인은 별로 없다).

한국은행이 국채를 거의 보유하고 있지 않으므로 은행들이 한국은행으로부터 매입할 수 있는 국채 규모는 제한적이다. 따라서 은행들은 또 다른 국가 채권인 통안증권의 매입을 늘리려 할 것이다. 하지만, 한국은행이 통안증권을 발행하는 것은 정치적으로나, 경제적으로 여러 문제를 야기한다. 한국은행의 입장에서 국채는 이자수익이 발생하는 자산이지만, 통안증권은 이자비용이 발생하는 부채다. 한국은행이 통안증권 발행을 늘릴수록 그에 따른 이자비용이 증가하고, 이자비용이 증가하면 국회와 정부 등으로부터 재정 낭비라는 비판을 받는다. 따라서 한국은행은 정치적인 이유로 마음대로 통안증권 발행을 늘리지 못한다.

국채는 재정균형 기조 때문에 발행이 저조하고, 통안증권은 정치적인 이유로 발행을 크게 늘릴 수 없다. 반면, 대출에 의해 일단 생겨난 은행예금은 세금이나 통안증권 발행이 아니면 사라지지 않는다. 이에 따라 은행예금과 필요지급준비금은 꾸준히 증가하고, 〈그림 Ⅳ-9〉와 같이 은행 지급준비금 대비 국채와 통안증권 잔고는 꾸준히 감소할 수밖에 없다.

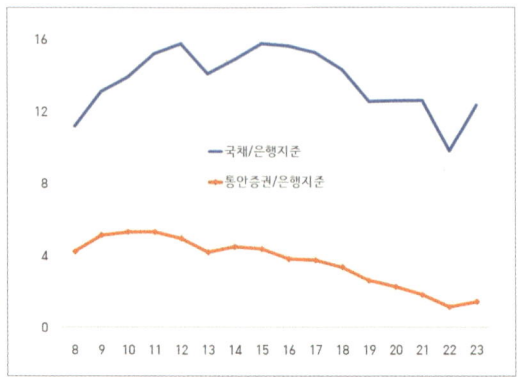

〈그림 Ⅳ-9〉 은행 지급준비금 대비 국채 및 통안증권 발행잔액 추이

자료: 한국은행

 게다가 통안증권은 통화정책을 교란하는 부작용을 낳는다. 아래 〈표 Ⅳ-12〉의 1~3단계는 한국은행에 의해 발행된 통안증권을 은행이 매입했다가 비은행 금융회사가 최종 매입함으로써 시중 요구불예금이 축소되는 과정을 보여준다. 그런데, 4단계에서 한국은행이 긴축을 위해 금리를 인상했을 때 은행들이 더 이상의 대출을 줄이고 통안증권을 매입하는 경우 비은행 금융회사들의 요구불예금(통화)이 증가하고 비은행 금융회사에 의해 대출이 증가할 수 있다. 일단 발행된 통안증권이 한국은행의 금리 인상 정책 효과를 반감시킬 수 있는 것이다.

〈표 IV-12〉 한국은행의 통안증권 발행에 의한
민간 부문 요구불예금(통화) 감소

단계	한국은행		예금은행		비은행 금융회사	
	자산	부채	자산	부채	자산	부채
1		지준 100	지준 100 대출 200	요구불 200 자본 100	요구불 200	대출 200
2		통안증권 +50 (초과)지준 −50	통안증권 +50 (초과)지준 −50			
3			통안증권 −50	요구불 −50	통안증권 +50 요구불 −50	
중간		통안증권 50 지준 50	지준 50 대출 200	요구불 150 자본 100	통안증권 50 요구불 150	대출 200
4			통안증권 +50	요구불 +50	통안증권 −50 요구불 +50	
최종		통안증권 50 지준 50	통안증권 50 지준 50 대출 200	요구불 200 자본 100	요구불 200	대출 200

(국채와 통안증권 규모가 충분하지 않으므로) 필요지급준비금의 기회비용 증가에 대응하는 은행의 두 번째 방법은 대출을 좀 더 늘리면서 은행예금의 구성을 바꾸는 것이다. 금리가 높은 상태이므로 우량 대출 고객을 찾을 수 있다면 대출 수익은 더 확대될 수 있다. 또한, 지급준비율이 높은 요구불예금의 비중을 줄이고, 정기예금 등 지급준비율이 낮은 은행예금의 비중은 늘리면 필요지급준비금의 규모 또한 줄일 수 있다. 요구불예금의 경우 지급준비율은 7%

이지만 정기예금, 정기적금, 양도성예금증서(CD) 등은 2%이므로 우대금리가 적용되는 정기 예·적금이나 CD 등에 대한 마케팅을 강화함으로써 요구불예금 고객이 다른 예금으로 이동할 수 있도록 하는 것이다.

2021년 중반 이후 글로벌 물가 상승과 중앙은행의 금리 인상 등의 영향으로 한국은행이 빠르게 금리를 인상하자 은행 지급준비금의 기회비용이 빠르게 증가했다. 그러자 은행들은 지급준비율이 높은 요구불예금의 비중을 줄이고, 지급준비율이 낮은 정기예·적금과 양도성예금증서(CD)를 크게 늘렸는데, 아래 〈그림 Ⅳ-10〉은 이러한 과정을 잘 보여준다.

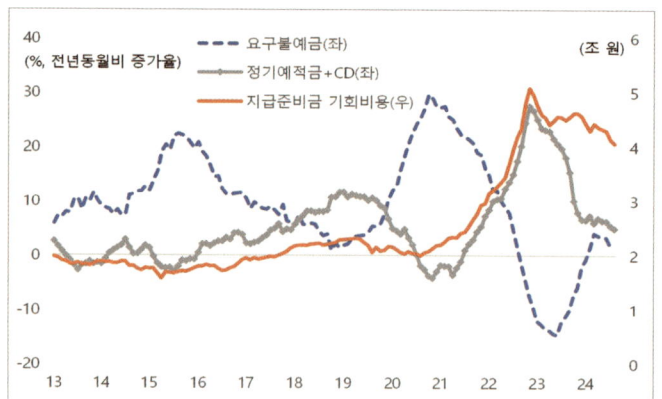

〈그림 Ⅳ-10〉 은행 지급준비금 대상 예금 (요구불예금, 정기 예·적금, CD)의 추이

자료 : 한국은행

이론상 한국은행이 금리를 인상하면, 은행들은 지급준비금을 채우기 위해 한국은행을 비롯한 다른 은행들로부터 돈을 빌릴 때 차입 비용이 증가한다. 따라서 은행들은 대출을 억제하는 대신 국채와 통안증권 투자를 늘린다. 그런데, 2022년 말부터 국채와 통안증권 금리가 한국은행의 기준금리보다 낮아지더니 2024년 하반기에는 주택담보대출 금리도 한국은행의 기준금리보다 더 낮아지는 현상이 발생한다. 이는 국채와 통안증권의 부족을 반영하는 것이기도 하고, 은행들이 은행예금의 구성을 바꾸면서 필요지급준비금의 규모를 축소하고 그 여유분으로 주택담보대출을 늘렸음을 시사한다. 게다가 은행들이 통안증권을 매입하는 과정에서 시중 통화량(요구불예금)이 오히려 증가함으로써 비은행 금융회사의 유동성이 더 풍부해지고, 이로 인해 비은행 부문을 통한 풍선효과도 발생하였다. 이로 인해 정부기관인 금융위가 은행과 비은행 금융회사의 대출 축소에 직접 간여하는 현상이 나타난다.

〈그림 Ⅳ-11〉
한국은행 기준금리와 국고채/통안증권/주택담보대출 금리 추이

자료 : 한국은행

　국내은행들은 부채에서 차지하는 요구불예금 비중이 낮다. 국내은행들의 요구불예금 의존도는 미국의 30%와 일본의 52%에 비해 크게 낮은 12%다. 국내은행들의 요구불예금 비중이 낮은 것은 지급준비금의 주요 대상이기 때문에 은행들이 요구불예금을 가급적 줄이려고 하기 때문이다. 요구불예금에는 7%의 지급준비율이 적용된다. 이는 은행의 입장에서 요구불예금을 조달하는 데 발생하는 이자 비용이 7~8%라는 의미와 비슷하다. 예컨대, 어느 은행이 100만큼의 요구불예금이 있고 이 중 7만큼을 지급준

비금에 적립하고 나머지 93만큼을 전부 대출한다고 가정했을 때, 그리고 대출 위험과 인건비 등을 모두 제외한다고 가정했을 때, 7~8%의 금리로 대출을 해야만 손익분기점을 겨우 맞출 수 있다.

따라서 국내은행들의 입장에서는 지급준비금을 쌓지 않아도 되거나 덜 쌓아도 되는 조달 수단(부채)을 늘릴 필요가 생긴다. 이로 인해 정기예금과 정기적금, 양도성예금증서 등의 고금리 부채 비중이 높아지는 결과가 발생한다. 게다가 상당한 규모의 은행채까지 발행하는 문제가 초래된다. 미국과 일본의 경우 은행 부채에서 차지하는 은행채의 비중은 각각 2%와 0.1% 수준이다. 반면, 한국의 2023년 말 기준으로 원화 표시 국내은행채는 약 426조 원으로서 은행 부채의 12%를 차지한다. 대형 은행을 자회사로 두고 있는 금융지주회사들이 발행하는 금융지주회사채까지 합치면 은행들이 자신들의 지위를 이용하여 금융시장에 미치는 영향력은 매우 크다고 할 수 있다.

은행채는 비은행 금융채나 회사채보다 신용등급이 높기 때문에 은행채가 대규모로 발행되면 다른 금융회사나 기업으로 유입될 자금이 은행채로 흘러감으로써 금융시스템 전반에 부정적인 영향을 미친다. 특히 금융불안의 시기일수록 회사채나 금융채를 발행하는 기업의 유동성에 미치는 부정적인 파급효과가 더 커진다. 한국은행은 경기 과열의 시기에 발행하는 은행채가 아니라면 지급준비금을 부과하지 않는다고 공표하고 있다. 경기 과열이 구체적으로 어느 시기인지는 재량에 맡겨져 있고, 금융불안기에 다른 금융회사에게 피해를 입히는 은행채나 금융지주회사채의 발행에 대해서도 별도의 언급이 없다. 국내은행의 부채가 고금리 예금 및 은행채 중심으로 구성되어 있는 것은 아래의 〈표 Ⅳ-13〉으로 확인할 수 있다.

〈표 Ⅳ-13〉
주요국 은행들의 부채 구성

		한국(원)	미국(달러)	일본(엔)
예금	결제성 예금	423.5조(12%)	5.9조(30%)	739.2조(52%)
	비결제성 예금	1,936.9조(55%)	11.2조(57%)	276.0조(19%)
은행예금 소계		2,360.4조(67%)	17.1조(87%)	1,015.2조(71%)
은행채		425.9조(12%)	0.4조(2%)	1.7조(0.1%)
부채		3,539.3조(100%)	19.8조(100%)	1,421.0조(100%)

주 : 결제성예금은 요구불예금, 비결제성예금은 은행채를 제외한 나머지 비요구불예금을 의미
자료 : 각국 중앙은행 자금순환표

재정정책과 통화정책의 궁극적 목표 : 부가가치와 생산성

누군가의 금융자산은 다른 누군가의 금융부채이며 금융순자산의 합이 0이라는 명제는 경제가 제로섬 게임이라는 단순한 주장이 아니다. 정부가 국채와 재정지출을 통해 금융순자산을 공급하고, 중앙은행이 통화정책을 통해 민간 부문의 금융자산과 금융부채의 구조에 영향력을 행사하는 과정에서 생산, 고용, 분배 등에 영향을 줄 수 있다는 의미다.

생산, 고용, 분배는 실물자산이라는 생산수단을 통해 이루어진다. 실물자산과 실물순자산은 사실상 동일하다. 극히 이례적인 경우를 제외하고 실물부채라는 개념은 존재하지 않기 때문이다. 금융순자산은 0인 반면, 실물(순)자산은 0이 아니므로 해외 부문을 포함한 경제 전체의 부(Wealth)의 합계, 즉 금융순자산 더하기 실물순자산은 결국 실물자산과 일치한다.

사람들은 신뢰할 수 있는 금융자산(요구불예금)을 사용해 재화나 서비스를 구입하고 미래에 대비해 자산을 축적한다. 축적된 자산은 금융자산의 형태일 수도 있고, 실물자산의 형태일 수도 있다. 해외 부문을 포함하면 금융순자산은 0이지만, 실물순자산은 0이 아니다. 금융자산은 금융부채에 의해 탄생하지만 실물자산은 실물부채에 의해 탄생하지 않는다.

실물자산은 금융자산이 아닌 비금융자산으로서 일정한 사용가치가 있는 것을 의미한다. 교량, 도로, 공원, 공공건물, 선박, 자동차 등은 모두 실물자산이라고 할 수 있다. 현재 각국에서 국가 통계를 목적으로 측정하는 실물자산에는 설비, 상업용 건물, 주거용 건물, 재고, 건물에 부속된 토지나 농경지, 임야, 지하자원 등이 있다. 실물자산은 UN의 분류체계에 따라 작성되는데, 시간이 지남에 따라 분류 기준이 조금씩 바뀐다. 예컨대 과거에 지식재산은 실물자산에 포함되지 않았으나 최근에는 일부 연구개발 투자비와 소프트웨어 등을 지식재산생산물이라는 명칭으로 실물자산에 포함시킨다. 하지만 연구개발을 통해 산출되는 특허권이나 상품권 등 여전히 많은 지식재산이 실물자산 통계에 포함되지 않는다. 사회 안정이나 문화적 자부심 등의 무형자산 역시 실물자산 통계에 포함되지 않는다.

실물자산은 금융자산과 금융부채에 의해 탄생한다. 즉, 실물자산을 생산하고 구입하기 위해서는 금융자산과 금융부채가 필요하다. 실물자산 자체는 노동력 투입에 의해 만들어졌지만 누군가 그것을 국가 통화로 구입함으로써 드디어 통화 단위로 평가된다. 실물자산을 구입하는 사람은 본인이 가진 금융자산에다 금융부채를 합쳐서 구입하겠지만, 금융자산은 금융부채로부터 발생하는 것이므로 결국 실물자산은 금융부채로부터 발생한다고 볼 수 있다. 그리고 금융부채의 궁극적인 종착점은 징세권을 가진 국가의 부채다. 따라서 한 국가 내의 실물자산은 국가가 징세권을 담보로 발행한 금융부채가 민간 부문에서 인센티브(금융자산)로 작용함으로써 만들어진 한 국가의 부(Wealth)라고 할 수 있다. UN의 분류체계에 따라 한국은행이 도출한 우리나라의 실물자산은 2023년 기준으로 2경 1,995조 원이다.

　그렇다면, 실물자산이 많은 나라가 부자일까? 그렇지는 않다. 감가상각이 빠르게 진행되거나 유행에 뒤떨어지거나 산업 구조가 바뀌면 실물자산의 가치가 하락할 수 있다. 실물자산의 가치는 각국의 통화 단위, 또는 환율로 평가하는 것이므로 과대평가나 버블이 발생할 수도 있다. 개별 경제주체가 실물자산을 잘못 구입하면 파산할 수도 있다.

　애덤 스미스는 그의 『국부론』에서 진정한 국부는 무역을 통해 축적된 귀금속이 아니고, 인간에게 필요한 생활필수품을 지속적으로 생산할 수 있는 능력에 있다고 주장하였다. 애덤 스미스는 생산물의 가치는 노동력으로 환원될 수 있다고 보았다. 따라서 그에 의하면 실물자산 자체보다는 많은 부가가치를 창출할 수 있는 높은 노동생산성이 궁극적인 국부라고 볼 수 있다. 공장, 설비 등의 실물자산이 축적되면 노동생산성을 높이는 요인으로 작용한다. 즉, 애덤 스미스에 의하면, 실물자산은 그 자체로 중요하다기보다는 경제 내의 노동생산성을 높이는 요인으로 작용하기 때문에 중요하다.

하지만, 실물자산은 노동생산성을 높이는 생산수단이면서 개인의 사유재산 수단이기도 하다. 자본주의 사회에서 개인의 사유재산은 법적으로 그 권리가 보장된다. 그런데 그 보장이 지나치면, 과도한 투기로 인한 주거비나 임대료 인상 등을 통해 오히려 노동생산성에 부정적인 영향을 미칠 수도 있다.

2023년 평균 달러화 환율로 평가하면 2023년 한국 실물자산의 가치는 16.8조 달러다. 이는 미국의 130조 달러의 1/8 수준이지만, 일본의 25.5조 달러, 영국의 15.9조 달러에 비해 결코 적지 않은 수준이다. 대만의 6.2조 달러에 비하면 한국은 실물자산 측면에서 대만보다 3배 이상 부자 나라다.

하지만 노동생산성 측면에서 보면, 한국은 아직 부자 나라와 거리가 멀어 보인다. 2015년 구매력평가 환율로 평가한 2023년 노동 투입 1시간당 생산량을 달러화로 환산하면 한국은 44.4달러로서 일본의 49.1달러, 대만의 51.3달러, 영국의 60.1달러, 미국의 77.9달러 등에 비해 낮기 때문이다. 다만, 시간이 아니라 투입 노동력을 기준으로 하면 격차가 감소한다. 동일 환율 기준으로 취업자 1인당 노동생산성은 한국이 9.3만 달러로서 미국의 16.1만 달러, OECD 평균 11.5만 달러보다는 여전히 낮지만 일본의 8.5만 달러보다는 높게 나온다. 노동생산성의 국제 비교는 수출 등 무역이 가능한 제조업 부문에서 좀 더 의미가 있다. 서비스업은 국제무역의 대상이 아니기 때문이다. 수출 경쟁력을 평가할 수 있는 제조업 부문의 취업자 1인당 노동생산성을 살펴보면, 한국의 경우 2022년 기준으로 10.2만 달러로서 미국의 16.9만 달러, 대만의 15.6만 달러보다는 낮지만, 일본의 9.4만 달러보다 높고 영국의 10.8만 달러에 근접한 수준으로 상승한다. 단순히 한국의 수출 경쟁력을 높이려면, 인력을 더 감축하고 노동시간을 더 늘리자는 말을 할 수도 있을 것이다. 하지만, 한국의 1인당 노동시간은 연간 1,872시간으로서 대만의 2,020시간을 제외하면 미국(1,799시간)이나 일본(1,611시간), 영국(1,524시간) 등 다른 어떤 나라들보다 높게 나온다. 결론적으로 한국의 시간당 노동생산성은 낮은 것으로 나오지만 1인당 노동생산성은 낮다고 보기 힘들며, 무엇보다 연간 노동시간은 OECD 국가 중에서 가장 높은 수준이다.

⟨표 IV-14⟩ 주요국의 노동생산성
(2015년 불변가격 구매력평가환율 기준)과 노동시간

	한국	일본	대만	미국	영국	OECD
1시간당 노동생산성($)	44.4	49.1	51.3	77.9	60.1	64.7
취업자1인당 노동생산성($)	9.3만	8.5만	10.4만	16.1만	11.2만	11.5만
(제조업)	(10.2만)	(9.4만)	(15.6만)	(16.9만)	(10.8만)	-
1인당 연간 노동시간	1,872	1,611	2,020	1,799	1,524	1,742

주 : 시간당 노동생산성은 2023년(대만 제외), 나머지는 2022년 기준이며 대만은 별도 통계로 재계산
자료 : OECD, 대만통계청, 대만행정원

따라서 노동생산성은 다른 관점에서 볼 필요가 있다. 노동생산성은 투입된 노동력이 창출한 부가가치를 의미한다. 노동생산성을 분해하면 다음과 같은 관계가 성립한다.

노동생산성 = 부가가치 ÷ 노동력

= [총자본 ÷ 노동력(=자본장비율)] × [부가가치 ÷ 총자본(=자본생산성)]

자본장비율(=총자본÷노동력)이 높을수록 자본집약적이고, 낮을수록 노동집약적이다. 그런데 현실적으로 자본장비율의 분모는 실물 지표인 노동시간으로 계산되고, 분자는 명목 지표인 통화가치 단위로 계산된다. 따라서 자본장비율은 환율변동에 따라 고평가

되거나 저평가됨으로써 국제 비교가 어려워진다. 반면, 자본생산성(=부가가치÷총자본)은 분모와 분자 모두 현재의 통화가치로 평가되므로 분자와 분모의 통화적 요소가 서로 상쇄됨으로써 실질적인 가치로 국제 비교가 가능하다.

총자본을 어떻게 정의할 것인지에 대해 명확한 기준이 있는 것은 아니다. 금융순자산의 합계는 0이니까 주요 생산수단인 실물자산을 총자본으로 정의할 수도 있고, 주요 생산주체인 기업의 회계학적 자본을 총자본이라고 정의할 수도 있을 것이다. 어느 경우이든 아래의 〈표 Ⅳ-15〉에 나타난 것처럼 한국의 자본생산성은 높지 않다. 예컨대 실물자산 대비 GDP는 한국의 경우 10.9%로서 미국의 절반에 불과하고 일본과 대만 등에 비해서도 낮다.

자본생산성을 높이기 위해서는 불필요한 규제완화나 인프라 정비, 기업 지배구조 개선 등과 같은 질적인 정책이 필요하다. 국채 발행을 통한 재정 지원이나, 생산성 높은 부문에 대한 세금 인하 등도 유용한 정책 수단이 될 수 있다.

⟨표 Ⅳ-15⟩
주요국 자본생산성 비교

	GDP (부가가치)	실물자산 (자본)	자본생산성 GDP/실물자산	(참고) 상장기업 ROE
한국(조 원)	2,401.1	21,994.7	10.9%	8.0%
미국(조 달러)	27.4	130.3	21.0%	14.9%
영국(조 파운드)	2.5	12.8	19.6%	9.6%
일본(조 엔)	566.5	3,577.3	15.8%	8.3%
대만(조 대만달러)	22.7	193.1	11.7%	13.6%

주 : 2023년 기준(대만은 2022년), 상장기업 ROE는 금융위 자료에서 인용(최근 10년 평균)
자료 : 각국 중앙은행/통계청의 국민대차대조표

통화는 그 자체로 아무런 가치가 없다. 하지만 국가의 납세 수단으로 활용됨으로써 지급수단이라는 힘이 생긴다. 국가는 자신의 부채를 통화라는 인센티브로 활용해서 가계의 노동력을 이끌어 낸다. 중앙은행은 통화정책을 통해 민간 부문 내에서 금융자산과 금융부채를 만들어 내도록 하고, 이 과정에서 노동생산성을 높일 수 있도록 기업의 투자, 또는 실물자산(혹자는 자본이라고도 부른다)의 축적을 유도한다.

하지만, 경제에는 언제나 불확실성이 존재한다. 그리고 재정정책과 통화정책은 금융자산과 실물자산의 기대 수익률에 영향을 주기 때문에 버블을 야기할 수 있다. 국가가 민간 부문의 신뢰를 얻지 못하면, 통화라는 수단을 인센티브로 활용하는 과정에서 노동생산성이 오히려 하락할 수도 있다. 그리고 금융순자산의 합계가 0이라는 명제하에서, 금융자산과 금융부채의 배분에 영향을 주는 국가의 정책에 중립의 영역은 찾기 어렵다. 우리나라처럼 재정수지 흑자 내지 균형 기조가 유지됨으로써 마치 정부가 민간 부문의 영역에 개입하지 않는 것처럼 보이는 나라에서도 노동생산성과 자본생산성은 투기나 버블, 탈세나 탈법 등에 의해 오히려 하락할 수도 있고 왜곡될 수도 있다.

재정정책의 여러 문제―예컨대 민간 부문의 인센티브 구조를 왜곡할 수 있다는 문제―때문에 재정정책은 최대한 중립을 유지하고 통화정책으로 경기를 조절해야 한다는 생각은 따라서 문제가 있다. 재정정책은 노동시간을 늘리지 않고도 자본생산성 개선을 통해 노동생산성을 높일 수 있는 방식으로 관리하거나 유도할 필요가 있다.

돈(금융자산-금융부채 매칭)의 관점에서 생각해 볼 이슈들

비트코인

대차대조표를 통해 살펴본 현대의 통화 시스템은 경제주체 간의 채권-채무 관계와 그 변동을 기록하는 대규모 기록 장치라고 할 수 있다. 블록체인 역시 기록 장치다. 오늘날의 통화 시스템이 중앙집중형 저장과 이중, 삼중의 보안 장치가 필요한 고비용의 기록 장치라면, 블록체인은 분권화된 저비용의 디지털 기록 장치다. 따라서 블록체인에 조작이나 해킹이 불가능한 암호화 기술을 결합하면 통화 시스템에 새로운 혁신을 불어넣을 수 있다. 예컨대, 가계와 기업은 중앙은행과 시중은행이 없어도 블록체인을 활용해 타인과의 채권-채무 관계를 기록하고 변동시킬 수 있다. 즉 블록체인을 활용해 경제적 거래를 할 수 있다. 해외 경제주체와도 시간을 대폭 절감하고 수수료 비용 없이 국경을 초월한 거래를 할 수 있다.

블록체인과 암호화 기술을 결합한 대표적인 디지털 통화로는 비트코인이 있다. 비트코인을 사용하면 해킹에 대한 우려 없이 거래자 사이의 자산 변동을 정확히 기록할 수 있다. 더욱이 비트코인은 프로그램에 의해 발행량이 2,100만 개로 제한되어 있다. 중앙은행이 발권력을 남용할 수 없다는 신뢰도 얻을 수 있다.

그럼에도 비트코인은 통화로 사용될 수 없는 심각한 취약점을 가지고 있다. 우선, 과도한 가격 변동성이다. 비트코인은 거래소에서 기존 통화와 교환되는데, 교환될 때 적용되는 가격의 변동성이 지나치게 크다. 예컨대, 국내 거래소에서 거래되는 비트코인 가격은 2021년 11월 말 6,500만 원이었으나 2022년 11월 말에는 2,200만 원까지 떨어졌다가 2023년 11월 말에는 5,000만 원으로 상승했다. 그러다 연방은행 준비 자산으로서 비트코인을 매입하겠다고 공언한 트럼프가 미국 대통령으로 당선된 이후 2024년 11월 말에는 원화 기준으로 1억 4,000만 원에 육박함으로써 불과 1년 사이에 3배 가까이 급등했다. 이렇게 변동성이 크면, 아무도 비트코인을 거래 목적으로 사용하지 않는다. 단지 투자 목적으로만 사용하게 될 것이다.

게다가 비트코인 총량이 정해졌다는 것이 가치에 제한이 있다는 의미 또한 아니다. 우리가 우주의 크기를 무한대라고 생각하는 것처럼 어떤 물리학자들은 원자의 크기가 무한소와 연결되어 있다고 주장한다. 원자를 점점 더 작은 존재로 무한히 쪼갤 수 있다는 것이다. 마찬가지의 원리로서 비트코인 또한 총량은 정해져 있지만, 1비트코인당 가격은 무한대로 상승할 수 있고 1달러당 쪼개질 수 있는 비트코인의 세부 단위 또한 무한소로 쪼개질 수 있다. 비트코인은 국가가 관리하는 통화의 가치보다 더 안정적일 수 없다.

비트코인이 통화로써 사용되기 어려운 가장 근본적인 문제점은, 비트코인으로는 세금을 납부하지 않는다는 점이다. 어느 통화가 국가 내에서 받아들여지는 이유는 다른 사람들이 그것을 사용하기 때문이 아니다. 해당 통화로 세금을 납부해야 하기 때문이다. 어느 국가가 자기가 발행할 수 없는 (즉, 국가 자신의 부채가 아닌) 비트코인으로 세금을 납부하라고 강제할 리도 없고, 비트코인이 세금 납부 수단으로 강제되지 않는 한 비트코인이 통화가 될 가능성 역시 없다.

그럼에도 비트코인이 높은 인기를 얻고 있는 점은 전통적인 경제학 이론으로 설명이 가능하다. 첫째, 희소성이다. 애덤 스미스가 물과 다이아몬드 사례를 통해 언급한 것처럼 물은 사용가치가 있지만 희소성이 없다. 반면 금이나 다이아몬드는 사용가치가 거의 없지만 희소성이 크다. 희소성이 큰 물건은 한계효용 체감의 법칙에 의해 교환가치가 높아진다. 전통 경제학의 통화에 대한 이론적 기반은 상품주의 내지 금속주의다. 일정한 사용가치나 교환가치가 있는 상품이나 귀금속이 통화로 사용될 수 있다는 주장이 그것이다. 이런 사고의 연장선에서 비트코인은 총량이 제한적이므로 희소성이 있고 따라서 교환가치 있는 통화가 될 수 있다는 결론에 이를 수 있다. 다만 실제 교환수단이 될 수 있는지의 여부는 별개다.

이와 관련하여 둘째, 꼬리 위험(Tail Risk)도 비트코인 인기의 주요 요인이다. 꼬리 위험이란 가능성은 낮지만 일단 실현되면 자산가치에 엄청난 변화를 줄 수 있는 위험을 의미한다. 100년에 한 번 일어날까 말까 하는 사건을 의미하는 '블랙스완'과 같은 개념이라고 보아도 무방하다. 만일 중앙은행과 시중은행의 장부가 해킹되어 모든 거래 기록이 사라진다면, 전쟁이 일어나서 정부가 발행한 국채와 통화가 완전히 휴지 조각으로 바뀌고 공공기관이 파괴되어 부동산 등기가 사라진다면, 정부가 가난한 사람을 구제하기 위해 중앙은행에서 돈을 마구 찍어내고 달동네 지역 근방에 헬리콥터를 띄운 뒤 돈을 뿌리게 된다면… 보유 국채와 은행예금의 규모가 커질수록 이런 꼬리 위험에 대한 우려가 필연적으로 등장한다. 벤 버냉키 전 연준 의장도 의회 청문회에서 금값이 급등하는 이유에 대해 의원들이 질문하자 '꼬리 위험' 때문이라고 답

변을 한 바 있다.

셋째, 더 큰 바보 이론(The Greater Fool Theory)도 비트코인 가격 상승을 설명하는 데 종종 등장한다. 나보다 더 어리석은 사람을 찾으면 돈을 벌 수 있다는 생각이 여기에 해당한다. 비트코인은 제한된 거래량, 제한된 거래 시간 등을 감안할 때 더 큰 바보를 찾기가 쉽다. 상위 10개 기관이나 개인의 비트코인 보유량은 전체 2,100만 개 중 17%를 차지하는 것으로 알려져 있다. 비트코인은 모든 개인이 참여할 수 있을 정도의 개방적인 시스템인 반면, 거래 속도가 느리다. 결제에 걸리는 시간, 즉 채무자와 채권자가 바뀌는 시간이 통상 10분 이상이다. 따라서 거래량이 많지 않고 빠르게 늘 수도 없다. 상위 비트코인 보유자가 시장을 움직이기 시작하면 걸려들 수 있는 바보는 얼마든지 찾을 수 있다.

참고로 비트코인은 완전히 익명인 거래 수단은 아니다. 국가에 등록한 거래소에서 기존 통화와 비트코인을 교환할 때 기록이 남는다. 심지어 실제 비트코인 거래도 추적이 가능하다고 한다. 규제가 느슨한 국가나 지역의 불법 거래소를 통해 비트코인을 구입할 수 있기 때문에 빠져나갈 틈새가 없는 것은 아니지만, 불법 자금 거래에 대한 추적이 계속되는 한 대규모의 조직적 불법 거래는 사실상 불가능하다. 따라서 거래의 익명성이 비트코인의 가치를 높이는 요인이라는 이론은 근거가 약하다.

비트코인 이외의 블록체인의 미래에 대해서는 의견이 나뉜다.

비트코인은 실물자산과 연계하지 않고 단지 거래 총량만을 제한한 희소성 있는 블록체인 방식의 기록 장치이지만, 최근에는 실물자산과 연계된 디지털 기록 장치도 많이 등장하고 있다. 즉, 실물자산에 대한 소유권을 디지털 수단으로 저장할 수 있는 소프트웨어 프로그램을 블록체인과 암호화 기술에 접목하면 가치 있는 거의 모든 자산을 디지털 통화화(Tokenization)하여 개인에게 판매할 수 있고, 개인은 그것(Token)을 다른 사람에게 재판매할 수 있게 된 것이다.

이것은 마치 일정한 사용가치를 가진 가죽이나 철, 말린 대구 등을 통화로 사용할 수 있다는 상품주의 통화설, 즉 앞에서 살펴보았던 물물교환 이론의 생각과 비슷하다. 하지만 이런 디지털 통화는 자산보유자만 있고, 빚을 갚기 위해 부가가치를 창출해야 하는 채무자는 없다. 디지털 통화를 보유하려는 사람마다 (사용)가치에 대한 생각이 다르고, 무엇보다 국가에 세금으로 납부할 의무가 없기 때문에 블록체인을 활용한 디지털 통화(Token)가 교환매개나 지불수단 등으로 활용되는 것에는 한계가 있을 것으로 생각된다. 다만 이것은 어디까지나 통화 측면에서 그렇다는 것이고 통화가 아닌, 소유나 투자가치가 있는 자산의 효용까지 부정하는 것은 아니다.

CBDC(Central Bank Digital Currency)

CBDC는 글자 그대로 중앙은행이 발행하는 디지털 통화라는 뜻이다. CBDC는 블록체인 방식으로 발행(기록)될 수도 있고, 현행과 같이 중앙집중적인 저장 장치와 철저한 보안 장치에 의해 발행(기록)될 수도 있다. 어느 경우이든 CBDC는 현재의 현금(지폐+동전)과 거의 동일한 기능을 가진다. 현금과 완전히 동일한 점은 통화 피라미드의 최상층에 있는 중앙은행의 부채로서 원칙적으로 이자가 발생하지 않는다는 점이다. 다른 점은 현금은 익명으로 거래될 수 있는 데 반해, CBDC는 추적이 가능하므로 실명으로 거래될 것이라는 점이다.

통화를 거대한 회계 시스템, 즉 경제주체 간의 채권-채무 관계와 그 변동을 기록하는 시스템으로 볼 때 그 유일한 예외가 되는 것은 현금이다. 현금은 익명거래가 가능하기 때문에 거래할 때마다 채권-채무 관계의 변동을 기록할 수 없고, 그렇기 때문에 중앙은행과 시중은행 간의 지급준비금과 연계할 수도 없다. 바로 익명거래와 실명거래 여부 때문에 현금과 CBDC는 극명한 장점과 단점을 가진다.

CBDC가 실명으로 거래되는 현금과 같아진다면 국가는 CBDC를 통해 다음과 같은 이점을 얻게 된다. 우선, 통화정책의 효과성을 높일 수 있다. 현행 중앙은행은 물가가 상승하는 시기에는 정책금리를 인상함으로써 총수요를 억제할 수 있지만, 물가가 하락하는 디플레이션의 시기에는 금리를 제로 이하로 인하하는 데 한계가 있다. 이 때문에 미국과 일본, 유럽에서는 대규모의 양적완화 정책을 수행하였고, 양적완화 정책의 효과와 득실에 대해서 아직까지 분명한 결론이 내려지지는 않았다. 하지만 모든 국민이 디지털 현금을 사용한다면 정책금리를 마이너스로 인하할 수 있게 된다. 그럼으로써 소비와 투자 확대를 유도하고 총수요를 좀 더 쉽게 증가시킬 수 있게 될 것이다.

둘째, 금융소외계층에 대한 혜택 또한 효과적으로 늘릴 수 있다. 저소득층이나 인구 밀집도가 낮은 지역의 주민들도 디지털 전자지갑과 금융결제 등 공적 인프라를 누릴 수 있고, 경기 위축이나 팬데믹 사태가 발생했을 때 정부가 소득 지원금(CBDC)을 복잡한 행정 절차 없이 빠르게 전달할 수 있다. 게다가 일부 가계는 정부의 소득 지원금을 술이나 도박 등과 같이 바람직하지 못한 곳에 사용할 수 있는데, CBDC는 적절한 프로그램을 통해 지원금이 오용되는 것을 차단할 수 있다.

하지만 단지 사용자의 입장에서 보면 CBDC는 현행 디지털 결제 수단과의 차별성이 없다. 현행 디지털 결제 수단에는 은행 요구불예금과 연계한 신용카드나 체크카드, 또는 선불 충전 후 각종 결제에 활용될 수 있는 교통카드나 모바일 상품권 등이 있다. 은행 요구불예금은 은행으로부터 주택담보대출이나 신용대출을 받기 위해서 반드시 개설해야 하는 결제 수단이고, 요구불예금에 연계된 신용카드나 체크카드만으로도 경제활동을 하는 데 아무런 불편이 없다. 익명성 때문에 현금을 사용할 필요가 있던 사람은 그 익명성까지 사라질 경우 더더욱 CBDC를 사용할 필요가 없어진다.

우리나라는 세계에서 신용카드 보급률이 가장 높고 가계의 금융계좌 보유율도 100%에 이른다. 우리나라보다 금융계좌 보유율이 훨씬 낮은 북아메리카의 바하마, 아프리카의 나이지리아와 자메이카 등에서는 2020년, 2021년부터 CBDC를 도입했지만 전체 통화에서 사용되는 CBDC의 비중은 대부분 0.5% 미만으로서 미미하다. 시범운영 중이기는 하지만 중국의 CBDC인 디지털 위안화 역시 기대만큼 사용되지 않는다고 한다.

대차대조표의 관점에서 본다면, CBDC나 은행 요구불예금은 각각 정부의 부채와 은행의 부채로서 둘 다 통화 피라미드의 상층부에 있다. 사람들이 자신의 돈이 안전하다고 믿고 위기 시에 중앙은행의 최종대부자 기능과 예금보호 기능이 유지된다고 믿는다면, 굳이 CBDC와 은행 요구불예금에 대한 차이를 느끼기 어렵다. 더욱이 민간 부문은 은행으로부터는 대출을 받을 수 있지만 정부나 중앙은행으로부터는 돈을 빌릴 수 없다. 따라서 중앙은행과 시중은행 간의 지급준비금 거래, 또는 민간 부문 간 국경을 초월한 거래(해외 송금) 정도가 아니라면 CBDC가 활성화될 가능성은 높지 않을 것으로 생각된다.

엔-캐리 트레이드

캐리 트레이드(Carry Trade)란 저금리 국가의 금융부채로 고금리 국가의 금융자산을 구입하는 것을 의미한다. 저금리 국가와 고금리 국가의 통화 단위는 다르기 마련이므로 저금리 국가의 통화를 고금리 국가의 통화로 전환하는 과정에서 저금리 국가의 통화가치가 하락할 수 있다.

일본은 1990년대 후반 버블붕괴 이후 정책금리를 제로 수준으로 인하했고, 2013년부터는 일본은행이 시중은행의 국채 매입 규모를 2배 이상으로 늘려 시중은행의 지급준비금을 확대하는 소위 양적완화 정책을 도입하였으며, 2016년부터는 정책금리를 −0.1%까지 인하하였다. 그러다 2024년 3월부터는 정책금리 목표를 +0.05%로 인상하였고 8월에는 0.25%로 인상하였다. 하지만 일본은행의 정책금리는 여전히 0%에 가까운 소위 제로 금리 수준이 유지되고 있다.

일본은행의 저금리 정책 기조가 지속되는 데다 양적완화가 도입됨에 따라 글로벌 엔-캐리 자금이 증가하고, 이것이 엔화와 글로벌 자산 가격의 변동성을 심화시킨다는 우려가 많다. 엔-캐리 트레이드란 투자자들이 엔화 자금을 빌려 다른 나라의 채권이나 주식에 투자하는 것을 의미한다.

하지만 대차대조표의 관점에서 보면, 엔-캐리 트레이드는 실체가 모호하다. 만일 투자자가 일본의 시중은행들, 또는 글로벌 은행들로부터 엔화 대출을 받아 미국의 국채나 주식 등에 투자하는 것을 엔-캐리 트레이드라고 한다면 그것은 매우 현실성이 낮은 거래다. 일본은행의 정책금리가 제로(0)라는 것은 일본은행과 시중은행 사이에 존재하는 지급준비금 계정에 적용되는 금리가 제로라는 의미이고 시중은행으로부터 대출받을 때는 더 높은 금리를 적용 받기 때문이다. 예컨대, 일본 시중은행이 우량 기업의 단기 대출에 적용하는 우대금리(Short Term Prime Rate)는 2000년대 이후 2024년 현재까지 줄곧 1.625~2.125% 수준을 유지해 왔다.

주식은 물론, 안전한 국채 투자의 경우에도 단기적으로는 금리변동의 위험이 수반된다. 게다가 엔화 부채를 달러 자산으로 바꾸었다가 다시 엔화로 환원하는 과정에는 환율변동의 위험까지 발생할 수 있다. 그런데 제로 금리가 아닌 2%의 금리로 대출을 받아서 가격 변동성이 큰 주식이나 채권에 투자할 수 있을까?

일본의 정책금리가 제로라는 것은 일본의 민간은행들이 어디엔가 대출하는 과정에서 지급준비금이 부족해졌을 때 단기로 빌리는 자금, 또는 대출 상환 등으로 지급준비금에 여유가 생겼을 때 운용할 수 있는 단기 자금에 적용되는 금리가 제로에 가깝다는 의미다. 하지만 강력한 은행 감독을 받는 은행들이 제로에 가까운 단기금리로 지급준비금을 조달해 달러로 바꾸고 이를 해외자산에 투자할 가능성은 제로에 가깝다. 일본 내 우량 기업이 일본

시중은행으로부터 2% 내외의 우대금리로 대출을 받아 해외 주식이나 채권에 투자할 가능성도 높지 않다.

그럼에도 불구하고 국제금융시장이 불안해질 때마다 엔-캐리 트레이드 문제가 부각되는 것은 금본위제도하에서 발생했던 차익거래(Arbitrage)의 경험 때문이 아닌가 생각된다. 금본위제도란 국가가 정한 자국 통화의 가격으로 금을 매입하거나 매도하겠다고 약속하는 통화제도다. 예를 들어 영국은 1파운드당 금 100g을 교환하겠다고 약속하고 미국은 금 100g을 5달러로 교환하겠다고 약속했는데, 영국의 미국에 대한 경상수지 적자가 커져서 환율이 1파운드당 4.5달러가 되었다고 가정하자. 이 경우 금 투자자는 영국 내 시중은행으로부터 1파운드를 빌린 뒤 영란은행에 가서 1파운드를 금 100g으로 바꾸고 이 금을 다시 미국으로 들고 가서 5달러로 바꿀 수 있다. 그리고 5달러를 다시 영국으로 들고 가서 영란은행에 1.11파운드에 판다면, 0.11파운드를 벌 수 있게 된다. 만일 금 현물수송비가 0.11파운드 내지 0.495 달러보다 낮다면 금 투자자는 아무런 위험 부담 없이 수익을 창출할 수 있는 것이다.

이처럼 금본위제도는 국가가 어떤 기준점을 정함으로써 투자자에게 무위험 수익 창출의 기회를 제공한다. 하지만, 변동환율제하에서는 어떤 기준점도 존재하지 않고 자산의 수익률도 어떻게 바뀔지 사전에 예측할 수 없다. 단순히 제로 금리나 양적완화

정책이 수행되고 있다는 이유만으로 엔-캐리 트레이드를 가정하고, 이를 국제금융시장의 변동성 요인으로 지목하는 것은 대차대조표 분석 방법에 의하면 현실성이 낮은 설명이라고 할 수 있다.

한국의 통화지표

앞에서 살펴보았듯이 통화 피라미드의 중간 부분에 위치한 은행 요구불예금은 통화 피라미드의 하위에 있는 비은행 기업들의 대출로 인해 발생한다. 그리고 요구불예금은 예금주의 변화 없이 정기예금이나 저축성예금 등 다른 예금으로 전환될 수 있다. 하지만, 언젠가는 만기 환급을 하거나 중도 해약 등의 방법으로 현금이나 요구불예금으로 다시 전환되어야 상품이나 서비스, 주식, 채권, 부동산 등을 구입할 수 있다. 예금주가 상품이나 서비스, 주식, 채권, 부동산 구입 등을 위해 예금을 사용하면 다른 누군가의 예금이 되어 은행 시스템에 계속 남는다. 즉, 일단 생겨난 예금은 은행의 부채로서 사라지지 않는다. 예금은 세금을 납부하거나 대출을 상환할 때만 소멸된다. 대출받은 기업이 도산하거나 자금난에 빠져 대출을 주식으로 전환하더라도 예금은 대출을 상환하기 이전까지는 사라지지 않는다. 이미 다른 누군가에 이체되었다면, 다른 누군가의 은행 계좌에 귀속되어 살아남는다.

따라서 〈그림 Ⅳ-12〉에 나타난 것처럼 비은행(비예금기관)의 부채는 은행예금을 초과할 수 없으며, 은행예금과 중복된다. 즉, 통화 피라미드의 하위 단계에 위치하는 비은행 금융회사와 일반 기업이 판매하는 보험계약금, 비은행 금융채, 회사채 등 비은행 부문의 금융자산은 모두 은행 요구불예금으로 구매해야 하며, 보험 및 회사채 등을 구매하면 구매자의 요구불예금은 보험 및 채권을 매도한 비은행 부문의 요구불예금 계좌로 이전된다. 그러므로 통화지표에 예금과 준예금[25] 이외의 다른 금융상품을 포함시키면 통화지표는 복잡하게 중복된다.

이런 관점에서 보면 한국은행의 통화지표는 이상하다. 통화의 정의에 예금과 준예금뿐 아니라 수익증권, 금전신탁도 통화에 포함시키고, 넓은 범위의 통화에 국채와 회사채까지 포함시켰기 때문이다. 이는 하나의 통화지표 안에 은행예금이 두 번 이상 중복되어 있음을 의미한다.

---

25   은행의 요구불예금처럼 사용할 수 있는 증권사 CMA나 언제든지 현금으로 인출할 수 있는 MMF 등의 단기금융상품을 의미한다. 이는 넓은 의미의 예금에 포함된다.

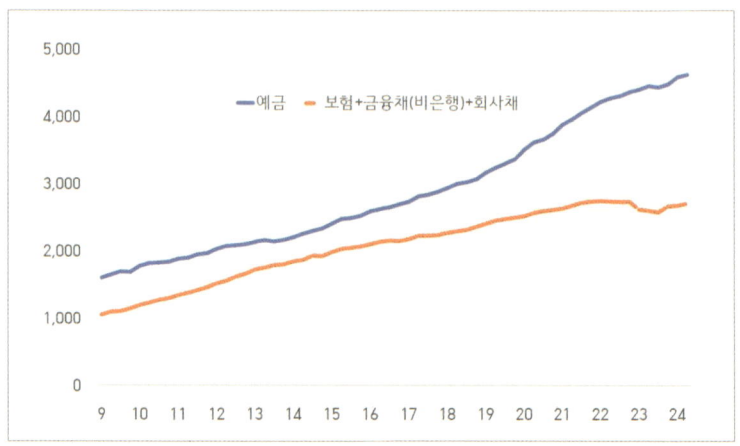

〈그림 IV-12〉
예금기관의 부채(예금)과 비예금기관 부채

자료 : 한국은행 자금순환표

한국의 통화지표는 아래의 표와 같이 구성되어 있다. M1에는 현금과 요구불예금이 포함된다. 그런데 M2에는 정기 예·적금뿐 아니라 시장형 금융상품과 수익증권, 금전신탁, 금융채, MMF, CMA 등이 포함된다. Lf에는 나머지 금융상품이 거의 모두 포함된다. L에는 국채와 지방채, 회사채와 CP도 포함된다.

예금기관 이외의 금융회사는 예금을 창출할 수 없다. 따라서 비예금기관의 자산은 다른 비예금기관의 부채와 동일하다. 그리고 비예금기관의 부채는 중앙은행의 지급준비금 계좌와 무관하다. 지급준비금 계정을 기반으로 통화정책을 수행하는 중앙은행은 통화지표를 은행예금 위주로 바꿀 필요가 있다.

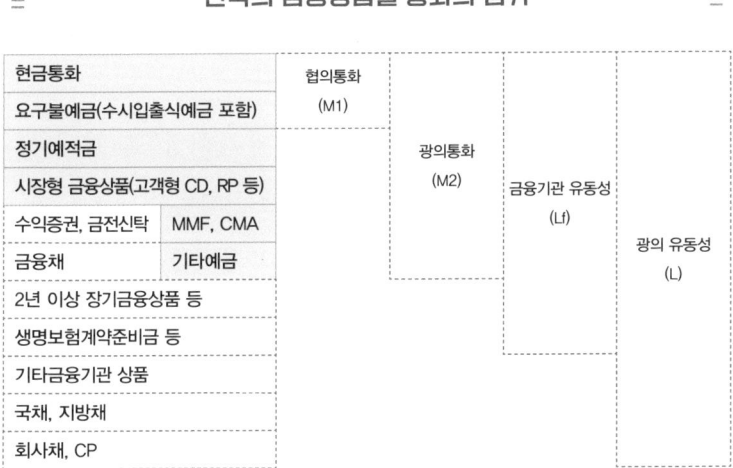

〈표 Ⅳ-16〉
한국의 금융상품별 통화의 범위

주 : 음영 부분은 은행 예금과 비은행 부문의 준예금
자료 : 한국은행

참고로, 미국의 통화지표는 아래와 같이 단순하게 예금과 준예금으로만 구성된다. 예금은 은행, 저축은행, 상호금융 등 예금취급기관에서만 취급할 수 있는 상품이고, 준예금은 증권사 등 예금취급기관이 아닌 금융회사에서도 취급하지만 중앙은행의 통화정책과 밀접한 관계가 있는 예금성 금융상품으로서 은행 요구불예금과 호환된다. M3의 경우 2006년 3월 이후 발표가 중단되었다.

M1 = 현금 + 요구불예금(수시입출식 저축성예금 포함)

M2 = M1 + 10만 달러 미만의 소액정기예금 + 개인 MMF

M3 = M1 + M2 + 거액정기예금 + CD등 시장성예금 + 법인 MMF(~2006년 2월)

미국의 M1, M2, M3가 모두 중앙은행의 통화정책과 관계되는 이유는 지급준비금 제도와 관계가 있기 때문이다. 은행들은 중앙은행의 지급준비금 계좌에 예금의 일정 비율만큼을 지급준비금으로 적립해야 한다. 만일 지급준비금이 부족하면, 다른 은행으로부터 빌려다 메꿔야 한다. 중앙은행은 매일 수시로 지급준비금 적립 이행 사항을 감시한다. 만일 은행 시스템 전체적으로 지급준비금이 부족하면 중앙은행이 즉각 개입한다. 국채 등 우량채권을 매매하든지, 우량채권을 담보로 자금을 빌려준다. 이 같은 거래가 일어나는 장소는 중앙은행과 은행 간 지급준비금 계좌이지만, 여기에 비은행 금융회사의 MMF 계좌도 포함된다. 은행은 지급준비금 계좌를 이용해 수시로 부족 자금을 조달하고 잉여자금을 운용한다.

앞에서 살펴본 바와 같이 우리나라는 상당한 규모의 은행채를 발행하고 있다. 은행채는 한국은행의 지급준비금 관리 대상이 아니며, 은행채가 대규모로 발행되면 다른 금융회사로 유입될 자금이 은행채로 흘러감으로써 금융시스템 전반적으로 부정적인 영향을 미친다. 특히 금융불안의 시기일수록 회사채나 금융채를 발행하는 기업의 유동성에 미치는 부정적인 파급효과가 더 커진다.

이런 은행채를 비롯해 요구불예금 창출과 무관한 채권(Bond)들은 통화지표에서 제거하거나, 기존 통화지표와 중복되지 않는 방식으로 다시 집계할 필요가 있다. 예컨대, 통화지표를 통해서는 지급준비금 통제가 유용한지 살펴보고, 기타 금융채 지표는 은행예금의 규모에 비해 과도한 채권이 발행됨으로써 정부나 은행 보증이 남용되고 있는 것은 아닌지 등을 모니터링하는 데 사용할 수 있을 것이다.

V.
돈의 권력이 넘어야 할 과제

밀어내기 구축효과

구축효과란 정부지출이 민간 부문의 투자를 위축시키는 효과를 의미한다. KDI 경제정보센터에는 구축효과에 대해 아래와 같이 설명하고 있다.

정부가 지출을 늘리는 확장적 재정정책을 실시하면 총수요가 증대되고 경제의 움직임은 활발해진다. 경제활동이 활발해지고 소득이 증가하면 사람들은 더 많은 통화를 필요로 한다. 돈을 필요로 하는 사람이 늘어나면 돈을 구하기 어려워지고 금리가 올라간다. 한편, 정부가 지출을 늘리려면 예산보다 돈이 더 필요해진다. 정부는 부족한 돈을 자금시장에서 빌리게 되며, 이것은 자금의 수요가 증가하는 효과를 가져오기 때문에 금리가 올라간다. 정부가 지출을 위해 필요한 돈을 국채를 발행해서 조달하면, 채권 공급이 늘어나면서 채권가격이 떨어지고, 금리가 올라가는 것이다. 금리가 올라가면 돈을 빌리는 비용이 커지기 때문에 기업은 투자를 줄인다. 기업이 돈을 빌리지 않고 자기 돈으로 투자해도 마찬가지다. 돈의 투자에 지출하는 기회비용이 커졌기 때문이다. 이처럼 정부지출이 늘어나면 총수요가 늘어나지만 금리가 올라가기 때문에 기업 투자가 위축되어 총수요는 다시 감소하는 것을 구축효과(Crowding-Out Effect)라고 한다.

하지만 재정지출을 전제로 한 국채 발행은 민간 부문 요구불예금 증가 요인으로 작용한다. 그리고 중앙은행이 은행이 보유한 국채를 인수하면 은행의 지급준비금, 즉 은행 유동성이 증가한다. 민간 부문 요구불예금 증가와 은행 유동성 증가는 모두 기업 회사채 발행과 대출을 촉진함으로써 오히려 금리를 하락시킨다.

따라서 구축효과에 대한 KDI의 설명은 두 가지 측면에서 평가할 수 있는데 첫째, 금융 측면에서 보면 확실히 문제가 있다. KDI의 구축효과에 대한 설명은 정부가 재정지출을 하기 위해 국채를 발행하는 과정만 설명되어 있고, 그 돈을 지출함으로 인해 민간 부문의 요구불예금이 늘어나는 과정은 설명이 되어 있지 않기 때문이다. 요구불예금은 유일한 회사채 투자 수단이다.

하지만 둘째, 실물 측면에서는 논쟁의 여지가 있다. 재정지출은 유휴 설비가 존재하거나 불완전고용 상태에서는 유용한 정책으로 인정된다. 경제에 유휴 설비가 존재하고 고용이 불완전하다면, 즉 자원 동원 능력이 충분한 상태라면 구축효과는 발생하지 않을 것이기 때문이다. 그러나 만일 완전고용 상태라면 재정지출을 늘려도 총공급은 늘어나지 않을 것이고 물가 상승만 유발될 것이다(다만, 이 경우에도 금리 상승과 같은 구축효과는 나타나지 않는다. 시중에 요구불 예금이 공급되기 때문이다).

구축효과를 단순히 정부지출에 의한 금리나 물가의 상승 여부가 아니라 다른 관점에서 볼 수도 있다. 금리가 상승하지 않아도 민간 투자는 항상 투자 실패라는 리스크에 직면한다. 반면, 재정지출은 리스크에 대한 부담이 없기 때문에 재정지출 규모가 커지면 민간 부문에서 구축효과가 발생할 수 있다. 예컨대 리스크가 큰 신기술 투자의 영역은 점점 더 정부 부문에 의존하고, 민간 부문은 상대적으로 안전한 전통적인 산업에만 투자함으로써 경제 전체적으로 혁신이 저해될 수 있다. 은행을 비롯한 금융회사도 국채 투자를 늘릴수록 민간 부문에 대한 대출을 줄일 수 있다. 재정지출의 역할과 비중이 커질수록 우수한 인력 또한 민간 부문으로부터 정부 부문으로 이동하게 될 가능성이 높아진다.

국채의 미래 부담과
하이퍼인플레이션에 대한 의구심

전통적인 경제학 이론에 의하면 국채금리(r)가 경제성장률(g)보다 낮다면 재정적자는 지속 가능하다. 예를 들어 경제성장률이 5%이고 금리가 2%인 국가에서는 GDP가 국채 이자비용보다 더 빠르게 증가하고 그에 비례해 세금도 국채 이자비용보다 더 빠르게 증가한다. 다른 조건이 일정하면 GDP 대비 국채의 비율도 점점 하락하게 된다. 국채 원리금의 증가 속도가 GDP 증가 속도에 뒤처지기 때문이다.

문제는 경제성장률이 국채금리보다 높은 수준으로 유지될 수 있는가의 여부다. 저명한 경제학자 올리비에 블랑차드는 선진국으로 갈수록 장기 침체와 안전자산의 증가, 고령화 등의 영향으로 국채금리(r)가 경제성장률(g)보다 낮은 현상이 지속될 가능성이 크다고 주장한다. 반면, 피케티는 2013년에 최초 발간된 그의 저서 『21세기 자본론』에서 역사적으로 경제성장률(g)은 자본수익률(r)보다 낮았다고 주장한다. 여기서의 자본수익률(r)은 국채 등의 금융자산뿐만 아니라 부동산 등 실물자산을 포함한 자산의 평균수익률이기 때문에 블랑차드의 국채 수익률과 동일선상에서 비교할 수는 없겠지만, 부동산 수익률과 국채 수익률은 상호 영향을 주고받을 수 있으므로 완전히 다른 견해라고 볼 수도 없다.

재정정책을 강력히 지지하는 랜덜 레이 등의 MMT 학자들은 국채금리(r)가 경제성장률(g)보다 높아질 가능성을 원천적으로 부정한다. 중앙은행이 제로 금리정책을 실행할 수 있기 때문이다. 중앙은행이 제로 금리를 만들 수 있는 방법은 간단하다. 국채를 액면가 그대로 인수하면 된다. 중앙은행이 인수한 국채는 이자를 지급할 대상이 없으므로 사실상 국채금리가 0이 되는 것이다. 하지만 MMT는 중앙은행이 국채금리를 0으로 만들기 위해 국채를 인수하는 과정에서 발생할 수 있는 인플레이션에 대해서는 모호한 입장을 취하고 있다. 인플레이션이 발생할 경우 재정지출을 억제하고, 세금 인상을 통해 시중 통화를 흡수할 수 있다는 원론적인 입장에서 크게 벗어나지 않는다.

하지만 정부가 제약 없이 통화를 공급할 수 있다면 통화가치의 신뢰가 하락하고, 결국 인플레이션을 넘어 스태그플레이션을 초래할 수 있다는 걱정은 누구든지 할 수 있다. 그것이 MMT의 핵심을 짚은 것이든, 아니면 MMT에 대한 오해이든 말이다.

스태그플레이션은 GDP 갭(=실제 GDP - 잠재 GDP)이 마이너스가 되고 실업률이 높은 수준을 유지하는 상태, 즉 실제 수요가 경제의 공급 능력에 미치지 못하는 상태임에도 불구하고 물가가 높은 수준으로 상승하는 현상을 의미한다. 만일 민간 부문의 경제주체들이 언젠가 높은 인플레이션이 발생해 자신들이 보유한 금융자산의 가치가 하락한다고 생각한다면, 국내 금융자산을 포기하고 부동산 등 실물자산을 구입하거나 해외 금융자산으로 교환하고자 할 것이다. 이 경우 실업률이 높은 상태라고 하더라도, 자산 버블이나 환율 상승 등을 통해 국내 물가가 높은 수준으로 상승할 수 있다.

세계 경제는 1970년대부터 1980년대까지 높은 실업률과 높은 인플레이션이라는 이중고에 시달렸다. 이 같은 스태그플레이션은 적극적인 미국 재정정책의 부작용 탓도 있지만, 1971년 8월에 닉슨이 달러화와 금의 태환을 포기한다고 발표하고 사실상 금본위제가 폐지된 영향도 크게 작용했던 것으로 평가된다. 산유국들이 닉슨 쇼크 이후 달러화로 표시된 석유 가격의 실질적인 하락 문제를 논의하기 위해 이전보다 더욱 담합하면서 석유 가격을 인상했기 때문이다. 1971년 12월에 달러의 가치를 유지하기 위한 스미소니언 체제가 시작되었지만, 구속력이 약했던 스미소니언 체제는 1973년 3월에 결국 붕괴되었다. 때마침 이집트의 이스라엘 공격으로 시작된 4차 중동전쟁 등 지정학적 위기가 시작되자 유가는 몇 달 사이 배럴당 3달러에서 12달러로 400% 급등하였다. 1970년대 후반에는 이란 혁명으로 인해 유가가 단기간에 15달러에서 40달러까지 오르는 2차 오일쇼크가 발생하였다. 1970년 이전 1~3차 중동전쟁 당시에는 오르지 않았던 석유 가격이 1970년대에는 크게 올랐던 이유는 무엇일까? 많은 경제학자들은 미국이 금본위제를 폐지한 이후 아무런 통제력 없이 달러화를 찍어낼 수 있다는 우려가 커짐에 따라 석유 민족주의가 강화되었기 때문으로 해석한다.[26]

이처럼 정부가 마음대로 통화를 증발할 수 있다는 우려가 커지면, 즉 통화가치에 대한 신뢰가 하락하면, 경기 하강기에도 물가가 상승하는 현상이 나타날 수 있는 것이다. 1970년~1980년대 스태그플레이션의 경험을 통해 많은 사람들이 깨달은 것은 일단 물가가 상승하기 시작하면 정부와 중앙은행이 이를 쉽게 통제하지 못한다는 것이었다. 1980년대 폴 볼커 당시 미국 연방은행 총재가 행정부의 각종 요구를 무시하면서 고금리 정책을 통해 물가를 성공적으로 안정시킨 이후 중앙은행의 독립성이 중요한 덕목으로 떠오르게 되었다. 이는 일단 상승한 물가를 억제하는 일

26　Harold James, 「Seven Crashes」, Yale University Press, 2023.

이 정치적으로 쉽지 않으면서 동시에 매우 중요하다는 점을 시사한다. 재정정책을 옹호하는 견해 역시 이런 종류의 인플레이션을 우려하는 의견에 의해 계속 도전을 받게 될 것이다.

대한민국 돈의 권력

부루마불 게임은 참가자에게 돈을 나눠주고 참가자들은 그 돈을 기반으로 돈을 계속 불려나가는 게임이다. 주사위를 굴려서 나온 숫자만큼 칸을 따라 이동하면서 중요 지역에 머무를 때마다 자신이 받은 돈과 은행 대출을 기반으로 부동산에 투자할 것인지 아닌지를 결정한다. 부동산에 투자하면 다른 사람들로부터 임대료나 통행세를 받아 돈을 불릴 수 있다. 반면, 무리한 투자를 하면 파산할 수 있다. 한 사람을 제외한 나머지 사람들이 모두 파산하면 게임이 끝난다. 일정한 시간을 정해두고, 정해진 시간이 끝났을 때 가장 많은 돈을 따는 사람이 승리하는 방식도 있다.

부루마불 게임은 미국의 모노폴리 게임에서 유래했고, 모노폴리 게임은 지주 게임에서 유래한 것이라고 한다. 또 지주 게임은 토지세를 주장한 바 있는 헨리 조지의 『진보와 빈곤』이라는 저서에서 영감을 받아 만들어졌다고 한다. 기존 경제학의 시각으로 보면 부루마불 게임이나 모노폴리 게임은 모두 현실 경제의 작동 원리를 충분하게 설명하지 못한다. 예를 들어 부동산 거래는 실제의 돈이 아니라 은행에 기록되는 숫자의 변동에 의해 이루어진다. 사람들은 부동산 이외에도 채권이나 주식을 통해 돈을 벌 수 있고 채권이나 주식은 사람들이 원하는 물건을 만들어 내는 기업과 관련이 있다. 즉 부동산이 부의 전부는 아니다. 그리고 정부는 국채 발행이나 세금, 대출 조건의 변화 등을 통해 채권, 주식, 부동산의 가치에 지대한 영향을 줄 수 있다. 애덤 스미스는 그의 국부론에서 진정한 부는 귀금속이나 부동산처럼 쌓아두는 것들이 아니라 노동을 투입해 사람들의 편익을 증진시키는 물건을 매년 생산해 낼 수 있는 능력에 있다고 주장했다. 부루마불 게임과 모노폴리 게임을 통해서는 이런 점들을 전혀 깨달을 수 없다.

하지만 그럼에도 불구하고 이 게임들은 모두 현실 경제의 중요한 작동 원리를 놀랍도록 충실히 반영하고 있는 측면이 있다. 그것은 바로 종이에 불과한 돈을 이용해 게임 참가자들의 인센티브를 자극함으로써 고도의 정신노동을 이끌어 내고 있다는 점이다. 이는 증표주의 통화이론이나 MMT의 주장과도 일부 상통한다. 통화는 부루마불 게임에서 사용되는 게임 머니처럼 단순히 종이 조각이고, 비트코인처럼 그냥 하나의 표시 단위로서 정부가 만들어 낸 일종의 표상이나 상징에 불과하다. 하지만 정부는 세금을 걷고, 스스로 부채를 짐으로써 이 표상들을 활용할 수 있다. 수출과 기축통화에 대한 의존도를 끊어낼수록 국가가 만들어 내는 상징의 힘은 더욱 커진다.

하지만 MMT를 포함해 재정지출을 강조하는 경제적 사상들이 부루마불이나 모노폴리 게임의 아이디어보다 부족한 점 또한 여기에 있다. 재정지출을 통해 각종 문제들을 쉽게 해결할 수 있다면 경제주체들의 인센티브를 모노폴리 게임보다 더 적극적으로 이끌어 내기가 어려울 수 있는 것이다. 정부가 마음대로 돈을 찍어내면 스태그플레이션이 발생할 것이라는 우려 역시 적극적인 재정지출을 어렵게 만드는 요인이다.

정부 부문의 비대화 내지 민간 부문의 인센티브 약화와 스태그플레이션 우려를 잠재우기 위해서는 다양한 방안들을 생각해 볼 수 있다. 우선, 재정지출을 사용하는 데 민간 부문을 적극 활용하는 방안이다. 정부는 돈만 대고, 민간 전문가로 구성된 위원회나 비영리단체, 각종 이해단체, 지방자치단체 등이 사실상 재정지출을 주도적으로 실행하게 하는 것이다. 국회는 국민적 합의, 그리고 합의를 도출하기 위한 솔직하고 진실한 토론, 내부 고발제도를 활용한 투명성 개선 등을 가능하게 하는 제도적 장치를 마련해 줄 필요가 있다. 이런 방식은 기존 경제학처럼 단순하고 명확하지는 않다. 하지만 단순하고 명쾌한 점도 있다. 공짜 점심은 없다는 점에서 그렇다. 다양한 아이디어와 의견을 모을 수 있는 민주적인 토론이 활성화되지 않고 투명성이 확보되지 못한다면, 단순히 국민이 참여하기만 하는 재정정책은 실패할 가능성이 커진다.

물가 상승에 대한 우려를 불식시키기 위해서는 한국은행의 역할을 강화하는 방안이 필요하다. 미국이나 유럽, 일본 등의 사례를 보면 중앙은행이 국채를 활용하는 것과 중앙은행의 독립성을 유지하는 것은 별개의 문제다. 중앙은행의 독립성은 미국 등 선진국에서도 오랜 노력과 투쟁의 결과로 얻어진 것이며, 신뢰가 일단 훼손되면 이를 다시 복구하기까지 상당한 시간이 걸린다는 측면에서 중앙은행의 독립성 역시 중요한 목표로서 유지되어야 한다. 재정지출은 정부가 세금이라는 제약 없이 필요할 때 언제든지 수행할 수 있는 정책 수단이기는 하지만, 국가의 공급 능력과 물가 상승 압력을 고려하지 않고 무제한 재정지출을 해도 되는 것은 아니다. 이 미묘하지만 분명한 차이를 구별하기 위해서는 통화가치의 안정과 신뢰를 최상위 목표로 하는 중앙은행의 존재와 역할 강화가 반드시 필요하다. 중앙은행이야말로 주권통화의 발행 능력을 가진 통합정부를 정치권의 압력으로부터 방어할 수 있는 유일한 존재이기 때문이다.

이 같은 방법론들은 국가가 처한 경제적 환경에 따라 달라질 수 있다. 하지만 달라지기 힘든 사실은 항등식 내에서 권력 중립의 영역은 존재하지 않는다는 점이다. 국제무역 항등식 내에서 누군가의 흑자는 누군가의 적자다. 트럼프의 재집권 이후 세계 최고의 무역수지 적자국인 미국은 보호무역이 한층 강화될 것으로 보인다. 앞으로 미국으로의 수출이 어려워진 많은 나라들이 제조업 부문에 투자된 막대한 자금을 회수하기 위해 미국 이외의 다른 나라로 저가 수출을 늘리려 할 것이다. 그 결과 무역수지 흑자의 과도한 추구는 국제 정치적인 마찰로 이어질 수밖에 없다.

또, 금융순자산 항등식 내에서 누군가의 금융자산은 다른 누군가의 금융부채다. 정부의 국채 발행과 재정지출, 세금 등은 돈의 생산과 배분에 어떤 식으로든 영향을 줄 수밖에 없다. 전통적인 경제학에서의 인센티브 부여 방안은 명확하다. 그것은 바로 돈에 가치를 부여하고 승자 독식을 최대한 용인하는 일이다. 정부의 개입을 최대한 억제하면서 민간 부문이 서로 더 많은 돈, 금융자산을 차지하기 위해 치열하게 경쟁하면서 허리띠를 졸라매도록 유도하고, 정부는 생산성이 높은 개인과 기업에게 세금과 규제 측면에서 혜택을 제공하는 것이다. 우리나라는 재정지출 억제에 그치지 않고, 환율 하락을 막아 수출 경쟁력을 높이기 위해서도 막대한 자원과 재정 역량을 투입해 왔다. 그 결과 우리는 소비를 억제하고 세계 시장에서 살아남는 물건을 만들기 위해 그 어느 나라보다도 치열하게 경쟁하는 것을 미덕으로 삼고 살아왔다. 금융자산을 많이 축적한 사람은 능력과 절제력이 있고 그렇지 못한 사람은 능력과 절제력이 부족한 사람으로 인식하는 가치관에 점점 익숙해지고 있다. 하지만 돈과 능력은 비례하는 것이 아니고, 능력은 타고난 운에 좌우되는 것이라는 새로운 경제학 연구 결과도 요즘에는 많이 등장하고 있다. 능력을 발휘할 수 있는 기회가 공정하지 않다는 설득력 있는 주장도 많이 있다.

이제 조금씩 생각을 바꾸어야 한다. 정책적 중립의 영역이 존재하지 않는다면 재정정책을 좀 더 적극적으로 활용하는 방법을 생각해야 한다. 수출 경쟁력 강화를 지원하기 위한 국채 발행은 대폭 줄이는 반면, 내수와 고용, 복지 부문에 점점 더 많은 재정지출을 투입하고 국채를 발행해야 한다. 재정정책의 일부인 과세정책을 적극적으로 활용해서 주거용 부동산을 포함해 실물자산의 기대 수익률을 관리하고, 국채를 더 많이 발행해서 통화정책의 효율성도 높일 수 있도록 해야 한다. 재정정책과 노동정책을 포함한 정부 정책도 단순히 노동시간을 줄이느냐 늘리느냐의 문제보다는, 자본생산성 개선을 통해 노동생산성을 개선하는 방안에 대해 고민해야 한다. 예컨대, 기업 지배구조 개선, 회계투명성 강화를 위한 청사진을 제시하고 이것을 체계적으로 추진해야 한다. 그동안 경제가 어렵다는 이유로 기업의 기를 살린다면서 번번이 제도 개선을 유보하거나 후퇴시키는 경우가 많았는데, 국민적인 합의가 이루어진 것이라면, 재정지출을 적절하게 활용하면서 제도 개선을 일관되게 추진해야 한다. 조세 정책도 생산성 높은 영역에 대한 감세, 자산 수익률 관리 등의 차원에서 좀 더 적극적으로 활용될 필요가 있다.

비트코인, 금 등은 사용가치가 없고 단지 교환가치만을 가지는 자산이다. 많은 경우 토지도 비슷하다. 자산 보유자는 더 비싼 가격을 제시하는 구매자를 찾아야 하는데, 거래가 성립하기 전까지 새로운 구매자는 아무런 의무가 없다. 반면, 오늘날 돈은 일종의 차용증이다. 누군가의 자산이면서 동시에 다른 누군가의 부채다. 채무자는 이자와 배당을 포함해 일정한 부채 상환의 의무가 있다. 부채를 상환하기 위해서는 노동과 자본을 투입해 빌린 돈보다 더 많은 돈을 벌어야 한다. 즉 부가가치를 생산해야 한다. 돈을 빌린 가계나 기업이 부가가치를 창출하지 못하면 파산한다. 그렇기 때문에 자산의 거래와 돈의 유통은 성격이 다르다. 전자는 부가가치의 창출에 직접적인 영향을 주지 못하는 반면, 후자는 지대한 영향을 준다.

국가는 차용증을 남발하더라도 파산하지 않는다. 중앙은행의 발권력을 활용할 수 있기 때문이다. 그러므로 국가의 부채는 양면성을 가진다. 한편으로는 도덕적 해이와 비효율을 유발하거나 치명적인 인플레이션을 초래할 수 있고, 다른 한편으로는 시장이 해결하기 어려운 일을 해낼 잠재력을 가지고 있다. 재정지출과 국채 발행과 조세정책이 노동과 자본의 생산성을 높이는 방향으로 이루어진다면, 당장은 물론 미래의 세금 부담에도 그다지 구애받지 않게 될 것이다.

볼테르는 "신은 존재하지 않는다. 하지만 내 하인에게 그 이야기를 하지는 마라. 그가 밤에 날 죽일지 모르니까."라고 했다고 한다. 비슷한 맥락에서 노벨 경제학상 수상자인 폴 새뮤얼슨도 케인스에 대한 다큐멘터리의 인터뷰에서 아래와 같이 주장했다.[27]

> 저는 예산이 항상 균형을 이루어야만 한다는 미신이 반드시 필요하다는 관점에도 일말의 진리는 있다고 생각합니다. 어떤 사회든 그 정부의 지출이 통제 불능으로 불어나는 것을 막기 위해서는 여러 방벽이 필요한데, 이 미신이 사실 거짓이라는 게 탄로나 버리면 그 방벽들 중 하나가 사라져 버리니까요. 자원의 배분에는 일정한 기율이 있어야 합니다. 그게 아니면 무정부적 혼돈과 비효율성이 나타나게 되죠. 그리고 케케묵은 종교가 그래도 갖는 여러 기능 중 하나가 바로 사람들에게 겁을 주어서 신화라고 볼 수 있는 것들을 장기적인 문명사회라면 반드시 필요한 것인 양 믿고 따르게 만드는 것입니다.

정부가 예산 균형을 이루어야 한다는 믿음은 미신에 불과한 것이지만, 사람들에게 겁을 주어서라도 균형예산이 옳다고 믿게 만들 필요가 있다는 것이 노벨 경제학상 수상자의 생각이었다. 하

---

27   랜덜 레이, 「균형재정론은 틀렸다」, 홍기빈 옮김. 책담, 2017.

지만 이제 징세권을 가진 국가의 힘과 국가를 움직이는 사회계약의 힘을 재인식함으로써 이런 미신은 버릴 필요가 있다. 앞으로 국제적으로 보호무역이 강화되거나, 빈부의 격차가 심화되거나, 민간 부문의 과도한 부채가 문제 되거나 할 때마다 재정균형의 신화는 강하게 도전받게 될 것이고, 많은 사람들이 모든 금융자산과 금융부채의 합이 0이라는 금융순자산 항등식에 주목하게 될 것이다. 대한민국 헌법에 모든 권력은 국민으로 나온다고 되어 있지만 그걸 완전히 믿는 사람은 없을 것이다. 그래도 알게 모르게 국민의 권력은 조금씩 향상되었고, 민주주의는 꾸준히 발전해 왔다. 재정정책 역시 생산성을 높이고 물가안정을 유지하면서도 좀 더 많은 국민들의 의견이 수용되는 방향으로 발전해 나갈 수 있을 것이다.